股权的秘密
——司法审判及风险防范研究

Secrets of Shares
-Research on Judicial Adjudication and Risk Prevention

孙远辉◎著

中国政法大学出版社

2018·北京

声　明　　1. 版权所有，侵权必究。

　　　　　2. 如有缺页、倒装问题，由出版社负责退换。

图书在版编目（ＣＩＰ）数据

股权的秘密：司法审判及风险防范研究/孙远辉著. —北京：中国政法大学出版社，2018.10
　ISBN 978-7-5620-8683-3

　Ⅰ.①股… Ⅱ.①孙… Ⅲ.①股权管理－公司法－研究－中国 Ⅳ.①D922.291.914

中国版本图书馆CIP数据核字(2018)第 242697 号

出 版 者	中国政法大学出版社
地　　址	北京市海淀区西土城路 25 号
邮寄地址	北京 100088 信箱 8034 分箱　邮编 100088
网　　址	http://www.cuplpress.com（网络实名：中国政法大学出版社）
电　　话	010-58908586（编辑部）58908334（邮购部）
编辑邮箱	zhengfadch@126.com
承　　印	固安华明印业有限公司
开　　本	650mm×980mm　1/16
印　　张	19
字　　数	285 千字
版　　次	2018 年 10 月第 1 版
印　　次	2018 年 10 月第 1 次印刷
定　　价	56.00 元

序言一

2017年11月17日晚上，远辉对我说打算写一本书。一开始我以为他是想把自己的博士论文修改充实后出版，后来得知他是想将自己多年的工作经验和心得体会撰写成书。远辉是我指导的博士，2012年毕业于南京大学法学院，取得法学博士学位。他的工作经历比较丰富，既有在常州市中级人民法院民二庭多年的商事审判经历，又有多年的律师执业经历，还有多年的高校法律教学经历。有经历就会有经验的积累，这些经验积累到一定的程度，就会产生创作的欲望。他的多种角色经历，有助于他更贴近法律的现实问题。他既熟悉法院办案的法官思维，又熟悉法律服务的律师思维，还有一定的理论审视能力和理论格局意识。他在介绍实务案例的时候，并不仅限于案情与判词的罗列，还进行了归纳、整理、分析以及思索。他对法院的审判思路，既表现出高度的理解，又能提供建设性的意见和建议。

公司法的研究方法大致有法教义学、比较法学、案例分析以及新兴的法律经济学。从整体上来看，本书采用了案例分析的研究方法，但是又掺入了法律经济学的思维。本书研究的主要内容是股权的运用、股权的审判逻辑以及股权的风险防范。远辉秉持现实主义的态度，对股权问题不是泛泛而谈，而是探索在现实世界中如何解决股权问题。

股权类的专著并不太多。他的这本著作有三个方面的意义：第一，分析法院的办案思路，去伪存真，去粗取精，有助于向法院提供建议，优化法院的审判思路。第二，介绍了自己运用股权的经验和心得，有利于股东管理和合理规避股权风险。本书还从企业文化、企业整体战略的角度来思考股权的运用,将股权战略与企业的整体战略结合起来。第三,对其自身理论与实务水平进行了一次检验。

近年来,股权越来越成为重要的财富形式,股权纠纷也越来越多。在司法实践中,股权纠纷里有较多的疑难案件,虽然最高人民法院密集地出台了四部公司法的司法解释,但是仍未完全解决股权纠纷法律适用的问题,可见股权问题的复杂性。理论与实务两全其美毕竟难以兼顾,不同的作者各有其使命,本书偏重于实务研究,书中的案例具有较强的针对性和典型性,反映了公司股权纠纷中的常见问题和法官的审理思路,同时又进行了有益的探索,尝试着对公司股权理论和实务进行有机的结合。

远辉既有公司法的理论功底,又有长期的法官审判与律师工作经验。这本著作是他十几年来对公司法,尤其是对股权问题的思考、总结,凝聚了他的汗水和心血。远辉比较低调内敛,愿他秉持南京大学"诚朴雄伟,励学敦行"的校训,争取更多的研究成果。本书是一本有实用价值的股权理论与股权实践相结合的著作,对于法官审判股权案件,律师处理股权纠纷,企业家增进股权意识,均有裨益。本书适合法官、律师、股东、企业高管以及法学院的学生学习和参考。

南京大学法学院教授　吴建斌
2018 年 7 月 20 日

PREFACE 2 序言二

　　远辉在年前就说要写一本股权方面的专著，前不久，远辉果真拿来了书稿，作为同门同事，很是为他高兴。抽空拜读后，感佩之情油然而生。远辉这几年接连完成了几件大事，在繁忙的教学、实务、家务之余，居然能完成言之有物的高质量的专著，着实令人敬佩！我可能是第一位读者，就谈谈我对远辉专著的读后感。

　　书如人生。远辉年纪不大，经历却很丰富。远辉2004年硕士毕业后，即考入常州市中级人民法院从事了五年的民商事审判工作。2009年辞职考入南京大学法学院攻读博士学位，2012年顺利毕业之后，进入南京晓庄学院从事法律教学与研究工作，并兼职从事律师工作。完整的法学教育培训经历，学者、法官、律师多种角色的历练，扎实的理论功底，丰富的法律实务经验，都充分体现在这本专著中。围绕着一个问题，既有法学、经济学等学科原理、理论的阐述和应用，也有学者观点、争论的介绍和评点，还有大量实际案例的展示和评析，多维度、多角度而又合乎逻辑的层层推进的叙述风格，只有远辉这样经历丰富的作者才能成就！

　　问题新颖、疑难、复杂而又重要，对问题的分析精当又具有建设性。本书列举了十个股权法律专题进行了深入细致的研究，这些专题之间既有一定的独立性，又有机地构成一个整体。十个专题题中，既有看似传统但实际尚未完全厘清的股权理论问题，也有实践中经常发生又争议较大的难题，还有与股权相关的具有前瞻性的法律问题，例如我国资本市场上的穿透式监管对股权代持所产生的影响这一将来可能发生的问题。另外，本书还研究了股权服务问题，这是一个交叉性的学术问题，同时也是律师实务中有待探讨的问题。

得益于多年的一线法官办案经历，在本书中远辉还透露、剖析了法官的办案思路、办案逻辑，内容实在有料地现身说法能让读者站在居中裁判者的角度来看待某个法律问题，获得别样的启示和思考！特别需要指出的是，围绕着专题问题，存在多种学术、司法实务观点时，远辉并没有陷入自圆其说的泥淖，而是运用公司法的基本理论，对多种学观点进行深入剖析，指出各种观点的对错、优劣，最后做出令人信服的结论，其中显现的闪耀着智慧之光的不少意见对我国的股权学术研究、司法审判应当是具有建设性意义的。

虽然有理论与经验的积累，厚积薄发，但是写作的过程仍然是艰辛的。律师和教师的工作看似清闲，实则繁忙。听远辉说，他每天早晨六点钟起来进行写作，写作一到两个小时，然后开始其他的工作，忙里偷闲、见缝插针、笔耕不辍，才完成了本书。二十多万字敲打下来，如果没有坚强的毅力和内心追求公平正义的法治情怀，是很可能打退堂鼓的。他告诉我，写这本书的目的是为了将自己的经验与心得体会与大家分享，也是为了促进公司法的研究和进步。本书凝聚了远辉大量的心血与汗水。远辉一向低调勤奋，这本有价值的学术著作，也是对他的一种回报。本书适合实务界的律师和法官参考，也适合理论研究人员通过本书来吸收实践中的丰富营养。

平生第一次给别人的学术著作作序，我既非学界名人，也非大牌律师，只是默默地给学生们上上课，抽空作为法律民工做些实务贴补家用，本无作序的资格。远辉叫我师兄，实际上我们是同一年考入南京大学法学院吴建斌教授门下的博士生，我痴长几岁，被称为师兄，实不敢当。为对得起这样的厚遇，我只有向远辉学习，克服懒惰，也争取有所成果。我们生长在一个快速变化、新问题层出不穷的时代，中国的改革开放、现代化建设给我们提供了异常丰富的研究素材，期待远辉在不久的将来为我们带来更精彩的学术成果！

刘惠明

2018年炎夏于南京江南文枢苑

PREFACE 3 序言三

2016年初识远辉兄，于我已是不惑之年。我俩是地地道道的丰县老乡，又走了一段相似的轨迹——都有法官、律师的经历，在南京相识，颇有机缘。

2016年3月，我开始进入律师行业，做公众号（"劳动法行天下"）并撰写了多篇法律专业论文。大多数律师都会有一个出书梦。于我而言，每年有七八十篇原创文章出炉，却苦于琐事缠身，于出书一事，常找理由退缩，着实惭愧。很欣慰看到远辉兄付诸了行动，一边工作，一边沉淀，把自己的所思所想码成了一个个跳动的文字。当梦想变为现实，他的坚韧与执着就像一道彩虹靓丽多彩。

作为曾经的法官，远辉兄勤勉敬业。作为律师，他会为了委托人的合法利益而孜孜以求。作为大学教师，明道授业解惑是其职责所在，与我这个大学兼职法学教授相比，含金量自是不同。儒雅的外表下面，是一颗热情躁动的心，他想把积累的股权知识呈现出去，不为扬名立万，不为追逐名利。他将自己的法律心得体会，以书籍的方式记载，当最为有效。

但凡书籍，如果考虑的是炫耀自己的学识，那它注定会失败。一本受欢迎的书，它会走进读者的心底，产生共鸣。要以读者为中心，也就是说你写的书是给谁看的，要给受众传递一个什么样的思想。说的现实一点，要触及已经有所定位的读者群之所需，也就是要实用，要有价值。最基本的要求，则是读者能读得下去。这本书，我读下去了，并且深读之下，作了眉批，有了思考，有所收获。

钱钟书曾在《写在人生边上》中，说人生据说是一部大书，有这么一种人，他们觉得看书的目的，并不是为了写批评或介绍，他们有一种业余消遣者的随便和从容，他们不慌不忙地浏览。每到有什么意见，他们随手在书边的空白注上几个字，写一个问号或感叹号，像中国旧书的眉批，外国书里的 Marginalia。我也喜欢眉批，有点思考、有点想写的时候，就随手写在书的空白之处比画一番。中国画中有四个字堪称经典：计白当黑。当你在看黑的时候，我却在看白。作为构图中的白，给人以退想的空间，其重要性不言而喻。

　　远辉兄的书，我做了一点点评，写了一点心得。希望读了本书的人，不要让它太洁净，不要忘记留下你的眉批，你的思考，则远辉兄出书的感情所在，就达到了。

　　是为序。

刘秋苏
2018 年 7 月 13 日

PREFACE 自 序

撰写本书，期待能同时完成六个转变：

一、由砖家到专家的转变。我的理想是成为一名公司法的专家，尤其是公司股权法律问题专家。欲要成为专家，必先成为砖家。所谓砖家，就是将某个领域的法律问题，像砌砖一样，一块一块地进行辛苦地排列、整合、研究、吃透的人。没有经历砌砖的过程，是无法成为专家的。本书选择了十个常见的股权法律问题，进行分析和研究。但愿本书能成为我在股权法律领域的砌砖之作，并最终促使我实现由砖家到专家的转变。

二、由独占到分享的转变。回望来时路：1996年进入大学学习法律；2004年硕士毕业进入常州市中级人民法院民二庭，从事民商事审判工作；2009年8月从法院辞职进入江苏钟山明镜律师事务所；2009年9月进入南京大学跟随吴建斌教授攻读公司法的博士学位；2012年进入大学从事法律教学工作……一路走来感慨万千，心中非常想将我法律学习、法院工作、律师执业、法律教学、法律研究的心得、体会、思考、经验、教训进行归纳、总结，写出来奉献给师长、朋友、同事以及客户。这便是我内心的写作动力。股权就是share，就是分享。我将个人的经验与思考写出来，对法律知识完成由独占到分享的转变。

三、由粗放到精准的转变。如果将所有的法律感悟撰写成书，无疑将成为一个大杂烩。因此，我选取了公司法中的基础问题——股权问题。在法院工作的时候，我也处理过股权纠纷，深感我国的公司法规定了较多的行为规则，而缺少对效果规则的规定，换言之，公司法只告诉我们应该怎么做，并没有告诉我们违法的后果。在现实生活中存在较多疑难的股权案件，在没有法律规定的情况下，我经常模仿其他法院的处理方式，对其中的法理并未深究。自从跟随吴建斌教授学习公司法之后，才感觉对公司法真正入门，并逐渐领悟了公司法的法理，以至于2012年博士毕业之后，我经常觉得，如果能再回到法院从事民商事审判工作，我一定可以成为一名很好的法官。在对公司法的理解更加深刻之后，我在分析和处理股权案件方面，逐渐完成由粗放到精准的转变。

四、由战术到战略的转变。随着理论与实践的共同进步，我在处理涉及股权的案件时候，越来越注重分析我们真正的目的是什么，我们在何种途径下会拥有优势，我们主张的支撑点是什么，我们的股权方案怎么来契合企业的文化。所以在本书中，我也论述了股权意识与股权服务问题，在更宏大的视野下看待股权问题，实现由战术到战略的转变。

五、由情怀到服务的转变。撰写此书最初的动机是基于情怀，毕竟22年的法律之路，我对法律的热爱和体验已经深入骨髓。我再也不会从事比法律更专业的事业了。除了情怀之外，撰写本书的过程，也是我个人业务水平查漏补缺及提高的过程。尽管一些当事人受社会不良风气的影响，喜欢有关系有门路的律师，但是我相信，总有一些有战略眼光的客户，不会将胜诉的希望寄托在找关系、找门路这种被动的局面上面，而是会与专业的律师一起掌握主动，防患于未然，万一发生诉讼，也能获得胜诉。我更相信绝大部分法官都是公道正派、依法办案的。所以我相信自己在股权法律专业方面努力不会白费，一定有机会为有远见的客户提供服务并取得良好的效果，以实现由情怀到服务的转变。

六、由分歧到统一的转变。在股权法律问题方面，由于对违反相关法律的后果经常缺少明文规定，导致实践中各种司法观点、各种处理思路很多。这种认识上的分歧现象很正常，但是也造成了法律适用不统一的消极后果。如果深入一步研究，就会让人发现许多自圆其说的观点经不起严格的推敲。如果法律初学者觉得那些分歧的观点都有道理，多半是因为自己对法律掌握不够、研究不透、法理不明。本书研究了一些司法领域中的不同观点和思路，并进行了

自 序

分析。希望本书的工作能为中国的股权法律实践贡献一分力量，在认识方面促成由分歧到统一的转变。

在此，感谢我的博导吴建斌教授，让我得窥公司法的奥义。感谢我的硕导张学军教授，张教授在我读硕士期间要求甚严，这让我打下了良好的法律基础，使我在法院忙忙碌碌工作五年之后还能考取南京大学的法学博士。感谢江苏钟山明镜律师事务所的留日法律专家、河海大学法学院教授、经济法博士刘惠明律师，刘惠明博士对每个法律领域都非常熟悉，我们经常在一起探讨股权问题。常州中院的刘冰法官对"真假股权"一章也作出了贡献，在此一并致谢。我是南京晓庄学院的教师，本书写作过程中，南京晓庄学院商学院的领导给了我很多鼓励和督促。最后，特别感谢我的妻子王许霞女士和儿子孙含瑄，在我撰写本书期间，他们表现出高度的配合和善解人意。当然，在本书完成之际，父母长辈的恩情，我也不能忘记。

本书的理想状态是既有一定的理论高度和理论格局，又接地气；既总结别人的思想观点，又有自己的独立见解；既研究法院的判案思路，又研究律师的办案技巧；既是法律专业人士的好助手，又是企业家的好帮手。当然，写完之后，我仍觉距离理想的状态还有相当差距，但既然是砌砖之作，自然蕴含引玉之意，欢迎大家对本书多提宝贵的意见和建议。

孙远辉
2018 年 7 月

目 录 CONTENTS

序言一 / 001

序言二 / 003

序言三 / 005

自　序 / 007

001　第一章　股权理论

第一节　股权性质传统学说 / 001

第二节　股权的法经济学分析 / 003

一、科斯的思想 / 003

二、股权权利配置的性质 / 012

第三节　股东权利配置示例 / 020

一、早期合伙企业中的权利配置 / 021

二、特许公司制度下的权利配置 / 022

三、有限责任制度下的权利配置 / 024

030　第二章　瑕疵股权

第一节　瑕疵股权及其成因 / 030

一、瑕疵股权的含义 / 030

二、瑕疵股权的成因 / 031

第二节　瑕疵股权的责任与风险 / 033

一、出资人的责任与风险 / 033

二、受让人的责任与风险 / 035

三、其他股东的责任与风险 / 036

四、垫资人的责任与风险 / 037

第三节　准瑕疵股权 / 046

一、延长认缴期限的问题 / 047

二、诉讼中出资是否加速到期的问题 / 051

057　第三章　股权代持

第一节　股权代持的应用 / 057

第二节　股权代持的风险 / 058

一、隐名股东的风险 / 059

二、显名股东的风险 / 094

第三节　股权代持的风险管理 / 095

098　第四章　真假股权

第一节　确定股东资格的问题 / 098

一、股东资格认定的法律标准 / 098

二、股东资格认定的证据标准 / 104

三、股东资格取得的时间节点 / 107

四、确认股东资格案件败诉的情形 / 110

第二节　否定股东资格的问题 / 115

一、冒名股东产生的原因 / 115

二、诉讼类型的问题 / 116

三、冒名认定技巧 / 124

四、裁判主文问题 / 126

128 第五章　增资扩股

第一节　增资扩股的作用 / 128

一、万科的增资扩股 / 128

二、增资扩股的应用 / 130

第二节　有限公司增资扩股的法律机制 / 133

一、不同视野下的增资扩股法律机制 / 133

二、有限公司增资扩股的法律特点 / 135

三、形式与实质：增资扩股的法律机制 / 138

四、新规带来的影响 / 144

五、增资扩股的制度改进 / 145

147 第六章　股权转让

第一节　股权转让的多重限制 / 147

一、来自股东的限制 / 147

二、来自章程限制 / 150

三、来自法律的限制 / 166

第二节　股权转让限制的规避 / 167

一、有限公司股东的规避 / 167

二、股份公司股东的规避 / 173

三、新规对规避行为的影响 / 174

第三节　转让限制与合同效力 / 174

一、未履行股东同意手续的情形 / 174

二、未保障其他股东优先购买权的情形 / 176

三、基于程序视角的合同效力分析 / 178

四、法院的实践 / 182

第四节 阴阳合同 / 188

一、阴阳合同的原因和效力 / 188

二、阴阳合同的甄别方法 / 191

第五节 股权转让合同的解除问题 / 194

一、法院对解除合同的基本态度 / 196

二、解除合同考虑的具体因素 / 197

三、解除合同的通知期限 / 203

四、解除合同的法律后果 / 205

208 第七章 股权对赌

第一节 股权对赌的作用与风险 / 208

一、股权对赌的作用 / 209

二、股权对赌的风险 / 210

第二节 解决股权对赌纠纷的方式选择 / 212

一、法院对股权对赌协议效力的观点 / 212

二、仲裁机构对股权对赌协议效力的观点 / 217

三、选择解决纠纷方式的方法 / 220

221 第八章 夫妻股权

第一节 夫妻公司的人格问题 / 221

一、夫妻公司的独立人格 / 221

二、夫妻公司人格否认的特殊性 / 226

第二节 夫妻股权转让诉讼实务问题 / 230

一、法院审理夫妻共有股权转让的司法实践与评析 / 231

二、办理案件的方法和启示 / 245

第三节　土豆条款 / 246

一、土豆条款简介 / 246

二、夫妻股权纠纷对上市的影响 / 248

第四节　夫妻股权纠纷处理的方法与策略 / 250

一、协商为主 / 250

二、重视取证 / 251

254　第九章　股权意识

第一节　股权文化意识 / 254

第二节　股权财富意识 / 256

一、无形财富 / 256

二、无股不富 / 257

三、股权传家 / 258

第三节　股权权力意识 / 259

一、控制权意识 / 259

二、股权结构意识 / 261

第四节　股权激励意识 / 264

一、股权激励实例 / 264

二、股权激励的原则和方法 / 265

267　第十章　股权服务

第一节　股权服务的性质 / 267

一、价值创造的相互性 / 267

二、高风险性 / 269

三、综合性 / 273

第二节　股权服务的营销方法 / 274

一、关系营销法 / 274

二、定位理论 / 276

三、客户细分 / 277

第三节　股权服务的工作方法 / 278

一、做好保密 / 278

二、充分准备 / 278

三、注重调解 / 279

282　参考文献

一、中文文献 / 282

二、外文文献 / 287

第一章 CHAPTER1
股权理论

股权是什么？股权的性质如何？这是股权理论的基本问题，也是本源性的问题。因此，对这个问题的回答，折射出对公司理论的理解、对公司性质的理解以及对公司法研究路径的理解。2017 年 11 月 17 日晚上与吴建斌教授谈及股权问题时，吴教授开玩笑地说："股权是什么，这个问题我也不懂。"吴教授是公司法的专家，因此他的回答当时让我为之一怔。但是一怔之下，我猛然意识到：股权的性质问题，既是公司法上的一个基本问题，也是公司法上的一个难题。无数的公司法前辈、理论和实务界的法律人士，都对股权进行了各种思考，也对股权的性质给出了自己的答案。本章笔者旨在运用科斯法律经济学的分析方法，研究股权的基本理论问题。

第一节　股权性质传统学说

何谓股权，著名公司法学者刘俊海认为："股东基于股东资格而享有的、从公司获取经济利益并参与公司经营管理的权利。"[1]还有学者认为股权是"基于股东地位而可对公司主张的权利"[2]，或是"股东作为公司的成员在公司所享有的权利。"[3]这些定义，一般具有以下认识：第一，股权是基于股东身份而享有的；第二，股权包

---

[1] 刘俊海：《股份有限公司股东权的保护》（修订本），法律出版社 2004 年版，第 45 页。
[2] 江平：《新编公司法教程》，法律出版社 2003 年版，第 199 页。
[3] 邓玉波：《公司法》，三民书局 1980 年版，第 106 页。

含一系列权利。公司法对股权也有界定，我国《公司法》第4条规定："公司股东依法享有资产收益、参与重大决策和选择管理者等权利。"这个规定列举了股东的基本权利。

20世纪末，由于《公司法》的出台以及国有企业的改革，法学家曾对股权的性质进行过热烈的讨论。经过探索，取得了较多的学术成果。对于股权的性质，主要有股权所有权说、债权说、社员权说和独立权利说等学说。现简述如下：

（1）股东所有权说。此学说认为股权的性质属于物权中的所有权，公司对股东投资的财产享有所有权，股东对公司享有所有权。股东对公司享有所有权的观点在早期普遍存在，但是随着公司独立人格日益被重视，将公司视为股东财产的观点逐渐为学术界所抛弃。所有权为完全物权，包含占有、使用、收益、处分等四项权能，股东对公司的权利，与所有权相比，还存在很大的区别。

（2）股权债权说。该学说认为，由于经营权和所有权分离，股东不直接对公司进行管理活动，公司逐渐被职业经理人、高级管理人员所控制。股东无意于直接管理公司，而是更关心公司的分红。因此股东与公司之间的关系退化成单纯的债权债务关系。另外，公司的股东因为投资关系，对投资财产丧失了所有权，而相应地获得了股权。股东转让股权的行为，在法律上也不影响公司的财产。公司的收益，首先属于公司的财产，只有在缴纳税收、偿付债务和提取公积金、公益金之后，才可能对公司股东分红。股东对公司的分红请求权，是一种债权关系。所以股权的性质是民法中的债权。股权债权说描述了经营权和所有权分离后的股权现象。但是，该学说不能解释股东现实的管理公司的权利。而且，分红请求权和债权请求权的内容、性质还是相去甚远。

（3）股权社员权说。此学说是由德国人瑞纳德提出，日本和德国普遍采取该学说。该学说认为公司是社团法人的一种，股权是股东基于其营利性社团成员的身份而享有的权利。包括若干财产性的权利和共同管理公司的权利。[1]社员权是一种独立的民事权利,既不同于物权、债权,也不同于传统私法领域中的人身权。社员权更像一种资格,其权利内容是综合性的。股权社员权学说认为股权是人格权、财产权与管理权的综合,和其他学说对股权内容的认识差别不大,该学说的意义在于描述了股权发生的基础和原因。

(4)股权独立权利说。邓玉波认为:"股权乃是基于其地位与公司间所有之法律关系是也。股东权既非纯粹的财产权,亦非纯粹的人格权,乃一种特殊的权利。"[2]江平教授也认为股权属于一种独立的特殊的权利,他将股权定义为"股东因出资而取得的依法定或章程规定的规则和程序参与公司事务并在公司中享受财产权益的、具有可转让性的权利"。[3]持有独立权利说的学者,将股权作为与物权、债权、社员权并列的一种新型权利。

最近十几年,学术界对股权性质的讨论逐渐冷清下来,盖因人们对股权的认识已经逐渐清晰,法律上对股权的明确规定也在很大程度上统一了认识。在学术界,经过多年的争论,股权社员权学说逐渐成为主流观点。现在这个问题不再像以前那样讨论得那般热烈,人们更多地开始讨论股权在现实中出现的具体问题。

第二节 股权的法经济学分析

本章对股权进行研究时,采用科斯法律经济学的分析方法,利用冲突权利配置理论定义股权,根据股东与其他主体之间的权利义务的内容,分析股权的性质。

一、科斯的思想

罗纳德·哈里·科斯是当代最伟大的经济学家之一。他于1910年12月29日出生于英国伦敦郊区威尔斯敦,1927年通过大学入学

---

[1] 葛云松:"股权、公司财产权性质问题研究",载梁慧星主编:《民商法论丛》(第11卷),法律出版社1999年版,第46页。

[2] 郑玉波:《公司法》,三民书局1996年版,第106页。

[3] 江平主编:《法人制度论》,中国政法大学出版社1998年版,第235页。

考试，1929年进入伦敦经济学院攻读商业学士学位。1937年，科斯在《经济学季刊》上发表论文《企业的性质》（The Nature of the Firm）。这是一篇有重大理论创新的论文，但是在发表之后，并没有引起巨大的反响。1958年，科斯在弗吉尼亚大学经济系任职时，完成论文《联邦通讯委员会》，发表于《法律与经济杂志》。芝加哥大学的一些经济学家认为《联邦通讯委员会》中的部分观点是错误的，由此引发了争议。之后科斯前往芝加哥大学辩论，这场辩论的直接后果是科斯于1961年发表了《社会成本问题》一文。这是一篇划时代的作品，是20世纪被引用次数最多的经济学论文，在法学界的引用率也独占鳌头。这篇文章和《企业的性质》，成为科斯获得1991年诺贝尔经济学奖的主要论文。

科斯在中国的经济学界有着重大的影响，他也一直关注着中国的发展。2008年7月，正值中国改革开放30周年之际，科斯教授以98岁高龄，亲自倡议并主持召开"中国经济制度变革三十周年国际学术研讨会"。在这一研讨会上，科斯深情地说："我是一个出生于1910年的老人，经历过两次世界大战和许多事情，深知中国前途远大，深知中国的奋斗就是全人类的奋斗！中国的经验对全人类非常重要！""我今年98岁，垂垂老矣，不知道还能够活多久，随时都可能离你们而去。希望在你们，希望在中国。我相信你们是不会让我失望的！"在互联网上，广泛传播着科斯对中国的十大忠告。[1]因为没有在网上看到这十大忠告的英文原文，所以我怀疑这十大忠告很可能是"托古改制"，借用了科斯的名义。对于这十大忠告，也许忠言逆耳，也许见仁见智，但认真研究它们才是正确的态度。

在西方，曾经由于推行凯恩斯主义，出现了滞胀的经济现象，

---

[1] 十大忠告的内容为："一、必须去除所有加诸国企的特权，让私企得以自由竞争；二、政府参与土地交易导致腐败猖獗，必须将其自身排除在市场之外；三、中国应打造一个自由的土地市场；四、在中国，教育和税收两项制度都加重了不平等；五、中国的计划生育政策显然开错了药方，需要反思；六、'边缘革命'将私人企业家和市场的力量带回中国；七、中国经济学者要从黑板经济学回到真实世界；八、中国必须让其政治权力服从于法治；九、中国经济面临着一个严重的缺陷：即缺乏思想市场；十、中国的奋斗就是全人类的奋斗！"参见"科斯对中国的十大忠告"，载 http://finance.ifeng.com/news/special/Coasezg/，2017年12月19日最后访问。

这是凯恩斯主义自身所无法解决的问题，政府之手出现了失灵。在这种情况下，许多经济学家开始重视对市场机制的分析，科斯的分析方法逐渐被重视。科斯的思想精华集中体现于两篇论文：《企业的性质》和《社会成本问题》。前一篇论文开创了交易费用经济学，后一篇论文开创了法经济学。

（一）《企业的性质》

《企业的性质》一文奠定了现代企业理论的基础，在该文中，科斯已经开始提出自己的核心思想，主要回答了两个问题：①企业为什么会存在？②企业的规模由什么因素决定？这两个问题的答案构成了该篇文章的主要内容。如果换一种表述方式，那就是企业产生的原因以及企业的边界应如何确定的问题。

在科斯看来，市场运行"运用价格机制是有成本的"，最明显的成本就是所有发现相对价格的工作，以及每一笔交易谈判和签约的费用等。[1]市场的运行有成本，如果通过一个企业家组织和支配资源，就能节约市场运行的成本。一系列的契约被一个契约替代，市场交易成本被管理成本替代，这就是企业产生的原因。如果管理成本低于市场交易成本，则采取企业的形式更有效率。企业虽然也是一种契约安排，但是这种契约并非古典契约，科斯强调控制和干预的权利是这种契约关系的本质特征。

关于企业的边界，科斯认为并不会由一个企业去完成所有的生产。首先，当企业扩大到某一点后，企业的组织成本会上升，收益会减少。这一点就是"即在企业内部组织一笔额外交易的成本等于在公开市场上完成这笔交易所需的成本，或者等于由另一个企业家来组织这笔交易的成本"。[2]其次，当组织的交易增加时，各种失误也可能增加，可能不能导致生产要素的最佳使用。最后，一种或多种生产要素的供给价格可能会上升，原因在于小企业的"其他优

---

[1] 参见［美］罗纳德·科斯："企业的性质"，陈郁译，载罗卫东主编：《经济学基础文献选读》，浙江大学出版社2007年版，第168～169页。

[2] ［美］罗纳德·科斯："企业的性质"，陈郁译，载罗卫东主编：《经济学基础文献选读》，浙江大学出版社2007年版，第171页。

势"大于大企业。企业扩大的实际停止点可能是以上因素共同决定的。[1]这就决定了企业的规模不可能无限扩大。现代管理科学的发展降低了企业管理的成本,所以才出现了许多大型的企业。

如果交易成本为零,人们在市场上除了支付价格,不需要付出其他的成本,那么人们就没有必要设立企业。相反,设立企业后的各种管理成本还会降低生产效率。正是因为交易成本的存在,才出现了企业。在科斯眼里,市场和企业是可以相互替代的两种方式。具体采取何种方式来实现一个经济目标,则应当比较市场交易成本和企业管理成本。在目标一定的情况下,选择成本较低的方式进行活动,在成本一定的情况下,选择更高产出的方式进行活动。科斯充分重视真实世界中不同方式之下的效率问题。这与其《社会成本问题》中"权衡利弊"的思想一脉相承。市场运行,或者说运用价格机制需要交易成本,如果组织一个企业并由企业家来配置资源的效率更高,那么企业的规模就会扩大。如果企业不能够以低于市场价格得到生产要素,那么企业就会求助于公开市场,企业的规模就会缩小。

虽然将市场交易纳入企业之中,用企业家的管理来替代交易可以节约了交易成本,但是企业管理也是需要成本的。当管理成本超过交易成本时,企业的效率就会低于市场的效率,所以企业不能无限扩大下去。在并购市场中,经常发生股权收购,导致企业的规模越来越大。这种并购实际上就是想减少市场交易的成本,但是在市场交易成本减少的同时,往往意味着管理成本的增加。所以收购股权、兼并其他企业,并不是越大越好。

科斯思想的原创性在于分析经济问题时引入了交易成本的概念,让人们从零交易成本的世界走向了真实的、有交易成本的世界。交易成本的概念对现实问题具有解释力。科斯的方法论也是从真实世界出发的。所谓真实世界,有三层含义:第一,普通人所生活的俗世世界;第二,存在企业、法律、合约、政府等具体多样的法律制

---

[1] 参见[美]罗纳德·科斯:"企业的性质",陈郁译,载罗卫东主编:《经济学基础文献选读》,浙江大学出版社2007年版,第171~172页。

度，人与人之间通过制度联系；第三，人与人之间存在交易成本，交易成本不仅为正，还可能高到阻止交易发生。[1]科斯反对黑板经济学。所谓黑板经济学，是指新古典（微观）经济学理论成立的前提条件过于抽象，忽视现实的经济问题，不能解决实际经济问题的现象。

有一部美国影片叫《大而不倒》（Too Big to Fail），描述了2008年雷曼兄弟公司倒闭前后美国政府和华尔街之间发生的故事。这部影片的主人公是雷曼破产时的美国政府财长保尔森，故事情节基本上围绕保尔森展开。在2008年国际金融危机的时候，各路资本家都排队要求政府解决困难。除了排在前列的华尔街的巨头们，还有美国的三大汽车商。在保尔森、伯克南等人的努力下，英国巴克莱银行终于同意收购雷曼公司，但是这次收购被英国监管部门否决。影片中雷曼公司有四个潜在的买家，但是都由于种种原因而未能成交。最后保尔森的选择是放任雷曼倒闭。

雷曼倒闭后，股市暴跌，各大企业岌岌可危。保尔森放弃了先前的立场，为美国国际集团（American International Group，AIG）提供2000亿美元资金，防止其倒闭。美国政府为华尔街提供上千亿美元的资金，让它为企业贷款。很多人认为，如果当时美国政府避免了雷曼的倒闭，金融危机就不会如此大面积地发生。大而不能倒，当时已经成为社会的共识。附带说一下，雷曼外聘的律师——沙利文-克伦威尔律师事务所主席罗基·科恩（Rodgin Cohen），在1984年夏天，为了找出能拯救伊利诺伊州大陆国民银行和信托公司的方案，曾在芝加哥一个闷热不透风的房间里连续待了好几天，促成了一桩45亿美元的政府救助计划。[2]但是在2008年，他没有能够阻止雷曼公司破产。美国联邦政府先后出资4000亿美元救助房利美和房地美，推出7000亿美元救市计划，为三大汽车巨头提供融资800亿美元。美国政府这一系列救市措施也为"占领华尔街"运动埋下

---

[1] 参见罗君丽："罗纳德·科斯的经济学方法论：起源与发展"，浙江大学2017年博士学位论文，第20页。

[2] 雪球："真的'大而不倒'"，载 https://xueqiu.com/6847723845/24163937，2017年12月22日最后访问。

伏笔。对于"占领华尔街"运动,民主党的奥巴马公开表示那些把美国拖入危机的肇事者仍然反对政府旨在消除华尔街滥权行为的金融监管措施。众议院民主党领袖佩洛西称民众这种自发的行动将产生效果。共和党则对运动持否定态度。众议院共和党领袖坎特将示威者称为"刁民",共和党总统竞选人凯恩则说:"别抱怨华尔街,别抱怨大银行。如果你没有工作,你不富有,只能怪你自己。"[1]美国的媒体对"占领华尔街"运动失声了。美国警察以"交通占道"为由拘捕了700多名示威者,进行强制清场。复旦大学美国研究中心主任吴心伯教授认为:"对许多选民来说,全球金融危机可能是一个转折点:他们的政府营救了那些使美国陷入破产边缘的富有银行家,对失去工作和家园的数百万普通美国人则似乎弃之不顾,该体系不仅产生了不公平的结果,而且似乎是故意被操纵去这样做的。体制不公也引发民众对政治精英和利益集团之间'亲密'关系的强烈不满。"[2]

大而不能倒,雷曼公司的境遇否定了这个认识。巨无霸的公司也意味着巨大的管理成本和可能低下的效率,若公司巨大即可由政府买单,发财归自己,出事由全体国民扛着,就会不顾风险地敛财。雷曼倒闭了,地球照样转,几年后,美国股市重新上万点大关。企业的规模不会上天入地,无限扩大。但是对于美国政府为何拯救这些巨大的公司?也许能在《社会成本问题》里找到答案。高盛出身的美国财长保尔森在雷曼公司破产重组后曾反思对其不救弊大于利,该公司发行的迷你证券,我国香港地区、台湾地区的个人投资者仅获保护性清偿,大量普通债权人分文未得。反观得到救助的一些大企业基本活了过来,救助方也大赚了一笔。

(二)《社会成本问题》

《社会成本问题》与《企业的性质》一脉相承。《社会成本问

---

[1] 参见百度百科:"占领华尔街",载 https://baike.baidu.com/item/%E5%8D%A0%E9%A2%86%E5%8D%8E%E5%B0%94%E8%A1%97/6174179?,fr=aladdin,2018年4月11日最后访问。

[2] 参见廖勤:"2016美国大选深度:制度的尴尬,建制派与反建制派之争?",上观新闻,载 http://www.shobserver.com/news/detail?id=35642,2018年4月11日最后访问。

题》进一步说明了交易成本对制度的影响。由于交易成本的存在,不同的权利配置产生的社会产品是不同的,效率也是不同的。它实际上指明了不同产权配置对资源配置效率的影响。科斯在《社会成本问题》一书中列举了法院判例对资源配置效率的影响。科斯研究的是英美法系的判例,英美法系有遵循先例的原则,英美法系国家的判例具有普遍的约束力,实际上是法官立法,不能简单地作为个案处理来看待。法律制度是权利配置的结果,会对经济运行产生巨大的影响。因此,为了经济系统的良好运行,法院应当了解不同权利配置,或者说不同法律制度对经济系统产生的不同影响。

科斯在经典的《社会成本问题》一文中,将资源不同使用方式的冲突转化为不同权利之间的冲突。科斯从损害的相互性入手,指出了真正需要决策的问题以及问题的本质。科斯在该文中直接指出:"真正必须决策的问题是:是允许甲损害乙,还是允许乙损害甲。关键在于避免较严重的损害"。[1]

科斯在《社会成本问题》开篇就提出了牛谷之争:在相邻的两块土地上,养牛者和农夫分别养牛和种植谷物。科斯首先假设养牛者需要对谷物损失承担责任的情况,在这种情况下,养牛者确定牛的规模时,需要将养牛的成本和赔偿谷物损失的成本一起纳入核算。如果养牛的收益大于赔偿谷物的损失,养牛者就会增加养牛的数量,直到收益最高。如果养牛者不需要对谷物损失承担责任,养牛者在考虑增加牛的规模时,也是在收益最高的时候,不再增加牛的数量。从这个简单的例子中,可以得出一个结论:在交易成本为零的情况下,无论是配置给养牛者不需要赔偿的权利,还是配置给农夫获得赔偿的权利,最终的结果不受初始权利配置的影响。这实际上是科斯定理一的内容。对于外部性问题,科斯的建议是通过交易来解决。科斯说:"市场交易总是可能改变权利的初始划界,当然,倘若市场交易无成本,那么只要能够导致产值增加,权利的重新安排总会发

---

[1] [美]罗纳德·科斯:"社会成本问题",龚柏华、张乃根译,载[美]科斯:《企业、市场与法律》,盛洪、陈郁译校,格致出版社、上海三联书店、上海人民出版社2009年版,第97页。

生。"[1]市场交易的前提是产权明确。科斯曾经在和《经济学消息报》的采访人员高小勇谈论中国时说:"如果法律体系缺乏精确性,人们制定合同时不知道可以获得的权利,那势必影响甚至阻碍很多交易,因为人们不清楚有什么权利、义务。正是法律缺乏精确性,阻碍了经济改革。"[2]在我国公司法中,缺少效果规则的规定,一旦违反这些规定,权利和义务并不清楚,其实就是产权不明,就会导致高昂的交易成本和低下的效率。另外,中国人喜欢调解方式解决纠纷,这虽然有助于对个案问题的解决,但是无助于在整个社会上确立产权规则。同样,产权规则的缺失,导致民事诉讼法中"分清是非"的调解要求成为一句空话,因此调解注定遭受"和稀泥"的诟病。

如果考虑交易成本,只有在权利重新配置的后续增加的产值高于交易成本的时候,重新配置才会发生。当交易成本大于后续增加的产值,那么原来在零交易成本下发生的权利配置,将不再发生。所以,在交易成本不为零的情况下,不同的权利配置会带来不同效率的资源配置。这是科斯第二定理的内容。在交易成本为零的情况下,资源的配置不受法律规定的影响,但是在交易成本为正的情况下,法律直接影响社会产品能否达到最大化。科斯定理二揭示了权利配置(法律)、交易费用与效率三者之间的关系。在法律没有明文规定的情况下,法院处理案件即具有权利配置的性质。根据笔者整理的股权纠纷判决,法院同案不同判、多种司法观点并存的情况还是比较普遍,这其实蕴含了很严重的问题。不同的处理方式,就是对权利的不同配置,必然会影响到资源配置的效率。在这些不同的处理方式中,必有效率低下的处理方式,也就是错误的处理方式。我们经常有一种错觉:观点不同,但能自圆其说即可。实际上,在相互冲突的司法观点中,必然有一个观点导致经济系统的效率更低,不太可能两种观点都正确。洋洋洒洒的各种司法观点集锦,就是缺

---

[1] [美]罗纳德·科斯:"社会成本问题",龚柏华、张乃根译,载[美]科斯:《企业、市场与法律》,盛洪、陈郁译校,格致出版社、上海三联书店、上海人民出版社2009年版,第195页。

[2] 罗君丽:"科斯经济思想研究",浙江大学2003年硕士学位论文,第72页。

少对问题深入研究，不求甚解的表现，其中必有一些观点是错误的。

对于交易成本过高的问题，其中一种情形是采取企业组织的形式。在企业内部，市场交易被管理决策所代替，这一问题在《企业的性质》中已经有所论述。另外一种情形是，如果一方当事人众多，将这些人都纳入企业的内部，企业的管理成本将非常高昂，也就不可能通过组织企业的方式来解决。那么，一种可供选择的办法就是通过政府来直接规制。当然，政府直接规制也需要行政成本，该成本甚至高得惊人。对此，科斯总结道："所有解决的办法都需要成本耗费，因而没有理由简单地认为，由于市场和企业不能很好地解决问题，为此引入政府规制就是必要的。唯有耐心研究实际当中市场、企业和政府是如何处理有害影响问题，才可能得出令人满意的政策观点。"[1] 大家不要误以为有问题就一定要采用这三种方式解决，如果解决成本过高，还应当对其置之不理。

科斯认为初始的权利配置应当是在整体上最有效率的权利配置。在个别情况下，改变初始权利配置可能会带来更高的效率。如果变更初始权利配置，应当对被损害的一方进行赔偿，将损害责任计入加害者的成本之中，这样才能保证这种变更确实会带来更高的效率。因此，当初始权利配置完成之后，对于被损害者，应当进行赔偿，才能维护权利配置的效率，这也符合人们的正义观念。在《大而不倒》那个例子中，政府要不要对华尔街的大企业进行救助，首先应考虑救助成本的问题，如果救助这些大企业所需要的成本超过所取得的收益，则救助无此必要。至于成本的衡量，还是由那些专门的经济学家去做。但是，美国政府对一些华尔街的大型金融企业救助之后，这些金融企业并没有承担救助成本，也没有对造成的损害负责，而是由美国民众对这些大企业不负责任的行为买单，这就违背了权利配置理论。这种不正义的行为不仅引起了"占领华尔街"运动，还导致了美国普通民众对精英代表的建制派的普遍反感。建制

---

[1] [美] 罗纳德·科斯："社会成本问题"，龚柏华、张乃根译，载 [美] 科斯：《企业、市场与法律》，盛洪、陈郁译校，格致出版社、上海三联书店、上海人民出版社2009年版，第197~198页。

派在美国总统大选中败北,而特朗普成为美国第45任总统。科斯是一个伟大的学者,他没有分别心,并不是天然地支持市场、企业或政府,在他看来,企业、市场与政府是可以相互替代的解决问题的方式。在一方人员众多、交易成本高昂的时候,是否运用企业或政府规制的方式解决问题,取决于对实际问题的认真研究。他并不盲目地推崇市场或政府,对于市场与政府这种貌似对立的概念,科斯通过交易成本将二者内在地联系在一起。美国政府到处对外宣传自由、民主、市场经济,实际上只是对外宣传的战略。美国政府非常务实,一点也不迷信市场,早就成功地实行过罗斯福新政,更在2008年的国际金融危机中大显身手。《金刚经》有一句话:"一切贤圣,皆以无为法而有差别。"科斯没有分别心,不落二边,不执着于市场、企业或政府,是真正的贤圣啊。

二、股权权利配置的性质

本书对股权的定义如下:股权是法律直接或间接配置给公司股东的权利束。这种权利配置会因应社会和法律的变化而变化。公司股权作为权利束,并非单一的权利。从理论上讲,股权可以无限地分解,例如:股权可以分解为知情权、表决权等权利,然后知情权再次分解,可以分解为查阅公司章程的权利、查阅公司原始凭证的权利,以此类推。所以股权是配置给股东的可以无限分解的权利束。股权还是股东与其他主体在对立性的关系中所进行的权利配置结果。运用科斯的冲突权利配置理论,完全可以研究股东与其他主体之间的权利配置。公司法上的权利冲突与配置无处不在,已经深刻地影响到公司法的理论与实践。作为公司法的经典之作,伯利与米恩斯的《现代公司与私有财产》一书已经隐含了权利配置的思想,伊斯特布鲁克与费希尔合著的《公司法的经济结构》、莱纳·克拉克曼、杰拉德·赫蒂格等人所著的《公司法剖析:比较与功能的视角》也运用法律经济学的方法,对公司法中的问题进行了经典的分析,并运用了对冲突权利进行配置的分析方法。国外公司法理论已经开始关注冲突权利配置理论的价值,但是在我国公司法学界,包括法院的商事审判部门,对冲突权利配置理论研究甚少。对于公司法包括股权问题的研究，学术界多停留在单纯的比较法层面上。有些法院实务部门，则停留在各种大而无当的抽象原则层面上。在公司法中，有各种各样的原则，而法院在援引这些原则的时候，有时对原则的选择并无标准，导致援引不同原则产生不同判决结果的现象发生，而且这些原则对法律问题也缺少解释力，甚至相互矛盾。例如，在解决股权转让的问题时，既有股权自由转让原则，又有股权限制转让原则，此时该何去何从呢？公司法主流理论，往往执之一端，对于这些问题背后的经济学意义，并没有进行深入的分析。本书运用冲突权利配置理论，认为股权权利配置应当具有以下性质：

（一）整体上的高效性

科斯主张从总体上考虑不同权利配置的后果，考虑不同权利配置下社会总产品的产出。换言之，利用科斯所倡导的方法，将不同权利配置下的效果进行比较，从而选择更高效率的权利配置。科斯效率观是整体主义的效率观，可以让权利配置产生最大化的社会总产品。权利配置是在整个社会里进行配置，而不是在个案里进行权利配置。

如果从科斯冲突权利配置的角度来看，法律对冲突权利进行不同的初始权利配置，所得到的效率是不同的。在交易成本为正的情况下，法律应当将初始权利配置给最终导致社会产品最大化的一方，初始权利的配置必须要考虑到效率的因素。科斯在分析"思特奇斯诉布里奇曼案"（即医生诉糖果商案）时就指出，问题解决办法的本质在于"继续使用机器给糖果制造商带来的收入的增加，是否超过给医生带来收入的减少"，即哪一种配置能产生更多的社会总产品。如果产生的社会总产品相同，"任何一种权利安排都需要费用，问题的实质在于选择一种费用较低的权利安排方式"。[1]

股东与其他主体之间存在权利冲突，如果将这些权利冲突与科斯在《社会成本问题》中描述的"牛谷之争"案例中的权利冲突进行比较，会发现这两种权利冲突在性质上并无二致。在"牛谷之争"中需要作出的选择简洁明了：是肉类还是谷物。同样，在股东与其

---

〔1〕 卢现祥、朱巧玲：《新制度经济学》，北京大学出版社2007年版，第219页。

他主体之间的权利冲突中,需要作出的选择也同样简洁明了:是股东的权利还是其他主体的权利。当然,如果不清楚各种选择的代价以及效果,这个问题的答案将会不明晰。例如,在设计公司资本制度时,如果确立了债权人获得公司较高数额资本保障的权利,则意味着债权安全系数的提高,有利于债权人与公司达成一项契约,减少磋商的成本。如果确立了股东自由决定资本数额的权利,则意味着股东可以依据公司经营的实际需要来增减资本,有利于提高公司的经营效率,避免资产闲置。两种权利配置各有其价值,但是这两种权利配置具有冲突性的特点,二者只能选择其一。法律在对冲突权利进行配置时,需要确定在总体上效率更高的那种配置。

(二)交易环境的真实性

科斯经济学不仅是整体主义的研究方法,还是现实主义的研究方法。科斯研究的是真实世界中的问题,更关注经济系统在现实中是如何运行的。科斯在《社会成本问题》一文中以"牛谷之争"开篇,引申出权利冲突的命题,然后分析了"医生诉糖果商案""可可果纤维草席商诉硫酸铵生产商案""生火引起烟尘案"等判例,在这些具体的判例分析中引入了交易成本的概念,将"理想世界"中的纠纷引进了现实的世界,考察了交易成本对权利配置的影响。交易成本的概念是由科斯在《企业的性质》一文中提出的,但是科斯并没有对交易成本下一个明确的定义。他在《企业的性质》一文中列举了一些交易成本。这些交易成本包括发现价格的成本,包括寻找交易对象、获取市场信息的成本、缔约成本(包括磋商和订立合约)以及履行合约的成本等。张五常认为:"交易成本包括信息成本、谈判成本、界定和控制产权的成本、拟定和实施契约的成本、监督管理的成本在内的一系列制度运行成本,或者说交易费用是一切不直接发生在物质生产过程中的成本。"[1]交易成本为零的科斯世界只是一种理想的假设状态。在交易成本不为零的情况下,权利的初始配置将影响资源配置的效率。

---

[1] 参见[英]约翰·伊特韦尔等编:《新帕尔格雷夫经济学大辞典》(第2卷),经济科学出版社1996年版,第58页。

根据科斯定理，如果交易成本为零，不管初始权利如何配置，当事人之间的谈判都会导致资源配置效率的最大化。换言之，如果交易成本为零，无论股权的内容怎么安排，最终经过当事人的谈判和交易，都会达到效率最大化的安排。例如，在公司的财务秘密权和股东的知情权之间，如果公司法在初始权利配置时配置了公司的财务秘密权，则股东无知情权。如果没有交易成本，股东将会与公司进行谈判：如果公司允许股东查阅财务账册等资料，股东就进行投资，否则股东不予投资。公司为了获得投资，就会允许股东查阅采取账册。所以，在零交易成本的条件下，无论法律规定公司的是财务秘密权还是股东的知情权，股东与公司通过交易，都会达到相同的结果——股东享有知情权。常识而言，股东没有知情权是非常可怕的。一群高管可以为所欲为，转移财产、奢侈消费都有可能，而股东也不敢进行投资，这将是一种坏的制度安排。然而现实世界中的交易成本是正的，例如，公司与股东进行谈判，需要租赁谈判场地、聘请律师草拟合同，需要交通住宿通讯等，如果这些费用总计1万美元，而股东获得知情权，能提升的价值只有5000美元。那么，这种交易将无利可图，达不到高效率的结果。因此，法律在进行冲突权利配置上，应当确定股东的知情权，而不应当确定公司对股东的财务秘密权。

"《社会成本问题》一文主要建立在逻辑实证主义的基础上，却又超越实证经济学。在一系列实证案例引出所论述的问题后，科斯对市场、企业、政府三种制度安排解决外部效应所花费的成本进行了比较分析，毫无疑问，这是实证案例基础上逻辑延伸的一般化过程，是纯粹的逻辑实证主义。"[1]科斯在《社会成本问题》一文中指出了庇古式传统理论在处理外部性方面的错误，认为在存在交易成本的情况下，不同的制度安排会产生不同的经济绩效。科斯的方法是在真实的世界中寻找问题的解决之道。科斯认为"我们分析的出发点定在实际存在的情况上来审视政策变化的效果"，以及"应该

---

[1] 李具恒："科斯经济学方法论探微——基于《社会成本问题》一文的分析"，载《科学·经济·社会》2005年第3期。

从人的实际出发来研究人,实际的人在由现实制度所赋予的制约条件中活动"。[1]这种现实主义的态度一直是科斯的传统,科斯在《企业的性质》一文中就体现出这样的态度,他在该文中主张经济理论的前提不仅应当是可处理的,而且还应当是现实的。[2]

(三) 因应变化性

从股东与其他主体之间的权利冲突来看,他们的权利冲突是在不同的制度背景下展开的。外在的制度背景不仅是权利配置的结果,它们还影响其他交易的成本。这些外在的制度并非一成不变,因此交易成本也随之变化,股东与其他主体之间的冲突权利配置也要适应这种变化。如果从历史的角度进行考查,在外部的制度变化里,最重要的变化是公司人格制度的逐渐完善。当然,这些变化还包括信息制度、金融市场、会计制度的发展与成熟等。这些外在制度的变化导致法律改变冲突权利的初始配置。

在早期的合伙制度下,由于合伙并无人格,因此需要由合伙人直接向债权人承担责任。当然,此时的合伙人并非严格意义上的股东,但是为了描述权利配置的变化,故而从此处开始。合伙人之间一般来说关系比较密切,而合伙人与债权人之间的关系相对疏远。如果合伙人对合伙组织的债权人承担有限责任,则债权人需要在订立合同时考察每一个合伙人的资信情况,在执行合约时,债权人甚至需要申请对每一个合伙人进行执行,此种方式的成本较高。如果实行无限连带责任,则债权人只需对个别合伙人的资信进行考察,只需监督和执行个别合伙人的财产。合伙人之间作为关系密切的人,进行相互监督财产的成本比较小。因此,为了促成交易,应当选择交易成本较小的权利配置,即无限连带责任。这就是合伙实行无限连带责任背后深刻的经济学原因。随着贸易越来越大,投资的需求越来越高,合伙组织越来越不能适应经济生活的需要,法人人格要素在企业中逐渐生长起来,企业逐渐可以拥有自己的财产。独立人

---

[1] [美] 罗纳德·科斯:"新制度经济学",盛洪、陈郁译,载 [美] 罗纳德·哈里·科斯:《论生产的制度结构》,盛洪、陈郁译校,上海三联书店1994年版,第349页。

[2] 参见 [美] 罗纳德·科斯:"企业的性质",陈郁译,载罗卫东主编:《经济学基础文献选读》,浙江大学出版社2007年版,第1~2页。

格实际上也是为了减少交易成本而采取的一种制度安排。工业革命之后,技术与经济快速发展,投资的需求越来越强烈,越来越多的人进行投资,尤其是一些大的项目,如修建铁路,需要长期的、巨额的投资。公司股东的人数也越来越多,且相互之间是陌生人。如果要求公司的股东承担无限连带责任,则股东之间相互监督财产的成本将异常高昂,会极大地限制公司的设立,因此在权利配置方面应确定股东的有限责任。在无限责任向有限责任过渡的阶段,基于路径依赖的原因,也产生了过渡性的权利配置。

　　关于公司资本制度,也可以运用此方法进行分析。在各国公司法中,曾经出现过资本制度普遍放松的现象。如果用自由主义等词语进行解释,也只是对现象的描述,并不能深入解释这种变化的原因。有限责任确立的17、18世纪,正值工业革命中需要进行大规模投资的时期,当时的金融市场尚不够发达,不能完全满足投资的需要。在17世纪,像采矿、冶铁和造船等工业需要大笔的资金,这些资金大都是由财力雄厚的大商人和金融家们承担。即使在纺织、印刷等资金需求较少的轻工业部门,也经常面临资金流转困难等问题。为了顺利进行生产,需要公司筹集较多的资本,因此法律对资本制度进行了严格的规定,这意味着股东要严格地履行出资义务。但是随着金融市场的发展,公司筹集资金的成本降低,利率呈现长期下降的趋势,而且"政府不但不再像中世纪时期那样对私人借贷进行限制而且开始正面地介入资本市场。它不但维护信用货币体系,建立了长期公债制度,而且它所控制的法庭还加强了保护借贷合同的力度"。[1]这些因素维持了低利率的金融市场。金融市场越发达,公司债务融资的成本就越小,为了避免股权融资的成本高于债务融资的成本,所以法律会相应地放松资本制度,这就促成了法定资本制向授权资本制的转变。在这场资本制度变化的过程中,股东在出资方面的权利越来越大,股东不仅可以决定出资的数额,而且可以决定认缴的期限。这表明股权的权利配置应当适应社会的变化。

---

〔1〕 张宇燕、高程:《美洲金银和西方世界的兴起》,中信出版社2004年版,第124页。

（四）可变更性

公司法对股东初始权利配置之后，各个主体实际上共同面临一个问题：即是否可以通过交易来变更这些初始权利的配置。如果将初始权利配置作为不可变更的权利配置，就意味着改变初始权利配置的行为属于侵权行为，行为人应当停止侵权或赔偿损失，但是这种结果未必是公司法上的各主体包括股东所希望的。在某些情况下，如果变更权利的初始配置能增加各主体的收益，且这种收益超出了双方的交易成本，那么双方都有动力改变初始权利配置，这种变更会导致更有效率的权利配置。所以对于这一问题的解决，科斯建议的方法不是损害赔偿而是交易。例如，如果在初始权利的配置上确定了股东自由决定其资本的权利，债权人可以选择与股东进行谈判，请求股东增加注册资本然后再向公司放贷，若股东增加资本之后公司可以获得贷款，并且增加资本的收益高于他们的交易成本，那么股东增加资本对双方而言都是有利可图的。实际上股东增加注册资本的行为就是对初始权利配置的变更。

在公司法上，股东变更初始权利配置的现象十分普遍。例如，经过公司制度的漫长发展，由最初的股东向债权人承担无限责任的权利配置，逐渐过渡到股东承担有限责任的权利配置。虽然法律对权利如此配置，但是当事人可以通过交易来变更权利的初始配置。在一些公司申请贷款时，银行经常要求股东提供连带责任担保，如果股东与银行订立担保合同，实际上改变了公司法的初始权利配置，转而由股东对银行承担无限连带责任。当事人的约定好像魔术师一样，又将有限责任"变回"了无限责任。科斯对此有过经典的论述，他说"法律面临的首要问题不是由谁做什么，而是确定谁有权做什么。市场交易总是可能修改权利的初始界定"。[1]公司股东与其他主体之间也应当可以通过变更初始权利配置来提高效率。

最低注册资本的规定是法律对权利配置的结果。股东与债权人在对这个初始权利配置进行变更的时候，可能导致资本额为零的结

---

[1] 参见[美]罗纳德·科斯："企业的性质"，陈郁译，载罗卫东主编：《经济学基础文献选读》，浙江大学出版社2007年版，第195页。

果，也可能导致资本额很高的结果。公司法规定最低资本额，实际上意味着部分情形下股东与债权人无法通过变更初始权利配置实现更有效的权利配置。如果公司的资本为零是更有效的权利配置，最低资本额的规定无疑会阻碍股东与债权人之间改进效率的尝试。虽然公司法对股东与债权人的权利进行了初始配置，然而，为了在个别情况下实现更有效率的权利配置，双方经常运用合同的方式改变权利的初始配置。例如，在管理公司方面，股东在初始权利配置上享有管理公司的权利，债权人没有干预的权利，但是通过合同机制，债权人都可以取得对公司某种程度上的管理权。史密斯（Smith）和华纳（Warner）研究了债券的公开发行，发现有91%的债券契约包括了限制公司发行其他债务的条款，23%限制股利，39%限制兼并及36%限制出售资产。[1]这些都是当事人对初始权利配置进行变更的例子，其中所付出的成本就是交易成本。只有交易成本小于变更初始权利配置后所增加的收益，这种变更才是可行的。当然，变更初始权利配置并非是无偿占有，需要对有关的主体进行补偿或赔偿。

根据初始权利配置的不同，公司分为无限公司与有限公司。当法律确定有限责任时，虽然初始的权利配置确定了股东承担有限责任的权利，但是，在个别情况下股东与债权人之间仍然可以通过改变初始权利配置来优化资源配置。由于这种变更需要交易成本，因此法律提供了无限公司的法律制度供当事人进行选择。若在某些情况下采取无限责任是效率最优的选择，法律提供无限公司的制度就节约了变更初始权利配置的市场交易成本，但是却需要花费制定法律的成本。也许是经过权衡之后，法律才提供了给当事人更多制度选择的安排。

（五）应受保护性

在某些场合下，初始权利配置虽然可以变更，但是这种变更是通过交易进行的，即使不能通过交易进行，也必须对被侵害的权利进行赔偿，这样才符合科斯冲突权利配置的效率观。实际上，既有

---

[1] ［美］斯蒂芬·A. 罗斯、伦道夫·W. 威斯特菲尔德、杰弗利·F. 杰富：《公司理财》（第8版），吴世农等译，机械工业出版社2009年版，第311~312页。

的权利初始配置都体现了某种效率，只有在时代发生变化，导致原来的初始权利配置变得效率低下时，法律才会重新进行初始权利配置。对于法律已经确定的初始权利配置，只有在增加的收益超过交易成本时，当事人才可能变更初始权利配置。至于变更初始权利配置是否更有效率，必须在当事人承担责任的基础上才能判断。从损害的相互性出发，科斯所举的"库奇诉福布斯案"可以给我们启示，如果确立了可可果纤维草席制造商的不受硫酸铵气体污染的权利，若硫酸铵生产商制造硫酸铵，他就需要赔偿可可果纤维草席制造商的损失，这些赔偿的损失就自动转化成硫酸铵的生产成本。只有生产硫酸铵是一种更有效率的资源配置时，这种生产才能维持下去。如果不要求硫酸铵制造商承担责任，就不能实现资源配置的有效性。因此对破坏初始权利配置，侵害既定权利的行为，法律应当进行规制。

这一观点也可以解释公司法中的责任问题。本来债权人只能要求公司承担责任，但是在公司法的实践中，仍然出现了股东承担连带责任的法律规定和案例。对于股东所承担的连带责任，公司法运用法人人格否认理论进行了解释。股东滥用权利，损害了公司的独立人格，进而损害了债权人的债权。股东侵犯了初始权利配置，他们就需要承担责任，否则就不能实现资源配置的有效性。因此，在股东损害债权人利益的情况下，债权人可以要求股东承担责任，这在法经济学上是有理论依据的。同样，股东的权利受到损害后，也应当得到赔偿，如其分红权被损害后，就应当得到赔偿。

第三节　股东权利配置示例

股东权利配置，是指股东与其他权利主体之间的权利发生冲突，在股东与其他权利主体之间的权利配置。当这些权利被配置给股东的时候，则成为股东的法定权利，如果这些权利没有配置给股东，则股东不享有该法定权利，这样的权利只是股东支付代价后可能获得的权利。公司法中的权利冲突是多样的，面对这些冲突的权利，法律对它们进行了初始权利配置。由于公司制度包括股东权利有一个逐渐变迁的过程，为了帮助读者理解权利配置的思路，故本书拟从公司的萌芽状态开始考察各主体与股东之间的权利冲突及权利配置，当然，准确地说，早期阶段还不能称之为股东和股权。

一、早期合伙企业中的权利配置

公司是在继承了早期合伙企业的某些因素的基础上发展而来的，这些早期组织是现代公司的前身，其中最有代表性的早期企业形态是索赛特（societa）和康孟达（commenda）。康孟达和索赛特是为了海上贸易而形成的合伙组织。哈罗德·J.伯尔曼曾经这样描述康孟达："康孟达可能是在 11 世纪作为一种借贷契约开始的，但它很快就发展成为一种用于单一经营——通常是来回航行于中东、非洲或西班牙之间——的合伙协议。一方合伙人被称为 stans，他提供资金但待在家里；另一方合伙人被称为 tractator，他从事航行。作为完成艰难而危险的航行的报酬，从事航行的合伙人通常获得四分之一的利润，而冒资金风险的合伙人则获得其余四分之三的利润。"[1] 索赛特与康孟达很相似，也是早期的合伙组织。它的经营方式是合伙各方共同经营，共同承担经营风险。对于索赛特的债务，合伙各方以其全部财产承担无限责任。在索赛特中已经体现了合股的观念，契约期间合伙各方投入的资金财物不能抽回。待到合伙契约期满之后，企业自行解散，合伙各方取回各自本利。[2]

中世纪时信用制度体系尚不发达，个人的资金能力有限。为了能够完成海上贸易——在金融市场尚不发达的情况下——需要若干合伙人集中财产，方能为海上贸易准备好物质基础。对于债权人的可靠保护，就是需要合伙人每一个人的财产都对合伙债务承担无限责任。这其实是在公司萌芽时期的一种权利配置。合伙人与债权人之间的冲突权利为：债权人要求合伙人承担无限责任的权利与合伙人承担有限责任的权利。在当时的条件下，由于康孟达和索赛特并

---

[1] [美]哈罗德·J.伯尔曼：《法律与革命——西方法律传统的形成》，贺卫方等译，中国大百科全书出版社 1993 年版，第 429 页。

[2] 参见电大在线论坛 http://bbs.openedu.com.cn/showtopic.aspx?forumid=240&topicid=1159071&go=next，2012 年 7 月 6 日访问。

没有独立的人格，如果债权人向所有的合伙人逐一主张权利，讨债的成本非常高昂，就会引发债权人不愿意放贷的局面，以致交易无法完成。而合伙人之间相对熟悉，彼此了解人品和财产状况，所以在当时，确定债权人要求合伙人承担无限责任的权利，是一种更高效率的权利配置。如果法律在当时确定合伙人的有限责任，债权人就会与合伙人进行谈判，要求合伙人承担无限责任。如果交易成本为零，就会出现合伙人承担无限责任，交易得以进行的结果。如果交易成本过高，就会导致谈判失败，初始的权利配置得不到改变，进而影响到债权人对康孟达和索赛特的借贷，影响生产效率。所以考虑到交易成本，当时的法律在对两种冲突的权利进行配置时，应当配置给债权人要求合伙人承担无限责任的权利。

在康孟达中曾出现过有限责任的萌芽，合伙人以契约的形式，在内部约定部分合伙人只以有限的财产承担责任，但是这种约定并不被当时的法律认可。这种隐名的合伙人一旦被发现，还是要承担无限责任。从权利配置的角度来看，对合伙人与债权人的权利冲突，法律确定了债权人要求合伙人承担无限责任的权利，这种权利配置的结果就是合伙人承担无限责任的制度。

二、特许公司制度下的权利配置

在合伙型企业向现代公司过渡的过程中，无论是大陆法系还是英美法系，都经历了特许公司的阶段，公司在这一阶段逐渐形成了合股经营的特点，并且逐渐取得了独立的法人人格。

（一）初获人格

最早的特许公司是特许管理公司。就特许管理公司而言，"特许管理公司成员除非系遗产继承或在公司一成员处学艺结业，凡加入公司者均需缴纳特许费。他们在经商时仍然是各自经营各负盈亏，之间没有共同账目，亦不彼此共享利润或共担风险"。[1] 由此可见，特许管理公司的成员仍然是单独经营，他们之间并没有资本的联合。

---

[1] [法] 费尔南·布罗代尔：《15至18世纪的物质文明、经济和资本主义》（第2卷），顾良、施康强译，生活·读书·新知三联书店1993年版，第488~489页。

还有一种特许公司是特许合股公司，它采取账号联合、风险共摊、利润共享的经营方式。[1]它是现代公司的早期模式。早期的特许合股公司是为了满足海外贸易的需要而成立的，由皇室颁发特许状，如著名的英国东印度公司。后来由于资产阶级革命以及国内市场的开发，特许状由议会颁发。[2]

特许合股公司人格的生长是伴随人格的非伦理化的程展开的。11世纪晚期出现了共同人格原则。由于凭借个人的经济力量越来越无法完成商业活动，产生了各种各样的新型商业联合体。这些商业联合体在合伙企业形态下开始拥有自己的名称。在特许合股公司阶段，公司的人格要素得到进一步发展，表现在公司的名称、印章、诉讼权利、主体资格等方面。

特许合股公司在获得人格的同时，逐渐获得了以自己的名义从事经营活动、承担债务的权利。特许合股公司以自己的名义拥有财产，也可以用这些财产偿还债务。由于投资的需要，越来越多的投资者在申请特许状中要求获得有限责任的特许，部分投资者成功得这种特许，但是另外一部分股东仍然需要承担无限责任。当时的特许合股公司股东并没有完全获得有限责任的庇护。

（二）权利配置

特许合股公司可以自己的财产偿还债务，未得到有限责任庇护的股东仍需要对债权人承担无限责任，得到有限责任特许的股东有权承担有限责任。从权利配置的角度来说，法律确定了债权人对特许合股公司主张债权的权利和向部分无限责任股东主张债权的权利，同时也确立了部分股东承担有限责任的初始权利。在确立这种权利配置之后，其他股东就无需监督有限责任股东的财产状况，债权人也无需了解有限责任股东的财产状况，因此这种权利配置有利于减少股东之间相互监督的成本以及债权人搜集信息的成本。

特许合股公司的股东与债权人的权利冲突是在特定的背景下产

---

[1] 参见虞政平：《股东有限责任——现代公司法律之基石》，法律出版社2001年版，第63页。

[2] [英]罗纳德·拉尔夫·费尔摩里：《现代公司法之历史渊源》，虞政平译，法律出版社2007年版，第23页。

生的。这种背景包括公司独立人格的逐渐生成、公司经营规模扩大、投资和合股制度不断发展等内容。由于企业股东人数的增加以及经营规模的扩展，需要将各个股东的人格整合起来，因此需要赋予公司独立的人格适应这些变化。

三、有限责任制度下的权利配置

有限责任制度是为学术界所熟悉的公司法制度，与其相关的责任特点、法人人格、资本制度均为人们所熟知。

（一）有限责任制度下的责任特点

1. 过渡期的责任特点

有限责任由无限责任过渡而来，在过渡期，除了在特许公司中出现了部分股东承担有限责任、部分股东承担无限责任的情形之外，还出现过双（多）重责任、比例责任的情形，这些都是在维护债权人利益的观念下，强调股东个人责任的历史概念。

所谓双重或多重责任，即股东以其投资的双倍或三倍为限对公司的债务承担责任。19世纪初期的美国和英国曾规定过这种责任方式。"在科罗拉多州、马里兰州、宾夕法尼亚州曾规定过三重责任。在1825年泡沫废止法中，也允许国王根据当事人的申请，在特许状中赋予投资者双重或多重责任的有限责任豁免。"[1]美国曾经对银行业规定过双重或多重责任。1864年《国家银行法》以及1913年《联邦储备法案》都规定了银行的双重责任方式，个别州规定了多重责任。1864年《国家银行法》降低了设立民营银行的最低资本金，导致美国的银行数量激增。1899年近3600家，高峰期超过8200家。大批银行资本不足造成了金融的不稳定，1929年至1933年世界经济危机爆发导致大批银行倒闭。[2]在此之后，美国开始实施更有效率的银行存款保险制度，通过分散银行的风险来减少银行挤兑的风险。存款保险制度的实施，也说明了以资本来维护公司的偿债能力是行

---

[1] 虞政平：《股东有限责任——现代公司法律之基石》，法律出版社2001年版，第129页。

[2] 参见［英］尼尔·弗格森：《货币崛起：金融如何影响世界历史》，高诚译，中信出版社2009年版，第43页。

不通的。双（多）重责任尚不能维护债权人的债权安全，何况一般的有限责任呢？

所谓比例责任，是指股东对作为公司股东期间发生的公司债务按比例承担责任。从1849年至1953年，美国加利福尼亚州的相关法律对比例责任作了规定。[1]在比例原则的规定之下，公司的债权人可以直接要求股东按照其在公司中的股份比例承担责任。比例责任可以区分为两种情形：一种情形是股东对债权人以特定的债权额乘以投资比例为限向债权人偿还债务，另一种情形是公司股东以公司的全部债务额乘以投资比例为限向公司的债权人承担责任。执行比例责任的成本较为高昂。在第一种情形之下，公司债权人为了实现所有的债权，需要将每一个股东列为被告进行诉讼，向每一个股东主张债权。在第二种情形之下，由于公司的债务总额是不断变化的，因此确定股东应当负担的责任限额具有很大的困难。由于双（多重）责任和比例责任的执行成本较高，后来逐渐被废除，此后普遍确立了规范的有限责任。

2. 成熟期的责任特点

在有限责任制度完全确立、成熟之后，股东以其认缴的出资额为限对债权人承担责任。原则上，有限公司的债权人并不能要求股东对公司的债务承担无限责任或者补充责任，也不能要求股东在认缴的出资额之外向债权人承担责任。公司的人格与股东的人格完全分离，公司不仅拥有自己的印章、名称、财产，也拥有自身独立的责任，债权人通常只能要求公司对债务承担有限责任。

（二）权利配置

公司法上股东与债权人之间存在权利冲突，有限责任制度是法律对这些冲突权利进行配置的结果。有限责任制度的确立标志着法律改变了原来的一些初始权利配置。当外部条件发生变化时，为了提高效率，降低交易成本，法律就会改变原来的初始权利配置。从无限责任到有限责任，股东与债权人之间的初始权利配置发生变化。

---

[1] 虞政平：《股东有限责任——现代公司法律之基石》，法律出版社2001年版，第131页。

在无限责任形态下，股东与债权人之间的初始权利配置是确立了债权人要求股东承担无限连带责任的权利，然而在有限责任制度下，法律确立了股东享有有限责任的权利。股东承担有限责任的权利与债权人要求股东承担无限责任的权利是一对相互冲突的权利，在不同的制度背景下，法律进行了不同的初始配置。

公司法中权利的配置并非是在人们理想的世界里进行的，而是在既有的现实制度条件下展开的。从历史的演进来看，如果以股东的视角来观察法律对冲突权利的初始配置，在早期合伙企业中法律最初确定了股东无限责任，在特许公司中，法律确定了股东无限连带责任，但是对于部分股东，法律赋予他们承担有限责任的权利，因此债权人不能要求他们承担无限责任。在过渡阶段，法律确定了股东承担多重责任与比例责任的权利。最终，在现代公司制度下，法律确定了股东承担有限责任的权利。公司的独立人格并非在历史中一开始就存在。早期合伙企业并没有自己的独立人格，因此债权人只能向合伙人主张权利。在特许公司时期，特许公司的人格要素逐渐获得生长，在法律上债权人取得要求公司用自己的财产偿还债务的权利。在现代公司制度下，公司的独立人格得到确立，债权人只享有要求公司偿还债务的权利。当然，以上只是权利配置的一部分图景，实际上在现代世界仍然存在两合公司、有限合伙等企业形态。

有限责任的意思是公司债权人的权利仅限于公司资产并且不能对抗公司成员（股东）的个人财产。因此通常的表述是"有限责任公司"。[1]不过，这一称谓可能容易引人误解，因为公司的责任并不是有限的，承担有限责任的主体是股东。债权人有权主张公司以全部财产偿还债务，但是不能主张以股东的财产偿还债务。有限责任产生有着深刻的历史背景和经济逻辑。"股东有限责任制度的形成与公司的历史发展进程息息相关。在英国公司发展史上，特许公司曾以主导地位推动着资本积累的步伐。然与之同时，其他非特许企

---

〔1〕［英］保罗·戴维斯：《英国公司法精要》，樊云慧译，法律出版社2007年版，第12页。

业在自由精神的鼓舞下也同样为人类的财富增长作出了贡献。正是因为特许以及非特许商业组织的共同推动,现代意义的公司立法得以在整个时代法典化的进程中稳步形成。这其中,股东有限责任作为一项重要原则与制度,亦随公司立法的形成及完善而相应得到发展。"[1]从有限责任的产生来看,有限责任产生于工业革命时期,社会的发展对当时的工业发展提出了要求,需要炼钢、采矿、开挖运河、修筑铁路。这一系列的工业革命需要大量资本与技术结合,如何积累大量的资本成为当时亟需解决的问题。"那种合伙性质的承担无限责任的企业形态已经不适合筹集大规模的资金。与此同时,正是在这样的基础上,十九世纪自由而普遍的注册企业制度得以不断兴起,股东有限责任作为人们可以自由选择的权利方式,也日益得到了社会的广泛认同,从而为股东有限责任立法提供了最有利的思想保障。"[2]由此可见,有限责任是基于大量的融资需求而产生的一种有效率的制度安排。

有限责任受到了广泛的赞誉,卡尔·马克思将其誉为"社会积累的新的强有力的杠杆……如果必须等待积累以使某个单个资本增长到能够修建铁路的程度,那么,恐怕今天世界上还没有铁路,但是,通过股份公司的方式筹集资本,转瞬之间就把这件事完成了"。[3]马克思指出了有限责任在筹集资金方面的巨大作用。从法经济学的角度而言,有限责任具有自身深刻的经济逻辑,具有下列意义:第一,有限责任有利于减少监督的成本。公司中的监督成本有两种,一种是股东之间的监督成本,另一种是股东监督代理人的成本。[4]在股东无限责任制度下,如果某个股东的财产流失,则意味着其他股东可能承担更多的责任。因此股东会耗费成本以监督其他股东的财产。而在有限责任制度下,股东承担的责任与其余股东之间没有关系,

---

〔1〕 虞政平:《股东有限责任:现代公司法律之基石》,法律出版社2001年版,第92页。

〔2〕 虞政平:《股东有限责任:现代公司法律之基石》,法律出版社2001年版,第94页。

〔3〕《马克思恩格斯全集》(第23卷),人民出版社1975年版,第688页。

〔4〕[美]弗兰克·伊斯特布鲁克、丹尼尔·费希尔:《公司法的经济结构》,张建伟等译,北京大学出版社2005年版,第47页。

因此有限责任可以节约股东相互监督的成本。李哲松认为："如果没有有限责任制度，股东需要支出调查与监视其他经营者的费用（监视费用，monitoring cost）。这是因为，在股东承担无限责任的情况下，其他股东转移资产意味着其个人要承担更多的责任。如果投资较少的股东也面临无限责任的风险，那么此种监视费用极不经济，将影响投资者的意愿。于是，资本的大众化就不可能。"[1]第二，有限责任消除了承担巨大交易成本的可能性。对此，克拉克教授进行了经典的分析："他们（债权人）评估所有5000名投资人的信用等级，这是一项极其麻烦和费用昂贵的任务。有限责任消除了这种需要。银行仅需评估公司的偿债能力，设定利率和其他相应的贷款条件。这样，有限责任就极大地降低了贷款合同的两种交易成本：信用评估成本和执行成本。本质上，消除这些成本能够使部分甚至全部与公司有关的人受益，而不使任何人受损。"[2]与无限责任相比，有限责任制度确实避免了债权人对公司成员信用状况进行调查的成本。第三，有限责任可以促进投资的效率。无限责任制度下股份很难进行转让，因为潜在的受让者需要耗费巨大的成本去评估接受股份的风险。在有限责任制度下受让者接受股份的代价是确定的，这为股份自由转让提供了条件。股份自由转让促进资源分配到有效率的领域。[3]与无限责任相比，有限责任可以促进资源流向更有效率的领域。第四，有限责任有利于实现最优投资决策。投资者在进行投资组合时，可以选择风险较大的投资而将损失控制在可以承受的范围。[4]从以上内容可以看出，有限责任在减少交易成本，优化资源配置，鼓励投资方面具有重要的意义。"由于有效率的生产常常要求规模较大的企业，以及千百万美元的资本，因此，投资者需要

---

[1] [韩]李哲松：《韩国公司法》，吴日焕译，中国政法大学出版社2000年版，第151~152页。

[2] [美]罗伯特·C.克拉克：《公司法则》，胡平等译，工商出版社1999年版，第7页。

[3] 参见[美]弗兰克·伊斯特布鲁克、丹尼尔·费希尔：《公司法的经济结构》，张建伟等译，北京大学出版社2005年版，第48页。

[4] [美]弗兰克·伊斯特布鲁克、丹尼尔·费希尔：《公司法的经济结构》，张建伟等译，北京大学出版社2005年版，第49页。

一种筹集资本的方法，承担有限责任和拥有一个方便的管理体制的公司，能够吸收大量的私人资本供给，生产各种各样相关的产品，分摊风险，利用大规模资本提高单位的经济性以及经营的技术。"[1]从投资者责任的历史发展的轨迹来看，有限责任作为一种更高效率的制度，逐渐在责任形态中占据主导地位。对股东而言，有限责任就是配置给股东承担有限责任的特权。

股东与其他主体之间初始权利配置的变化是普遍的，每一次法律的变动，都会改变股东与其他主体之间的初始权利配置。对于股权权利配置问题，我们应当在股东与其他主体冲突性权利配置的框架内进行思考。在理念上，我们不能执着于维护股东的权利，也不能执着于维护债权人或公司的利益，而是要在整体上研究将权利配置给谁会产生更高的效率，对于损害权利配置的行为，法律上应当要求其承担责任，以维护权利配置的效率。

---

[1] [美] 保罗·A. 萨缪尔森，威廉·D. 诺德豪斯：《经济学（上）》，胡代光等译，北京经济学院出版社1996年版，第194页。

第二章 CHAPTER2
瑕疵股权

第一节 瑕疵股权及其成因

一、瑕疵股权的含义

何谓瑕疵股权？广义的瑕疵股权是指因出资者在履行出资义务、股权记载、登记程序等环节存在违法、违规或者违约等瑕疵因素导致权利本身存在缺陷的股权，也即瑕疵股权未具备或者未完全具备我国《公司法》有关取得股权的形式要件和实质要件。[1]狭义的瑕疵股权为出资瑕疵，包括虚假出资、出资不实、抽逃出资而形成的股权，导致狭义瑕疵股权产生的原因既包括出资时的瑕疵行为，也包括事后抽回、抽逃出资的行为。如果没有特别说明，本章中的瑕疵股权指的是狭义的瑕疵股权。

瑕疵股权通常可以分类如下：①完全未出资的股权。在2013年《公司法》改革公司资本制度之前，设立公司需要进行验资，这类瑕疵股权通常表现为股东与验资机构恶意串通，由验资机构出具虚假的验资报告骗取公司登记。2013年公司资本制度改革之后，通常表现为不按照章程的规定出资。②出资不实的股权。通常表现为股东未按照协议或章程履行全部出资义务，或者没有按照约定或规定的时间、方式、手续履行出资义务。例如，以不动产出资的，未办理

---

[1] 潘福仁主编：《股权转让纠纷》（第2版），法律出版社2010年版，第61页。

过户登记手续。以货币出资的，实际出资时以实物代替。作为出资的实物、工业产权、非专利技术、土地使用权的实际价额显著低于公司章程或验资报告所定价额。③抽逃出资的股权。股东在出资后将其缴纳的全部或部分出资撤回。这种情形屡见不鲜，例如某股东缴纳出资100万元，事后又将该资金转移出去。

二、瑕疵股权的成因

瑕疵股权出现的原因多种多样。1993年的《公司法》采取了严格的法定资本制度，规定的最低注册资本数额较高，且必须为实缴资本，可以这么说，当时利用公司这种企业形式是富人的专利。在这种严格的资本制度之下，许多人为了利用公司这种企业形式，就采取了虚假出资、出资不实、抽逃出资的方式，这是当时瑕疵股权产生的主要原因。后来随着资本制度的逐渐放松，2005年的《公司法》中不仅大幅降低了注册资本的最低限额，而且还规定了分期缴纳制度。2013年的《公司法》，更是取消了最低资本数额的规定，并规定了认缴资本制度。按照道理，股东如果仅仅是想利用公司的形式，没有必要采取虚假出资等方式设立公司，瑕疵股权应当大幅减少。然而现实中仍有大量的瑕疵股权存在。这其中有以下原因：

（1）部分公司为了展示自己的实力，虚张声势产生瑕疵股权。在商场上，实力是从事商业活动的基础。实力强大的企业，话语权强，在商业活动中处于优势地位。这就导致部分企业采取"虚张声势"的策略，注册较高数额的资本，来凸显自己的实力。这些企业往往也认为，高额的注册资本表明投资者对公司很有信心，其他人也应当看好该企业。许多企业家在公司的注册资本与企业的资产之间画上等号，也许两者之间有一定的联系，但是注册资本并不能体现公司的资产情况。即便如此，仍然有许多的企业家将注册资本作为体现自己实力的方法，甚至不惜采取抽逃出资、虚假出资的违法行为。

（2）现实商业活动中，企业往往对交易对象的注册资本存在硬性要求，这诱使了瑕疵股权的产生。例如，在很多招投标活动中，招标人经常会提出注册资本方面的要求。虽然财政部《关于加强政府采购货物和服务项目价格评审管理的通知》（财库［2007］2号）规定"投标人的资格条件，不得列为评分因素"，财政部、工业和信息化部联合印发的《政府采购促进中小企业发展暂行办法》（财库［2011］181号）第3条规定："任何单位和个人不得阻挠和限制中小企业自由进入本地区和本行业的政府采购市场，政府采购活动不得以注册资本金、资产总额、营业收入、从业人员、利润、纳税额等供应商的规模条件对中小企业实行差别待遇或者歧视待遇。"但是，这只限于政府采购，对于其他的采购活动，并没有禁止其对注册资本提出要求。

注册资本方面的要求往往是硬性要求，不符合要求即无法取得交易的资格。有这样一个案例：某学校拟采购一批教学用计算机，项目预算为32万元，委托某采购中心实施集中采购。采购中心在招标文件中规定参与投标的供应商须具备的条件之一是注册资金须在60万元以上，但该学校认为注册资金定得太高了，要求调整为50万元。采购中心认为，把注册资金定为60万元，主要是考虑到该项目不仅仅是纯粹的设备采购，还包括一部分技术工程在内，涉及综合布线工程和设备安装、调试等内容，相对于一般的设备采购要复杂一些。基于项目的实际情况、参考以往的操作经验、借鉴外地的做法，采购中心建议注册资金须在60万以上。但学校一方拒不同意这样的规定，坚持把注册资金降到50万元以下。采购中心最终将对注册资金数额的要求调整到50万元。[1]为了顺利地完成采购项目，对投标人提出一定的标准是合理的。注册资本毕竟表明了股东的投入和信心，高额的资本也会让股东更加关心公司发展。股东毕竟需要完成出资责任。所以，注册资本在某种程度上具有参考价值。公司在进行采购的时候，对注册资本提出要求或许有道理。前述案例背后的原因是：采购中心规定供应商注册资金必须达到60万元的准入条件把当地一家供应商挡在了门外，这家供应商与学校建立了较为"友好"的关系，因此学校一方坚持把注册资金数额降到50万元，

---

［1］参见佚名："应合理设置注册资金限制标准"，载 http://www.cnsb.cn/html/article/6/article_show_6968.html，2017年12月24日最后访问。

是为了使这家供应商能够有机会参与该项目投标。[1]虽然这里采购中心显得很委屈，但是更大的可能却是 60 万元注册资本根本不能说明供应商的履约能力。

另外，外资企业的商业习惯也会影响注册资本的数额。在中国的外资企业与中国企业进行商业活动的时候，一方面在进行本土化，逐渐适应中国的商业环境，另外一方面也带来了西方良好的商业习惯。有些外资企业在进行重要的商业活动之前，会进行尽职调查，其中包括对注册资本的调查活动。注册资本也是外资企业与国内企业交易时考虑的一个因素。因此，企业有时也会登记过高的资本数额，诱发瑕疵股权产生。

（3）我国的法定资本制为公司抽逃出资埋下了隐患。例如，某公司的注册资本是 1000 万元，但是在某个时间段，公司也许只需要 100 万元的资本，其余 900 万元资本躺在账上，降低了资金使用的效率。此时如果减资的话，需要进行编制资产负债表、通知债权人、提供担保、登报等繁琐的环节。所以有些公司的股东为了方便，一不做二不休，就抽回了出资，移做他用，这就造成了瑕疵股权。但从提高资金使用效率的角度来看，抽逃出资具有一定的合理性。

第二节　瑕疵股权的责任与风险

一、出资人的责任与风险

《公司法》对瑕疵股权出资人的责任规定得相当清楚。顾名思义，出资人的首要责任就是出资责任。《公司法》第 28 条规定："股东应当按照足额缴纳公司章程中规定的各自所认缴的出资额。股东以货币出资的，应当将货币出资足额存入有限责任公司在银行开设的账户；以非货币财产出资的，应当依法办理其财产权的转移手续。股东不按照前款规定缴纳出资的，除应当向公司足额缴纳外，还应当向已按期足额缴纳出资的股东承担违约责任。"就法律性质而言，

---

［1］参见佚名："应合理设置注册资金限制标准"，载 http://www.cnsb.cn/html/article/6/article_show_6968.html，2017 年 12 月 24 日最后访问。

股东的出资责任既是法定责任，又是约定责任，这是理解股东出资责任的一条基本主线。瑕疵股权出资人所承担的责任，既是违反了法定义务所承担的责任，又是违反了约定义务所承担的责任。

法定责任相对清晰。例如，股东承担责任的范围不但包括未履行或未全面履行出资义务的本金部分，还包括其所对应的利息，利息按照中国人民银行规定的同期同类基准贷款利率计算。

约定责任经常处于含糊不清的状态，影响了对违约者责任的追究。究其原因，一方面在于设立公司时，发起股东多为关系亲近之人，碍于情面，对违约责任约定不明；另一方面在于公司的发起股东在设立公司的时候，法律专业人士参与程度低，发起股东经常套用发起人协议或公司章程的模板，这些模板往往缺少对违约责任的明确约定。这个"约"，一是指发起人协议，当然公司法并不要求有限公司必备发起人协议；二是指初始章程，由于初始章程是各位股东通过一致同意的，因此也具有契约的性质。在现实中，有股东要求瑕疵股权的股东承担违约责任时，就遇到一个现实的难题，即已出资股东无法证明自己的损失。这个问题实际上很难处理，法官一般也没有办法酌定损失。所以对于确定出资的股东，最好以违约金的形式明确股东的违约责任，或者约定赔偿损失的计算方法。

股东的出资责任并不随着股权转让而消灭，这是出资责任的性质所决定的。股东的出资责任是股东对于公司的责任，是对于公司债权人的一般担保。当然，这里的担保并非《担保法》中的担保，而是指股东的出资将成为公司对债权人承担责任的责任财产。2017年发布的《江苏法院公司审判十大案例》中，某法院具有代表性的判决认为："有限责任公司股东对公司的出资义务为法定义务。未尽出资义务即转让股权，转让人的出资义务并不因此而免除，公司仍有权请求转让人承担相应责任。受让股东孙某承诺补足出资，公司曾要求受让股东补足出资，均不能构成对原股东赵某法定义务的免除。"[1]

---

[1] "江苏法院公司审判十大案例"，载 http://www.sohu.com/a/153998215_752455，2018年7月2日最后访问。

出资人还面临被解除股东资格的风险，但是这个风险是一个很容易被规避的风险。《最高人民法院关于适用〈中华人民共和国公司法〉若干问题的规定（三）》（以简称《公司法解释三》）第17条第1款规定："有限责任公司的股东未履行出资义务或者抽逃全部出资，经公司催告缴纳或者返还，其在合理期间内仍未缴纳或者返还出资，公司以股东会决议解除该股东的股东资格，该股东请求确认该解除行为无效的，人民法院不予支持。"该款规定对于解除股东资格的条件规定得非常严格，需要具备以下三个要件方可解除股东资格：①股权完全未出资或抽逃全部出资；②经过公司催告后在合理期间内仍未缴纳或返还出资；③股东会决议解除其资格。如果一个股东不愿被解除资格，只要缴纳部分出资即可，但是这也只是暂时的，其余的出资还是要缴纳的。另外，在股东会表决时，对于被解除股东资格的股东，从程序正义的角度来说，应当予以回避。在计票的时候也应当将其表决权份额排除在外。

二、受让人的责任与风险

在实践中，股东对出资的风险认识不足。转让方往往以为股权转让之后，出资责任也随之转移。受让方往往以为自己只有支付股权转让款的义务，没有缴纳出资的义务。基于商法上的严格责任原则，《公司法解释三》第18条规定："有限责任公司的股东未履行或者未全面履行出资义务即转让股权，受让人对此知道或者应当知道，公司请求该股东履行出资义务、受让人对此承担连带责任的，人民法院应予支持；公司债权人依照本规定第十三条第二款向该股东提起诉讼，同时请求前述受让人对此承担连带责任的，人民法院应予支持。"一般而言，股权的受让者应当知道原股东是否已经缴纳出资。因此，一旦受让股权后，很可能会陷入出资不实的纠纷之中。在这里需要注意一点，法律只规定在有限公司股东未履行或者未全面履行出资义务的情况下，受让人承担连带责任，却没有规定在股东抽逃出资的情况下，受让人需承担连带责任。对于这个问题，吴建斌教授认为："未出资或未全面出资，侵害的是公司资本制度，抽逃出资侵害的是公司财产。"原理就这么简单，解开了我多时的困惑。

三、其他股东的责任与风险

在法理上，设立中的有限公司，一般是作为合伙来看待的，具有较强的人合性。在责任的承担方面，设立公司时的股东对出资瑕疵承担连带责任。例如，《公司法》第30条规定："有限责任公司成立后，发现作为设立公司出资的非货币财产的实际价额显著低于公司章程所定价额的，应当由交付该出资的股东补足其差额；公司设立时的其他股东承担连带责任。"《公司法解释三》第13条第3款规定："股东在公司设立时未履行或者未全面履行出资义务，依照本条第一款或者第二款提起诉讼的原告，请求公司的发起人与被告股东承担连带责任的，人民法院应予支持；公司的发起人承担责任后，可以向被告股东追偿。"这就是学理上的股东出资瑕疵担保责任。

公司设立时，如果股东未履行或未完全履行出资义务，其他股东要承担连带责任。这种立法思想的理论依据在于有限公司的人合性，但是这样也破坏了有限责任制度，意味着发起人并不承担有限责任。这样的规定，需要股东在设立公司之前，去了解其他股东的资信、财产、品格等基本情况，否则将有承担连带责任的风险。这同时也增加了设立有限公司的成本。笔者认为《公司法》第30条及《公司法解释三》第13条第3款都有不足，但是，好在它们是容易被规避的规定。

基于公司设立与公司增资扩股时股东责任的不同规定，可以利用增资扩股来规避股东出资瑕疵担保责任。公司设立时，其他股东对股东的瑕疵出资承担担保责任，但是在增资扩股时，其他股东对增资部分对应的出资并不承担瑕疵担保责任。举例如下：如果一个公司计划注册资本500万元，股东甲乙丙的出资分别为300万元、150万元、50万元，那么可以在设立公司的时候先注册资本5万元，甲乙丙分别出资3万元、1.5万元以及0.5万元，然后同比例增资495万元，达到500万元的注册资本。在这种情况下，如果股东甲不出资，乙、丙需要对3万元的出资承担连带责任，这对乙丙而言并不是沉重的债务。但是，如果一开始甲、乙、丙就按照计划分别出资 300 万元、150 万元、50 万元，如果甲不出资，那么乙、丙需要对 300 万元的出资承担连带责任，这对乙、丙而言则是巨大的风险。法律对公司设立与增资环节股东责任不同的规定，给了股东规避责任的空间。

四、垫资人的责任与风险

《公司法解释三》原第 15 条规定："第三人代垫资金协助发起人设立公司，双方明确约定在公司验资后或者在公司成立后将该发起人的出资抽回以偿还该第三人，发起人依照前述约定抽回出资偿还第三人后又不能补足出资，相关权利人请求第三人连带承担发起人因抽回出资而产生的相应责任的，人民法院应予支持。"但是在 2014 年对《公司法解释三》进行修改的时候，该条款被删除了。对于第三人垫资是否承担责任，以及如何承担责任的问题上，法院的观点并不相同。有的法院以该条款被删除为由，判决垫资人不承担责任，也有法院依据《侵权责任法》的规定或者 2001 年最高人民法院《关于对帮助他人设立注册资金虚假的公司应当如何承担民事责任的请示的答复》[1]的内容，判决垫资人承担责任。

（一）垫资人不承担责任的情形

（1）原告兴化市合陈有机肥料有限公司（以下简称"合陈公司"）与被告王某、陈某文股东出资纠纷一案。该案中陈某文为王某、周某长在成立合陈公司的过程中，以借款方式向王某提供了包括其本人及周某长为设立公司所需缴纳的出资款，并且在公司成立

---

[1] 该批复的具体内容为："上海市高级人民法院：你院［2000］沪高经他字第 23 号关于帮助他人设立注册资金虚假的公司应当如何承担民事责任的请示收悉，经研究答复如下：一、上海鞍福物资贸易公司（以下简称鞍福公司）成立时，借用上海砖桥贸易有限公司（以下简称砖桥贸易城）的资金登记注册，虽然该资金在鞍福公司成立后即被抽回，但鞍福公司并未被撤销，其民事主体资格仍然存在，可以作为诉讼当事人。如果确认鞍福公司应当承担责任，可以判决并未实际出资的设立人承担连带清偿责任。二、砖桥贸易城的不当行为，虽然没有直接给当事人造成损害后果，但由于其行为，使得鞍福公司得以成立，并从事与之实际履行能力不相适应的交易活动，给他人造成不应有的损害后果。因此，砖桥贸易城是有过错的。砖桥贸易城应在鞍福公司注册资金不实的范围内承担补充赔偿责任。"

后又协助王某将出资款全部予以抽回。江苏省兴化市人民法院认为：陈某文依法不应对王某抽回出资的后果承担连带责任。最高人民法院于2014年2月20日发布的"法释〔2014〕2号"对《公司法解释三》进行了修正，且修正后的司法解释已删除了原第15条的规定。因此，合陈公司以王某抽回出资，陈某文协助其抽回出资为由，而要求陈某文承担连带责任的诉讼请求，没有法律依据，不予支持。[1]

（2）原告启东豪威船舶重工有限公司（简称"豪威公司"）与被告王某懿、崔某兵、南通嘉宾发酒店管理有限公司（简称"嘉宾发公司"）、第三人周某霞追收抽逃出资纠纷一案。江苏省启东市人民法院认为：《公司法解释三》于2014年2月修改，原第15条已删除，即"第三人代垫资金协助发起人设立公司、验资后抽回出资偿还第三人，相关权利人请求第三人连带承担发起人因抽回出资而产生的相应责任，人民法院应予支持"的规定。故豪威公司要求嘉宾发公司对王某懿、崔某兵抽逃出资承担连带责任，缺乏事实和法律依据。[2]

（3）翁某同与如东县大豫镇人民政府、南通文豪钢结构工程有限公司、李某、李某翠民间借贷纠纷一案。一审法院认为：根据《公司法解释三》第15条的规定，第三人代垫资金协助发起人设立公司、双方明确确定在公司验资后或者在公司成立后将该发起人的出资抽回以偿还第三人，发起人依照前述约定抽回出资偿还第三人后又不能补足出资，相关权利人请求第三人连带承担发起人因抽回出资而产生的相应责任的，人民法院应予支持。根据前述规定，大豫镇政府应当对李某承担的赔偿责任承担连带责任。

虽然没有查到一审法院的判决时间，但是该案原告起诉的时间是2014年11月，而《公司法解释三》于2014年2月17日修改，新的规定于2014年3月1日施行，因此一审法院援引此规定属于适用法律错误。

---

〔1〕 参见江苏省兴化市人民法院〔2014〕泰兴商初字第0699号民事判决书。

〔2〕 参见江苏省启东市人民法院〔2014〕启商初字第1003号民事判决书。

二审法院认为：本案应当适用修订后的《公司法解释三》，已删除的原第15条不能再作为审理本案的法律依据。即使大豫镇政府有为文豪公司增资垫资并抽回的行为，翁某同对大豫镇政府的诉讼请求也没有法律上的请求权基础，应予驳回。[1]

在垫资人不承担法律责任的案件中，法院的理由出奇的一致：原第15条已经被删除，判决垫资人承担责任无法律依据。至于可不可以直接判决垫资人承担责任，在此暂不讨论。法院没有直接判令垫资人承担责任，并不意味着垫资人不需要承担责任，更不意味着债权人没有其他救济途径。垫资人垫资设立公司，然后抽回出资，实际上侵害了公司的财产权。因为出资后该财产属于公司的财产，抽回财产侵害了公司的财产权，公司有权要求垫资人返还。在法院不直接判令垫资人承担责任的情况下，债权人可以以垫资人为被告、公司为第三人，提起一个代位权诉讼。《合同法》第73条规定："因债务人怠于行使其到期债权，对债权人造成损害的，债权人可以向人民法院请求以自己的名义代位行使债务人的债权，但该债权专属于债务人自身的除外。代位权的行使范围以债权人的债权为限。债权人行使代位权的必要费用，由债务人负担。"《最高人民法院关于适用〈中华人民共和国合同法若干问题的解释（一）〉》（以下简称《合同法解释一》）第20条规定："债权人向次债务人提起的代位权诉讼经人民法院审理后认定代位权成立的，由次债务人向债权人履行清偿义务，债权人与债务人、债务人与次债务人之间相应的债权债务关系即予消灭。"这两个条款规定了代位权的行使条件和后果。通过行使代位权，债权人还是可以要求垫资人直接向自己清偿债务的。

（二）垫资人承担责任的情形

《公司法解释三》原第15条删除以后，仍有法院判令垫资人承担责任，但是承担责任的形式并不一致。

1. 按照责任大小承担补充赔偿责任

江苏泰利投资担保有限公司（以下简称"泰利担保公司"）与

---

[1] 参见江苏省南通市中级人民法院［2016］苏06民终2274号民事判决书。

江苏三源泰富建筑装饰工程有限公司（以下简称"泰富建筑公司"）、浙江三源泰富海运有限公司（以下简称"泰富海运公司"）、沈某、柳某明、李某明、熊某雁、熊某担保追偿权纠纷一案。

一审法院认为：增资股东履行出资义务后，所交付的财产已成为公司独立财产。虽沈某主张其系借款人，且与泰富建筑公司未明确约定将出资抽回以偿还沈某，但根据沈某在相关刑事案件中的陈述，其将增资款打入泰富建筑公司后第二天即让他人将款项取出，故沈某的行为已构成对泰富建筑公司财产的非法占有。《公司法解释三》元第15条规定设立公司时的垫资人要承担相应的责任。借款给他人公司增资与借款注册具有同一性质，借款增资可参照上述规则适用。故沈某应在抽回出资的2000万元本息范围内对泰富建筑公司不能清偿的部分承担补充赔偿责任。一审法院判决：沈某在抽回出资的2000万元本息范围内对泰富建筑公司不能清偿的部分承担补充赔偿责任。

二审法院认为：《公司法解释三》原第15条规定已经删除，但该条规定被删除是因为从2014年3月1日起新设公司登记时已实行注册资本认缴制，这并不意味着在此之前存在上述司法解释规定情形的第三人无需承担相应法律责任。因为公司是依法成立的具有独立民事主体地位的企业法人，股东出资后，出资财产即脱离了原出资股东而归入公司财产范围。当股东抽回出资或虚报公司注册资本时，其主观上存在侵害公司财产的故意，客观上造成损害公司财产的结果，属于侵犯公司财产权的行为。如果第三人与股东事先约定协助其骗取验资或登记后就抽回出资，该第三人的行为在一定程度上就是协助股东侵害公司财产权，故其亦应承担相应的侵权责任。

本案所涉600万元贷款的发生是在泰富建筑公司的上述虚假增资行为之后，而泰富建筑公司的注册资本情况系该笔贷款发放及泰利担保公司提供委托担保的重要审查因素，故泰利担保公司因为该笔贷款担保而产生的损失与泰富建筑公司的虚假增资行为之间存在关联性，据此，泰利担保公司有权要求实施虚假增资行为的相应侵权人承担侵权责任。

虚假增资行为系由柳某明指使而进行应对虚假增资行为产生的损害后果承担主要责任。李某与中介公司沟通虚假增资的事宜，中介公司再联系沈某提供资金，且沈某收取的费用系是中介公司收取费用中的一部分，故沈某、中介公司的行为均系为协助柳某明侵害泰富建筑公司财产权，该二者应与柳某明一起承担侵权责任。综上，考虑到沈某实施的具体侵权行为以及其行为与本案债权发生之间的关联性，沈某应对泰富建筑公司虚假增资产生的损害后果承担10%的责任，即沈某应在200万元范围内对泰富建筑公司不能清偿的部分承担补充赔偿责任。

二审法院依照《侵权责任法》第6条、第12条[1]，《民事诉讼法》第170条第1款第（二）项的规定，判决：沈某在200万元范围内对泰富建筑公司不能清偿的部分承担补充赔偿责任。[2]

2. 抽逃出资范围内承担连带责任

该案是2017年发布的《江苏法院公司审判十大案例》之一：乙担保公司与甲建筑公司、祁某、陈某担保责任追偿权纠纷一案。法院生效判决认为：公司的财产具有独立性，股东出资后，出资财产即脱离原出资股东而归入公司财产范围。本案中，祁某通过借款将2000万元增资款投入甲建筑公司，甲建筑公司增资完成后，祁某又将款项转出，该行为属于侵犯公司财产的行为。第三人陈某对此明知，仍与祁某约定，由其代垫资金协助祁某骗取登记后抽回出资，该行为亦属于侵权行为，应承担相应责任。遂判决：甲建筑公司归还代偿款本金及利息，祁某、陈某在抽逃出资范围内承担连带责任。该案的案例意义部分载明：《公司法解释（三）》原第15条被删除并不影响对代垫资金、协助抽逃出资的第三人之民事责任的追究。该条文被删除的直接原因在于新资本制度下无需验资，而该条文存在着"验资"的表述。该条文被删除后，制定该条文的上位法依据，

---

[1]《侵权责任法》第6条规定："行为人因过错侵害他人民事权益，应当承担侵权责任。根据法律规定推定行为人有过错，行为人不能证明自己没有过错的，应当承担侵权责任。"第12条规定："二人以上分别实施侵权行为造成同一损害，能够确定责任大小的，各自承担相应的责任；难以确定责任大小的，平均承担赔偿责任。"

[2] 参见江苏省苏州市中级人民法院［2015］苏中商终字第01224号民事判决书。

即《侵权责任法》第 8 条，仍可规制相关行为。股东抽回出资属于侵犯公司财产权的行为，第三人协助股东完成上述行为，构成共同侵权，依据《侵权责任法》第 8 条"二人以上共同实施侵权行为，造成他人损害的，应当承担连带责任"的规定，第三人仍然应当连带承担发起人因抽回出资而产生的相应责任。[1]

3. 抽逃资金本息范围内承担补充赔偿责任

上诉人北京北大未名生物工程集团有限公司（以下简称"北大未名公司"）、北京新富投资有限公司、神州数码信息服务股份有限公司（以下简称"神州数码公司"）与被上诉人北京德恒有限责任公司、昆山市申昌科技有限公司、平安银行股份有限公司深圳分行，原审第三人深圳市生物港投资有限公司（以下简称"生物港公司"）与公司有关的纠纷一案。一审法院认为：神州数码公司是否存在协助抽逃出资行为及应承担相应责任。《公司法解释三》原第15 条被删除，但该条规定被删除是因为从 2014 年 3 月 1 日起新设公司登记时已实行注册资本认缴制，这并不意味着在此之前存在上述司法解释规定情形的第三人无需承担相应法律责任。因为公司是依法成立的具有独立民事主体地位的企业法人，股东出资后，出资财产即脱离了原出资股东而归入公司财产范围。如果第三人代垫、提供资金，并在登记后就抽回出资，及第三人存在其他协助股东抽回出资行为的，该第三人的行为就是协助股东侵害公司财产权，在公司不能对外清偿债务的情形下，即构成对债权人债权的损害，故该第三人应承担相应的民事责任……神州数码公司代垫验资资金 2500万元并协助相关股东抽回出资的行为构成了对生物港公司财产权利的侵害，在生物港公司对北大未名公司的债务不能清偿时，即构成对北大未名公司债权的损害，应承担相应的民事责任。考虑神州数码公司过错程度及损害后果，酌定神州数码公司在 900 万元及以此为本金自资金被最终转出之日 2001 年 8 月 13 日起至实际支付之日止按中国人民银行颁布的银行同期同档贷款基准利率计算的利息范

---

[1] "江苏法院公司审判十大案例"，载 http://www.sohu.com/a/153998215_752455，2018 年 6 月 15 日最后访问。

围内对生物港公司不能清偿债务范围内向北大未名公司承担补充清偿责任。

二审法院认为：神州数码公司代垫验资资金2500万元并抽回，应承担连带赔偿责任。《公司法解释三》原第15条规定被删除是因为从2014年3月1日起新设公司登记时已无需验资，这并不意味着在此之前存在上述司法解释规定情形的第三人无需承担相应法律责任。《侵权责任法》第8条规定："二人以上共同实施侵权行为，造成他人损害的，应当承担连带责任。"公司是依法成立的具有独立民事主体地位的企业法人，股东出资后，出资财产即脱离了原出资股东而归入公司财产范围。如果第三人代垫、提供资金，并在登记后就抽回出资，该第三人的行为在一定程度上就是协助股东侵害公司财产权，在公司不能对外清偿债务的情形下，即构成对债权人债权的损害，故该第三人应承担相应的民事责任。神州数码公司对于相关款项系用于验资且最终被抽回的事实是明知的。神州数码公司应在代垫资金2500万元及以此为本金自2001年8月13日起至实际支付之日止按中国人民银行颁布的同期同档银行贷款基准利率计算的利息范围内，对于生物港公司在北京市第一中级人民法院［2011］一中民初字第7985号民事判决中对北大未名公司的债务经强制执行不能清偿的部分承担补充赔偿责任。[1]

（三）垫资人责任的法理分析

《公司法解释三》原第15条规定："第三人代垫资金协助发起人设立公司、双方明确确定在公司验资后或者在公司成立后将该发起人的出资抽回以偿还第三人，发起人依照前述约定抽回出资偿还第三人后又不能补足出资，相关权利人请求第三人连带承担发起人因抽回出资而产生的相应责任的，人民法院应予支持。"依照该规定，垫资人承担责任需要具备三个条件：首先，垫资人与发起人之间有抽回出资的明确合意，主观上有过错；其次，发起人将抽回的出资偿还给垫资人；最后，发起人抽回出资后未能补回出资。如果债权人通过这个规定要求垫资人承担责任，现实的操作难度非常大。垫

---

[1] 参见江苏省高级人民法院［2016］苏民终1130号民事判决书。

资人对于垫资这样的违法行为，不可能在合同里明确。有一些个人或单位，专门从事垫资业务，他们要的是本金和利息，至于具体资金的去向，他们根本不在乎，也不会冒这样的风险在借款合同上写明垫资用途。债权人证明垫资人与发起人之间有明确的约定，几乎是天方夜谭。所以本条款的可操作性不强，极易被垫资人规避。如果法院严格遵循该规定，那么适用的范围将极其狭窄。该条款被删除的原因在于其适用条件过于严苛，而不是法院所谓的"取消验资"。

在《公司法解释三》原第15条被删除的情况下，部分法院适用《侵权责任法》来解决垫资人的责任问题，笔者认为这样并不恰当，理由有二：

第一，《公司法解释三》第14条给出了类似问题的解决思路。由此，我们可以比照第14条的思路分析垫资人应承担的责任并研究《公司法解释三》第14条背后的法理，将对确定垫资人的责任有很大的启发。第14条规定："股东抽逃出资，公司或者其他股东请求其向公司返还出资本息、协助抽逃出资的其他股东、董事、高级管理人员或者实际控制人对此承担连带责任的，人民法院应予支持。公司债权人请求抽逃出资的股东在抽逃出资本息范围内对公司债务不能清偿的部分承担补充赔偿责任、协助抽逃出资的其他股东、董事、高级管理人员或者实际控制人对此承担连带责任的，人民法院应予支持；抽逃出资的股东已经承担上述责任，其他债权人提出相同请求的，人民法院不予支持。"从第14条的逻辑来看，股东抽逃出资，侵犯了公司的财产权，协助抽逃出资的其他股东、董事、高级管理人员或者实际控制人，他们是共同侵权人，因此在抽逃出资的股东向公司返还出资本息时，应当承担连带责任。这符合侵权法的基本原理。但是当债权人的债权受到侵害时，第14条并没有将侵权法适用于债权的保护，而是规定抽逃出资的股东在抽逃资本本息范围内承担补充赔偿责任，其他协助者对补充赔偿部分承担连带责任。这样规定符合公司法的法理，在维护公司独立人格的前提下，首先由公司偿还债务，不能清偿的部分，由侵犯公司财产的股东、董事、高管等人在抽逃资本本息范围内承担补充赔偿责任。这一法理同样适用于垫资人，如果只起诉垫资人，由垫资人在抽逃资本的本息范围内承担补充赔偿责任，如果既起诉抽逃出资的股东，又起诉垫资人的，则由股东承担补充赔偿责任，垫资人对补充赔偿部分与股东一起承担连带责任。

第二，债权是否属于《侵权责任法》中所保护的民事权益，饱受争议。在可以运用《公司法解释三》第14条思路的情况下，不应当再运用有争议的解决思路。《侵权责任法》第2条规定："侵害民事权益，应当依照本法承担侵权责任。本法所称民事权益，包括生命权、健康权、姓名权、名誉权、荣誉权、肖像权、隐私权、婚姻自主权、监护权、所有权、用益物权、担保物权、著作权、专利权、商标专用权、发现权、股权、继承权等人身、财产权益。"此中并不包含债权。《侵权责任法》是否适用于债权保护，在理论和实务界都存在很大的争议。如果适用《侵权责任法》，应具备以下四个要件：其一，侵权人有过错；其二，侵权人侵害了债权人的债权；其三，债权人有损失、债权人的损失与侵权行为之间有因果关系。笔者认为第四个要件是很难证明的。如果一个垫资人在2008年公司设立的时候垫资100万元，当年股东抽回出资偿还给垫资人。到了2018年，债权人有2000万元的债权无法得到清偿，垫资人的行为与债权人的损失之间的因果关系应该怎么确定？此外，有些合同之债的债权人在与公司交易的时候，根本不看注册资本，侵权之债的债权人更不可能事先关注公司的注册资本，那么又如何确定垫资人的过错行为与债权人的损失之间的因果关系呢？再者，如果采用侵权理论，就不应当有赔偿数额的限制，应当由垫资人和抽逃出资的股东对债权人的全部损失承担连带责任，而法院适用《侵权责任法》后仍然判决垫资人承担补充赔偿责任，这明显违背了侵权法的一般原理。如果运用《公司法解释三》第14条的思路，反而可以解释法院的判决结果。

适用《侵权责任法》，不仅会产生争议，而且适用的难度较大，还会不当地扩张法院的自由裁量权，所以法院适用侵权法确定垫资人的责任并不妥当。

如果从债权被侵害的角度看待这个问题，笔者认为应当在合同法中寻找债权保护的路径。《合同法》中"债权的保全"章节中对债权提供了保护路径：撤销权和代位权。垫资人撤回垫资，侵犯的是公司的财产所有权。这个侵权行为往往由股东和垫资人共同完成，构成共同侵权。公司应当要求股东与垫资人共同返还或赔偿。在公司怠于向股东和垫资人追偿的情况下，根据《合同法》的规定，可以由债权人行使代位权，要求垫资人或股东承担责任。垫资人承担责任的范围：一是受到债权人债权的限制，二是受到公司对抽逃出资的股东和垫资人的债权范围的限制。如果法院不判令垫资人承担补充赔偿责任，那么代位权诉讼也不失为一种解决途径。

对于垫资人而言，首先应当清楚垫资后又抽出资金的行为，属于侵犯公司财产所有权的行为的，该抽资行为无效。问题的症结不在于垫付资金，而在于抽出资金的行为是无效的民事行为。实践中，出借人只能以借贷的方式向股东出借款项，对于款项的用途，不可写明"出资"等事项。当索回资金的时候，不要介入公司的任何事务，应由股东来偿还，避免使用公司的账户，以免瓜田李下，惹上协助股东抽逃出资的嫌疑。

第三节 准瑕疵股权

所谓准瑕疵股权，是指尚未到达出资期限，但是因为某些原因可能承担出资责任的股权。这类股权在形式上尚未到达出资期限，而现实中可能承担某些责任，因此称之为准瑕疵股权。这是认缴资本制度出现之后的新事物。当然，准瑕疵股权是本节给这类股权所取的名称。2013年《公司法》修订之后，我国对公司资本制度进行了重大修订，取消了最低注册资本，由实缴资本制度变革为认缴登记制度，理论上可以零元注册公司，认缴出资的时间可以为十年甚至更久，认缴的出资额也可以是一个亿的小目标。但往往是认缴的出资没有到期，公司已经无力偿还债务，这种情形引起了很多人对保护债权人的焦虑。我国《破产法》第35条规定："人民法院受理破产申请后，债务人的出资人尚未完全履行出资义务的，管理人应当要求该出资人缴纳所认缴的出资，而不受出资期限的限制。"这是

《破产法》中认缴出资加速到期的规定。《最高人民法院关于适用〈中华人民共和国公司法〉若干问题的规定（二）》（以下简称《公司法解释二》）第22条规定："公司解散时，股东尚未缴纳的出资均应作为清算财产。股东尚未缴纳的出资，包括到期应缴未缴的出资，以及依照公司法第二十六条和第八十条的规定分期缴纳尚未届满缴纳期限的出资。公司财产不足以清偿债务时，债权人主张未缴出资股东，以及公司设立时的其他股东或者发起人在未缴出资范围内对公司债务承担连带清偿责任的，人民法院应依法予以支持。"这条规定明确了公司解散时的出资加速到期责任。但是在实践中，有两种情形还是引起了争议，一是延长认缴期限的问题，二是诉讼中可否加速到期的问题。

一、延长认缴期限的问题

在认缴资本制度之下，股东在认缴期限到期之前，通过修改公司章程，延长认缴出资的时间。这往往会引起股东与公司债权人之间的纠纷。法院在处理这类情形的时候，有两种处理方式，其中判令股东按照先前的认缴期限承担责任的情形居多。

（一）按照原期限担责的情形

（1）金谷信托公司申请强制执行浙江优选公司一案。北京高级人民法院认为：南某珏、许某文、台州首信担保公司、浙江众志担保公司等浙江优选公司的股东作出关于申请延迟缴纳注册资金的股东会决议，并通过了公司章程修正案，将除首期出资2000万元外的3000万元的出资期限从2014年10月15日延迟至于2032年10月15日。这在客观上对浙江优选公司资本充实造成了妨害，并损害了金谷信托公司基于许某文公示的承诺和浙江优选公司的注册资金数额而产生的信赖利益，有违诚实信用原则，构成出资不实。在浙江优选公司已经被法院生效裁定认定无财产可供执行的情况下，金谷信托公司以许某文出资不实，应在设立公司时的未实缴出资额范围内承担责任的主张应予支持。[1]

---

[1] 参见北京市高级人民法院 [2016] 京执复106号执行裁定书。

（2）原告上海正贤装饰有限公司与被告戴某晨、顾某雷、金某股东损害公司债权人利益责任纠纷一案。一审法院认为：其一，2013年新公司法在出资缴纳时间上取消了法定限制，改由股东自由决定。新公司法确立的出资缴纳时间非常灵活，赋予了股东极大的选择空间，其主要目的是降低公司的准入门槛，激发市场主体创业创新活力，而并非为背信股东免除责任提供法律依据。本案中，原告提起诉讼的时间是2015年11月13日，而三被告形成股东会决议延长第二期出资款缴纳期限的时间是2016年6月20日，也即三被告系在本案诉讼中延长第二期出资的缴纳期限，而贤商汇公司于2014年底已经停止经营，加之，原告主要是针对三被告的第二期出资未到位提起的本案诉讼，因此，本院有充分理由认定三被告延长第二期出资缴纳期限的目的是为了对抗原告提起的本案诉讼，而并非为了贤商汇公司的经营。申言之，三被告为了避免败诉的风险，免除其本应承担的补充赔偿责任，利用新公司法修改的契机，恶意延长出资缴纳的期限，以期进一步侵害原告的合法权益，显然有违诚实信用原则，不应得到支持。从此角度而言，三被告恶意形成股东会决议延长第二期出资缴纳期限的行为，对原告应不具有法律约束力。其二，原告对贤商汇公司享有的债权形成于2014年10月之前，若三被告按期缴纳第二期出资款，则原告的债权完全可以得到清偿，现因三被告未按期缴纳第二期出资款，原告的债权未能得到清偿，也即三被告未按期缴纳出资的行为已经侵害了原告的合法权益。现三被告欲通过延长第二期出资缴纳期限的手段，进一步侵害原告的合法权益，使其债权不能得到清偿，显然有违公平原则，故三被告恶意延长出资期限的行为不应得到法律支持。一审法院依照《公司法解释三》第13条第2款的规定，判令被告在未出资的本息范围内承担补充赔偿责任。[1]

（3）原告吴某渊与被告内蒙古中投佳沃农业技术有限公司（以下简称"中投公司"）、张某贤、冀某峰、徐某伟、宋某梅、董某杰、李某军、李某倪、许某贵、侯某霞股权转让纠纷一案。一审法

---

[1] 参见上海市奉贤区人民法院［2015］奉民二（商）初字第3632号民事判决书。

院认为：原告与被告中投公司的债权债务关系发生在2014年6月，而当时被告中投公司章程约定出资于2017年5月18日前缴纳，这是被告中投公司股东对该公司所作的认缴出资的承诺，也是对公司债权人作出的承诺，这种承诺对公司债权人会产生一定的预期作用。2016年6月17日，原告向本院起诉要求被告中投公司及该公司的股东承担相应的民事责任，而本案审理过程中，在出资期限将至的情况下，被告中投公司修改公司章程延长出资期限的行为有涉嫌规避债务的目的，有违"诚实守信原则"，损害债权人的利益，故，对该行为不予确认。因此，被告张某贤、冀某峰、徐某伟、宋某梅、董某杰、李某军、李某倪、许某贵、侯某霞作为被告中投公司的股东，应在未出资范围内对被告中投公司的涉案债务不能清偿部分承担补充赔偿责任，而非原告诉请的连带清偿责任。[1]

（二）不按原期限担责的情形

上诉人盐城瑞尔房地产开发有限公司（以下简称"瑞尔公司"）、上诉人江苏名镇天下商业管理有限公司（以下简称"名镇天下公司"）与被上诉人嘉凯城集团名镇天下商业资产管理有限公司（以下简称"嘉凯城集团"）、周某卓房屋租赁合同纠纷一案。

一审法院认为：至于嘉凯城集团、周某卓是否需要承担责任。嘉凯城集团、周某卓第二期认缴出资期限为2023年10月23日，现出资期限尚未届满，嘉凯城集团、周某卓不属于到期未履行出资义务的股东，故其不需要承担责任。

二审法院认为：名镇天下公司根据相关规定延长出资期限已经工商行政主管部门登记备案，在一般情况下，名镇天下公司的上述行为未违反法律规定，应得到法律的肯定。瑞尔公司主张名镇天下公司股东嘉凯城集团和周某卓在其诉讼后，出资期限将至的情况下，修改公司章程延长出资期限存在恶意，损害了其利益，名镇天下公司亦已无债务履行能力，嘉凯城集团和周某卓应当在各自的出资范围内承担补充责任。对此，嘉凯城集团和周某卓对延长出资期限的原因作出了解释，其提出是在电商冲击下传统商业项目缩减而进行

---

[1] 参见浙江省海盐县人民法院［2016］浙0424民初2698号民事判决书。

的战略调整，且提供证据证明目前名镇天下公司尚有可收益的债权，就公司债务部分也说明主要是名镇天下公司向大股东嘉凯城集团的借款，瑞尔公司虽提出异议，但未能提供证据予以推翻，在此情况下不能作出名镇天下公司已无债务履行能力的论断，故瑞尔公司要求嘉凯城集团和周程卓在各自的出资范围内承担责任的上诉理由不能成立。[1]

从法院裁判的情况来看，在判令股东按照原出资期限承担责任的案件中，其理由多为违背诚信原则，恶意逃避债务等。对于不按照原出资期限承担责任的理由，主要为没有证据证明公司无债务履行能力，合理解释延长出资期限等。这些理由均涉及了对股东主观状态的分析。

（三）对延长认缴期限的法理分析

公司法实行认缴资本制度以来，当事人不需要在设立公司时实缴资本。股东可以根据公司的经营需要，在未来的时间里进行出资。这是比以前更为灵活的资本制度。但是我国的资本制度仍属于法定资本制。资本仍然被看作对债权人利益的保护方式，尽管这种作用是间接的、微弱的。我国的司法实践中往往有对债权人过度保护，忽视债权人应当承担风险的倾向。基于现实的制度安排，应该如何来看待公司股东延长认缴期限的问题？笔者认为，股东延长认缴期限，在法律性质上类似于减资。理由如下：一是延期出资减少了资本的时间价值。资本会随着时间的推移而发生增值。利息就是资本时间价值的体现。在信用货币体制之下，货币贬值与通货膨胀是一种普遍的现象。例如，在 2020 年出资 100 万元与 2030 年出资 100 万元，不可同日而语。也许 2030 年的 100 万元，只相当于 2020 年的 50 万元。因此股东延期出资，会减少资本的实际价值。二是股东延期出资，减弱了公司的经营能力和偿债能力。股东延期出资，公司获得资本的时间后延，其经营和偿债能力明显受到影响。因此，笔者的观点就是股东延期出资，本质上是减少了公司资本，应当按照减资的程序进行。尽管工商管理部门对于延期出资，只要求办理备

---

[1] 参见江苏省盐城市中级人民法院［2017］苏09民终1498号民事判决书。

案手续，但是公司应当按照减资的程序进行，如编制资产负债表、征得债权人的同意或向债权人提供担保，在报纸上发布公告等。否则，一旦发生纠纷，在绝大多数情况下，法院都认为减资是属于规避债务、有违诚信的恶意行为。当然，如果以后法院将延长出资期限比照减资处理，在确定股东责任时，将无需考虑股东的主观状态。

二、诉讼中出资是否加速到期的问题

对于认缴制下债权人可否在诉讼中要求出资加速到期的问题，在实践中也有不同的观点。大多数法院不支持在诉讼中股东的出资责任加速到期。

（一）不加速到期的情形

（1）原告江苏博恩大宗商品交易有限公司与被告张家港保税区熙泰进出口有限公司（以下简称"张家港熙泰公司"）、陈某、沈某萍买卖合同纠纷一案。张家港市人民法院认为：在诉讼中，陈某、沈某萍不应对公司债务承担连带或补充责任，理由如下：①认缴制在激发股东创业、促使公司自由化方面起到了积极作用，但不可避免地对债权人保护造成了缺少，理论上对于能否直接裁判加速到期尚存在很大分歧；②认缴制作为一种制度创新，系公司法的明文规定，而加速到期无疑是对认缴制的突破，且这种突破实质上是加重了股东个人的责任，在法无明确规定的情况下，不宜对相关条款作扩大解释；③张家港熙泰公司虽经营出现重大困难，但原告无证据证明该公司"不能清偿债务"，且对该事实的认定应通过执行来解决，而不宜在诉讼过程中判定；④股东认缴的金额、期限都明确记载于公司章程，作为一种公示文件，债权人应当知道这一事实，在交易过程中对此风险也应予以预见，故以保护债权人预期利益为由来论证加速到期的正当性，理由不足；⑤股东未出资的金额都有一定限额，如允许单个债权人通过诉讼直接向股东主张清偿责任，那么势必会造成对其他债权人的不公平，无法平等地保护全体债权人的利益；⑥债权人并不是只有通过诉讼来直接判定加速到期才能对债权人利益予以救济，如可以通过认定行为无效来规制股东转移公司财产行为、可以通过适用《破产法》来实现股东出资义务加速到期等。债权人可以通过这些法律明确规定的方式来维权。因此，理论分歧较大，在法无明文规定的情况下，以诉讼方式通过突破认缴制来判定股东责任加速到期，进而让出资不实的股东承担补充责任的诉请理由尚不充分，法律依据不足。[1]

（2）上诉人文某与被上诉人济南邦容经贸有限公司、原审被告山东永力重工科技发展有限公司（以下简称"永力重工公司"）、山东永力钢构股份有限公司、文某功、文某军、文某成买卖合同纠纷一案。二审法院认为：《公司法》第28条规定了股东应按期缴纳其出资。同时，《企业破产法》第35条对出资人认缴出资加速到期的规定，系以法院受理破产申请为前提的；《公司法解释二》第22条明确规定股东未缴出资作为清算财产的条件是公司进入解散阶段。依照上述法律规定，债权人要求股东提前履行其出资义务，应具备相应法定条件，现永力重工公司未进入破产或解散程序，亦未资不抵债，故邦容公司现要求永力重工公司股东文某提前履行其出资义务尚未具备相应条件。此外，因公司具有独立人格，通常情况下公司股东并不对公司的行为和债务承担个人责任。股东对公司的出资义务源于股东间的出资协议或章程约定，并通过在工商行政管理部门备案登记向社会公示，已向包括债权人在内的不特定第三人宣告了出资期限，债权人也是在此预期下与公司进行交易，债权人仅以自己的债权尚未获得清偿为由，要求股东提前履行出资义务，并不具备相应正当性和合理性。[2]

（3）上诉人江苏省冠星科教设备有限公司（以下简称"冠星公司"）与被上诉吴某兵、原审被告吉某才、吉某财合同纠纷一案。一审法院认为：第一，根据现行《公司法》的规定，公司登记制度修改为认缴资本制，即公司股东可以自主约定认缴出资额、出资方式与出资期限等，并记载于公司章程；股东依据公司章程规定的期限缴纳出资是其法定权利；欲突破上述规定而剥夺股东的期限利益，应当有法律的明文规定。第二，股东承担补充赔偿责任的前提之一

---

[1] 参见江苏省张家港市人民法院［2016］苏0582民初3630号民事判决书。
[2] 参见山东省济南市中级人民法院［2016］鲁01民终5731号民事判决书。

是未履行或者未全面履行出资义务,而判断的标准是章程中的出资期限约定。本案中章程所约定的出资期限尚未届满,故并不能认定其未履行或者未全面履行出资义务。第三,股东在未出资本息范围内对公司债务不能清偿部分承担补充赔偿责任,即须以公司不能清偿到期债务为前提。本案在诉讼阶段,法院难以认定冠星公司已经不能清偿到期债务。二审法院维持了一审判决。[1]

(二)加速到期的情形

(1)上诉人武汉朗肯节能技术有限公司、军民结合产业投资基金有限公司与被上诉人宁波市北仑精诚设备安装有限公司、原审被告沈某忠、赵某、军民结合(北京)装备技术研究院与公司有关的纠纷一案。一审法院认为:在注册资本认缴制下,公司股东在登记时承诺会在一定时间内缴纳注册资本,此种承诺,可以认为是其对社会公众包括债权人所作的一种承诺。认缴制下的公司股东的出资义务只是暂缓缴纳,而不是永久免除。此时公司已不能清偿到期债务的,债权人可以申请债务人破产,在破产程序下,股东对公司的出资义务,也需要加速到期,此规定亦可作为参考。综上所述,在公司经营发生重大变化时(包括公司实有资产无法清偿对外债务时),为平衡公司债权人和股东的利益,债权人可以要求公司股东缴纳出资,以用于清偿公司债务。本案中,现宁波朗肯公司无法清偿对外债务,鉴于各被告(均为宁波朗肯公司的股东)尚未能提供证据佐证其认缴的出资已到位,原告有权要求股东在未出资范围内按出资比例承担补充责任。二审法院以同样的理由维持了一审判决。[2]

(2)原告济南邦容经贸有限公司与被告山东永力钢构股份有限公司、被告山东永力重工科技发展有限公司、被告文某军、被告文某功、被告文某、被告文某成买卖合同纠纷一案。在该案件中,股东认缴出资的时间是2039年,但是在2010年股东实际缴纳了部分出资。一审法院认为:原告济南邦容经贸有限公司主张被告文某军、

---

[1]参见江苏省泰州市中级人民法院[2016]苏12民终2111号民事判决书。
[2]参见浙江省宁波市中级人民法院[2018]浙02民终61号民事判决书。

被告文某功、被告文某在未出资本息范围内对公司债务不能清偿部分承担补充赔偿责任，放弃要求被告文某成承担该补充责任，并提交工商登记材料予以佐证，原告济南邦容经贸有限公司的主张符合相关法律规定，应予支持。一审法院参照《公司法解释三》第13条第2款、第20条之规定，判令股东在未缴出资本息范围内承担补充赔偿责任。[1]但是一审判决被二审法院改判。

对于加速到期的两个案例，前一个案例因为公司无法清偿对外债务，所以参照了破产法规定的精神，判决股东承担补充责任。后一个案件则没有给出详细的说理。无论是否判决加速到期，股东最终都需要承担责任，在诉讼程序中不承担加速到期责任，一旦公司确实无力承担责任，则在执行中进入"执转破"程序，股东的出资责任同样加速到期。

（三）诉讼中的股东责任问题

2013年修订的《公司法》取消了最低资本制度。传统上，我国曾经将公司资本达不到最低注册资本额作为公司人格否认的理由。但是，这种判断方法目前已经没有实际意义了。股东是否真的可以在认缴资本制度下空手套白狼吗？答案当然是否定的。在公司人格否认的理论和实践中，存在资本不足的情形，那就是"利用较少资本计划从事大事业者或高风险事业者，目的就在于利用公司独立人格和有限责任把投资风险降低到必要极限之下，并通过公司形式将投资风险外化给公司的债权人"。[2]如果股东出资甚少，而从事风险极大的事业，则应刺破公司面纱，由股东对债权人承担连带责任。这也是债权人在认缴资本制度下维护自身权益的一种可选途径。

目前，对股东的出资责任在诉讼中可否加速到期的问题，主要是存在否定说与肯定说两种观点。否定说的理由如下：①没有法律依据。②严格解释法律。③风险自担说。④替代救济论。[3]肯定说的理由如下：①内部约定不能对抗外部第三人。②救济成本低、效

---

[1] 参见山东省济南市历下区人民法院［2016］鲁0102民初2572号民事判决书。

[2] 朱慈蕴：《公司法人人格否认法理研究》，法律出版社1998年版，第144页。

[3] 参见李建伟："认缴制下股东出资责任加速到期研究"，载《人民司法》2015年第9期。

益高。③资本担保责任论。④约定无效说。〔1〕肯定说中李建伟教授认为:"论证了加速到期的法理正当性,并指出在现行公司法律体系下,建构债权人追究未届期股东出资责任的法律规范依据有四种路径,包括公司法的立法完善、法律解释、扩张性司法解释与合同法路径选择等。"〔2〕在法律适用上,加速到期责任的法律依据在于对《公司法解释三》第13条第2款进行扩张解释。

否定说存在不同的具体观点,其内部认识也有冲突。例如,风险自担说和替代救济论就相互冲突,在风险自担说中,风险由债权人自行承担。如果根据此理论,就不需要替代救济了。在替代救济论中,其理论基础之一是撤销权理论。根据最高人民法院《合同法解释二》第18条规定:"债务人放弃其未到期的债权或者放弃债权担保,或者恶意延长到期债权的履行期,对债权人造成损害,债权人依照合同法第七十四条的规定提起撤销权诉讼的,人民法院应当支持。"但是在设立公司、确定缴纳期限的时候,缴纳期限是确定的,谈不上延长的问题,更无法证明公司股东恶意。因此否定说的理论基础并不扎实。

肯定说也存在缺陷。首先,出资问题是公司章程所决定的,章程是按照资本多数决所制定(初始章程除外),根本不是股东之间的内部约定。其次,诉讼中加速到期救济成本低的、效益高的理由,只考虑了债权人的成本和效益,而不是考虑这样操作的社会整体效益,违背了科斯的法经济学的基本理论。如果对债权人倾斜,很可能导致借贷资本中的生产要素过多,一般资本中的生产要素过少,社会总效益就会降低。大家有钱都去放贷,而不是投资企业了。再次,资本担保责任论违背社会现实。资本是用来担保债务的?还是用来投资做生意经营的?很显然是后者。而且,商人也不是凭借对方的认缴资本就和对方做生意的。最后,约定无效说也不能成立。对于认缴出资的行为是否属于权利滥用而无效,应当依照具体情况

---

〔1〕 参见李建伟:"认缴制下股东出资责任加速到期研究",载《人民司法》2015年第9期。

〔2〕 李建伟:"认缴制下股东出资责任加速到期研究",载《人民司法》2015年第9期。

确定，并非一旦出现公司不能偿还债务情况，就反推股东存在权利滥用。实际上，现代很多企业经营权与所有权相互分离，股东对公司的经营影响很少，公司出了问题，不宜先入为主地认定是股东的责任。

在江苏，主流观点倾向于否定说。江苏省高级人民法院课题组认为："非破产情形下股东出资义务是否加速到期。课题组认为，并不加速到期。（1）加速到期缺乏法律依据。根据现行公司资本制度，股东自行决定缴纳出资期限是法定权利，且只有在破产程序中才被限制。（2）缺乏请求权基础。既不符合代位权制度中债权到期的要求，又缺乏侵权制度中主观过错等相关要件。（3）存在司法操作障碍。通常情况下，公司能否清偿到期债务需通过执行程序判断。审理中，除非债务人自认，否则法官缺乏判断依据。若确定不清偿后，要求加速到期又与破产制度产生矛盾。（4）可能导致鼓励万众创业之立法目的落空、未尽注意义务的债权人转嫁风险等消极影响。（5）司法可以相对积极地发掘法人格否认等其他制度的功能，以抵消改革给债权人保护可能带来的冲击。"[1]江苏高院课题组的观点充分全面地论述了不支持加速到期的理由，法理明确，思维清晰，并指出了救济的途径。

本书的观点也是不支持加速到期，首先这是认缴资本制度的应有之义。其次，即使不能偿还，在执行程序中，也可以进入"执转破"程序，同样予以产生加速到期的法律后果，而没有必要在诉讼中就加速到期。

---

[1] 江苏省高级人民法院课题组："破解审判难题　统一司法尺度"，载《人民法院报》2016年7月7日。

第三章 CHAPTER3
股权代持

第一节　股权代持的应用

股权代持又称隐名投资，一般是指实际出资人出资认购公司股权，但在公司章程、股东名册和工商登记中却记载他人名字或名称的投资行为。法律人士的风险意识比较强，在看待股权代持的问题时，重视风险及其风险的防范，对股权代持的应用，往往关注不够。任何事情都有利有弊。股权代持在商业活动中也有自己的用武之地。有一位经理，在当地纵横商界几十年，政商两界关系良好。他意图开发房地产，但是如果开发房地产，肯定会有很多社会关系前来，要求优惠购房。如果优惠幅度小了，实在拿不出手，还会伤了对方的面子，搞得大家都不愉快。如果优惠幅度比较大，不仅公司的利润受到很大的损失，而且合作伙伴还会很有意见。在重视乡土关系的中国社会，这实在是难以处理的事情。这位经理于是就想了一个办法：做一名隐名股东，将显名股东作为自己的挡箭牌。这样既能维护公司的利润，又能保全自己良好的社会关系。

一般而言，股权代持有下列作用：①规避股东人数方面的限制。在设立公司时，公司法对公司的股东人数进行了限制。为了规避该法律规定，公司设立时由某几个人，如工会主席、中层干部，代持其他隐名股东的股权。②规避公司股权限售期的规定。主要是上市公司的大股东、董事、高级管理人员，由他人代持股份，以便早日套现。③享受优惠政策。外商、应届毕业生等特殊群体可以享受优惠政策，某些不符合优惠政策的投资者为了享受优惠，将股权登记在特定的群体名下。④特殊主体规避法律或避嫌。例如，投资者或投资者的近亲属具备公务员身份，为了规避法律或掩人耳目，由他人代持股权。⑤避免公司股权变更手续。有些企业为了维持股权结构相对稳定，避免频繁变更股权登记，对于新进入的投资者，并不显名，而由老股东代持股权。⑥避免关联交易。⑦推行员工激励计划。⑧保护商业秘密。⑨怕露富。体育明星、娱乐明星开设公司，一般会由他人代持股权。⑩简化公司治理结构。在股东数量众多的情形，如果每个股东都参与公司的治理，将会增加公司的治理成本。因此，选择股权代持，就可以方便公司治理，召开股东会也相对容易。

大部分股权代持用之得当，并不会出现问题，但是如果利用股权代持从事一些违法活动或利益交换，则有可能带来严重的社会危害。例如，天津港爆炸案背后就存在股权代持。2015年8月12日深夜，天津港瑞海国际物流有限公司危险品仓库发生爆炸。截至2015年12月10日，直接经济损失折合人民币68.66亿元。瑞海公司董事长于某伟被判处死刑缓期二年执行，并处罚金70万元，副董事长董某轩、总经理某峰，均被判处无期徒刑。工商登记信息显示，瑞海公司的股东为李某和舒某，分别持有55%的股权和45%的股权。实际上，李某为于某伟代持股权，舒某为董某轩代持股权。于某伟曾任中化天津滨海物流有限公司总经理，而董某轩是天津港公安局原局长董某军之子。一场惨痛的爆炸，使背后隐藏的违法问题被暴露出来，代价惨重。

第二节　股权代持的风险

我国《公司法解释三》从第24条到第26条的三条规定，为股权代持提供了基本的规范。股权代持包括三种情形，即设立代持，增资代持及转让代持。《公司法解释三》只规定了有限责任公司设立代持的情形，并不涵盖其他代持，也没有涵盖股份公司中的股权代持。虽然股权代持会带来一系列的问题，最高人民法院还是承认了其效力。总而言之，在处理股权代持的问题时，对于代持双方的权利义务，人民法院适用合同法的规定，确立双方之间的权利义务关系。对于显名股东的权利义务，按照外观主义和公示公信的原则进行处理，显名股东需要对公司承担出资责任以及对第三人承担责任。对于隐名股东与公司的关系，按照公司法的规定处理。至于隐名股东与其他第三人之间，一般不会直接发生法律关系。在股权代持中，不仅存在股权代持协议而带来的合同风险，还存在因实质与外观不一致而产生的法律风险。

一、隐名股东的风险

隐名股东并非公司法意义上的合法股东，如想成为合法股东，享有股东权利和股东身份，则需要经过显名化这一过程。如果不能显名化，就意味着不能行使一系列作为股东才有的权利。隐名股东只是一种通俗的说法，并非真正的股东，《公司法解释三》中也使用的是"实际出资人"的表述方式。按照《公司法解释三》的规定，在有限责任公司，隐名股东显名化需要具备三个条件：①有效的股权代持协议；②出资或认缴出资；③其他股东半数以上同意。其中某些因素有可能成为纠纷的导火索。隐名股东经常遇到以下风险：

（一）股权代持的证据风险

在隐名股东显名化的过程中，首先要解决股权代持协议有无的问题，即如何证明股权代持关系存在的问题。即使有打款记录，但是如果没有书面的协议，其股权代持关系仍然很可能无法得到认定。从下列案例中，我们对这个问题可以窥一斑而见全豹。

上诉人王某、青海珠峰虫草药业有限公司（以下简称"珠峰公司"）、王某、西宁海科创业投资管理有限公司（以下简称"海科公司"）与原审第三人沈某英股东资格确认纠纷一案。最高人民法院认为：由于在珠峰公司2012年4月增资至5000万元过程中，并无证据证明王某与王某及海科公司之间达成了合法有效的代持股合意，王某委托王某和美信公司转款系用于此次增资的意图亦不明确，因此即便增资资金来源于王某，亦不能就此认定王某对记载于王某及海科公司名下珠峰公司股权享有股东权益，故王某要求确认王某及海科公司在珠峰公司的相应股权由其享有的诉讼请求,因证据不足,不予支持。[1]

在前述案件里,即使真的存在口头委托代持协议,即使委托人王云的转款确实是出资行为,因无法证明代持关系,也不能被法院认定为股权代持关系。在没有书面代持协议的情况下,即使委托人提供很多证据,也难以证实自己的主张。依靠间接证据来证明股权代持关系是非常困难的,最高人民法院的另一个案例就体现了这种举证的难度。

上诉人刘某与被上诉人王某、原审第三人江苏圣奥化学科技有限公司(以下简称"江苏圣奥公司")股东资格确认纠纷一案。当事人刘某为证明其与王某的股权代持关系,在一审中提交的证据主要有银行资金划转凭证、证人证言、其他书面证据材料(包括一致行动函、董事会决议、全权委托书、股东会决议等书面材料),但是银行资金划拨凭证上并没有注明款项的性质,证人证言的证明效力较弱,其他书面材料上,又没有直接反映出王某代刘某持股的事实。刘某甚至在一审中提供了其与王某的通话录音,并对该录音进行了公证。在该通话录音中,刘某与王某协商纠纷的处理,协商中刘某主动提出要求王某承认股权代持关系,王某对该问题未作回答。法院并不能以王某对刘某提出的问题未回答,推定王某默认了其名下有重大价值的股权财产为刘某所有,所以该电话录音不能支持刘某的主张。刘某还提交了一些复印件,但是由于无法和原件核对,所以无法得到法院的采纳。

一审院认为:刘某应对自己的主张承担举证责任。江苏圣奥公司的工商登记、验资报告、出资证明书等材料均反映王某为公司股东,刘某主张王某所持江苏圣奥公司的39.024%的股权归刘某所有,应举证证明。但是,刘某未能提交能够直接证明其主张的代持协议或股东会决议、纪要,亦不能证明其签署了公司章程、持有出资证明,或者其已经履行了出资义务并行使了股东权利,故其关于确认王某所持江苏圣奥公司的39.024%的股权归刘某所有的诉讼请求因

---

[1] 参见中华人民共和国最高人民法院[2014]民二终字第21号民事判决书。

证据不足而不能成立，王某亦无义务配合刘某办理相应的股权变更手续。一审法院驳回了刘某的诉讼请求。

二审法院认为：刘某主张其与王某之间存在代持股份关系，应承担举证责任。王某取得的股东身份登记，具有公示效力。刘某在诉讼中主张其与王某之间存在代持股关系，证据不充分。代持股关系应当基于委托关系形成，委托关系为双方法律行为，需双方当事人有建立委托关系的共同意思表示，签订委托合同或者代持股协议，对未签订合同但双方当事人有事实行为的，也可以依法认定存在委托代持股关系，并以此法律关系确定双方当事人的民事权利和义务。单方法律行为不能建立委托代持股份关系。本案中刘某未提交其与王某之间关于建立委托关系或者代持股关系的协议，其提交的其他证据也不能证明其与王某之间对委托关系或者代持股关系形成了共同意思表示或者其间实际形成了事实上的代持股份关系。因刘某在本案中未能提供直接证据证明其主张，提交的间接证据未能形成完整的证据链，不具有排他性，举证不具有优势，对其在本案中的诉讼主张，不予支持。王某与刘某之间的资金往来实际存在，其资金关系可以另行解决。二审法院判决：驳回上诉，维持原判。[1]

从最高人民法院的经典案例可以看出，仅有转账的凭据，而无股权代持协议，并不足以证明股权代持关系存在。对于转账，最高院更倾向于认定为民间借贷关系。《最高人民法院关于审理民间借贷案件适用法律若干问题的规定》第17条规定："原告仅依据金融机构的转账凭证提起民间借贷诉讼，被告抗辩转账系偿还双方之前借款或其他债务，被告应当对其主张提供证据证明。被告提供相应证据证明其主张后，原告仍应就借贷关系的成立承担举证证明责任。"从该条规定来看，转账一般推定为借贷关系，除非有相反的证据证明。对于隐名股东而言，即使参与公司的一些活动，但是若无书面的股权代持协议，仍然很难确定股权代持关系。可以这么说，胜诉与败诉之间，只隔着一张书面的股权代持协议，这是至关重要的一份证据。

---

[1] 参见中华人民共和国最高人民法院［2015］民二终字第96号民事判决书。

如果没有书面股权代持协议，隐名股东只有证明自己实际行使了股东权利，参与了公司的经营管理，签署了公司章程，参加了股东会等，才可以证明自己实际投资人的身份，否则就很难找到证明股权代持关系的方法了。

（二）转让代持与增资代持无效的风险

在股权转让和增资环节上产生的股权代持，并非属于《公司法解释三》中规定的股权代持情形。这种股权代持可能被认为侵犯了其他股东的优先购买权或优先认缴权而被认定。

1. 转让代持与增资代持协议无效

转让代持有两种模式，一种模式是有限公司的股东与第三人签订股权转让协议，将自己的股权转让或部分转让给第三人，但是并不办理转让手续，而是由原股东代持。这样的转让协议及作为结果的股权代持，可能会因为侵犯了其他股东的优先购买权而被认为无效。第二种模式是第三人委托股东收购其他股东的股权，进而由股东代持收购的股权。这种模式同样可能产生第一种模式的后果。在公司增资的情况下，如果由第三人委托股东认缴出资，最终形成股权代持，也可能因侵犯其他股东的优先认缴权而导致股权代持协议无效。

2. 转让给第三人的代持

原告山东长运投资控股有限公司诉被告刘某股权转让纠纷一案，一审法院认为：原告虽然与被告签署了股权代持协议，但从程序上来讲，被告刘某作为淄博金龙客车销售有限公司的股东，在对外转让股权时应通过股东会决议，并在其他股东放弃优先受偿权的情况下，方可对外转让股权，故被告刘某向原告转让股权和签署代持协议因未经过合法程序导致股权代持协议无效。另外，该判决也指出，《公司法解释三》第 25 条第 1 款适用的范围是有限责任公司的实际出资人与名义出资人，但在本案中原告既不是实际出资人，被告也不是名义出资人，双方之间所签订的股权代持协议并非公司法意义上的股权代持协议，故原告要求依据《公司法》确认原被告之间所签订的股权代持协议有效,无法律依据。[1]本案中,股东将股权转让给第三人并为之代持,侵害了其他股东的优先购买权,因而代持协议被认定无效。

3. 第三人委托股东收购股权

上诉人桂某金与被上诉人陈某真、原审被告代某华、第三人曲靖百大集团有限责任公司(以下简称"百大公司")股权转让纠纷一案。本案中百大公司股东桂某金代不具有百大公司股东身份的马某娣向代某华收购股权,并签订了《股权转让协议》。百大公司的《公司章程》第18条规定:"未经股东大会同意,不得向股东以外的其他人转让出资。经股东同意转让的出资,在同等条件下,其他股东对该出资有优先购买权。"

一审法院认为:原告陈某真、被告代某华、桂某金均为第三人百大公司的股东,第三人百大公司制定了《公司章程》,公司章程作为公司的根本准则,公司、股东均应当遵守。本案被告桂某金与被告代某华签订《股权转让协议》,该协议属于股权转让合同,股权转让合同的当事人应当符合法律规定的股权转让的主体资格,股权转让合同签订不得违反法律、法规或者公司章程关于转让主体、受让主体的禁止性和限制性规定。桂某金和代某华签订的《股权转让协议》违反了公司章程关于受让主体的禁止性规定,因此该协议无效。二审法院认为:《公司法》第71条规定了股权转让的程序。上诉人桂某金与原审被告代某华签订的《股权转让协议》,从形式上看系公司股东之间相互转让股份,但实质上是上诉人桂某金代股东之外的人以股东名义收购股权。故上诉人桂某金与原审被告代某华签订的《股权转让协议》违反了法律的强制性规定及公司章程的相关规定,该《股权转让协议》无效。[2]

这两种股权代持都侵害了其他股东的同意权和优先购买权,违反了股权转让的程序。《最高人民法院关于适用〈中华人民共和国公司法〉若干问题的规定》(以下简称《公司法解释四》)第21条规

---

[1] 参见山东省淄博市张店区人民法院[2016]鲁0303民初4119号民事判决书。
[2] 参见云南省曲靖市中级人民法院[2016]云03民终363号民事判决书。

定了行使优先购买权的除斥期间,但是该规定适用于公开转让的情形,能不能适用于转让代持的情形,尚不得而知。所以,仍然可能被法院认定无效。在以上案例里,如果投资者不追求股东身份,与股东建立委托投资关系,则在相同的效果下,更可能获得合法性的评价。

(三)违反监管的代持风险

法院对于违反不同监管制度的股权代持的效力评价不一。对于违反金融监管制度的股权代持持有严厉的态度,即使违反的是一些效力层级较低的规定,也可能援引《合同法》第52条中损害社会公共利益的条款,确认相应的民事行为无效。本章中的金融监管是指狭义的金融监管。对于违反其他监管制度的,法院的立场相对宽松。

1. 违反金融监管

上诉人翟某汉与被上诉人张某福、芜湖泰寿村镇银行股份有限公司(简称"芜湖泰寿银行")、原审第三人佛山市顺德区美的家电实业有限公司股东资格确认纠纷一案。一审法院认为:中国银行业监督管理委员会《村镇银行管理暂行规定》第24条第(三)项规定:"境内自然人投资入股村镇银行的,应符合以下条件:(三)入股资金来源合法,不得以借贷资金入股,不得以他人委托资金入股",故即便翟某汉与张某福之间的代持股协议客观真实,亦违反了上述规定,况且翟某汉亦未提供芜湖泰寿银行及其他股东知晓及同意其由张某福代持股的事实,因此,翟某汉要求变更登记无事实依据。综上,翟某汉主张其为芜湖泰寿银行的实际出资人证据不足,其要求变更芜湖泰寿银行的股权登记无事实及法律依据,不予支持。

二审法院认为:第一,中国银行业监督管理委员会制定的《村镇银行管理暂行规定》由国务院授权制定,属于行政法规,违反该规定,将损害国家正常的金融秩序和社会公共利益,故该规定也属于法律强制性效力规范,依据《合同法》第52条规定,损害国家和社会公共利益,合同无效。第二,《村镇银行管理暂行规定》第24条第(三)项规定:"境内自然人投资入股村镇银行的,应符合以下条件:(三)入股资金来源合法,不得以借贷资金入股,不得以他人委托资金入股",即便翟某汉与张某福之间的代持股协议客观真实,也违反了上述规定,损害了国家正常金融秩序和社会公共利益,应属无效合同。原审判决适用法律正确。[1]

再如上诉人华懋金融服务有限公司(以下简称"华懋公司")与被上诉人中国中小企业投资有限公司(以下简称"中小企业公司")委托投资纠纷一案。1995年9月23日,华懋公司与中小企业公司签订了一份《委托书》,约定:委托人华懋公司委托受托人中小企业公司为全权代表,作为中国民生银行的董事,全权管理和行使委托人在民生银行中的900万美元资本金的各项权益;受托人承诺全力维护委托人在中国民生银行的权益,并根据委托人的意愿行使表决权,一旦法律许可,将委托人的相应权益转予委托人。同年9月25日,华懋公司与中小企业公司又签订了一份《借款协议》,约定:贷款方华懋公司同意向借款方中小企业公司提供909万美元的借款;借款方式为现金划拨,期限为无限期长期借款;借款用途为入股民生银行的资本金,其中股本金共900万美元,另9万美元为筹备费用。上述两份协议签订后,华懋公司于1995年9月26日将909万美元汇入中小企业公司在中信实业银行开设的账户。同年9月27日,中小企业公司陈某向华懋公司建议立即追加投入185万美元。同日,双方又签订了一份《补充委托书》,约定追加委托资金185万美元,其委托的授权、期限与前委托一致。同日,双方另签订一份《补充借款协议》,约定贷款方再向借款方追加借款185万美元,作为入股民生银行的股本。1995年9月28日,华懋公司将185万美元汇入中小企业公司的账户。2001年7月,中小企业公司以华懋公司为被告,向一审法院提起诉讼,请求确认该公司与华懋公司之间所形成的是借款合同关系,相关的《借款协议》和《补充借款协议》无效,由该公司向华懋公司返还借款本息共计12 872.69万元人民币。华懋公司亦提出反诉,请求确认该公司于中小企业公司之间的关系是委托投资关系而非借款关系,判令解除其与中小企业公司的委托投资公司,由中小企业公司返还华懋公司委托其持有的全部民生银行股份及其所分得的红利。

---

[1] 参见安徽省高级人民法院[2015]皖民二终字第00027号民事判决书。

一审法院认为：（1）关于双方当事人之间法律关系的性质问题。中小企业公司与华懋公司之间虽然签订了《借款协议》和《补充借款协议》，但根据双方签订的《委托书》和《补充委托书》及双方实际履行的情况、往来信函的内容来看，双方当事人对委托事宜均系明知，也是双方订立合同之目的。双方之间是以借款为表现形式的委托投资法律关系。（2）关于本案委托关系的效力。根据我国现行的金融法规规定，华懋公司属于外资企业，其如果向境内金融机构投资，必须要经过政府有关部门严格的审批，否则，其不能以任何形式向境内金融机构投资。华懋公司故意规避法律以借款名义将其资金委托中小企业公司投资入股民生银行，双方的行为违反了金融法规的强制性规定，故应当认定中小企业公司与华懋公司所签委托协议无效。（3）关于中小企业公司在民生银行股权的处置问题。本案在以借款为表现形式的委托法律关系被确认违法无效的前提下，双方所签订的协议对双方不具有法律约束力。华懋公司不能依据无效的法律关系取得民生银行的股权。华懋公司属于外资企业，到目前为止，其未就向民生银行投资事宜办理经政府有关部门批准同意的手续。中小企业公司虽系依无效的委托关系而取得的民生银行股东地位，但其是依法定程序注册而取得的。

二审法院认为：（1）关于本案双方当事人之间法律关系的性质，应当认为双方一致的真实意思是由华懋公司出资入股民生银行，由中小企业公司出面作为民生银行名义上的股东受华懋公司之托享有和行使股东权。本案双方之间法律关系的性质为委托关系。（2）关于本案委托关系的效力。作为本案当事人一方的华懋公司为香港金融服务公司，在经济贸易活动中应当作为境外机构实施管理；其委托内地企业中小企业公司投资入股的中国民生银行为内地金融机构，我国现行的金融法规对于境外公司向内地金融机构投资作出了明确的规定。华懋公司委托中小企业投资入股中国民生银行的行为，显然违反了内地金融管理制度的强制性规定。从双方签订和履行合同的整个过程可以看出，当事人对于法律法规的强制性规定是明知的，双方正是为了规避法律规定，采取"委托投资"的方式，使得华懋公司的投资行为表面上合法化。双方的行为属于《民法通则》和

《合同法》规定的"以合法形式掩盖非法目的"的行为。因此,双方签订的《委托书》《补充委托书》《借款协议》和《补充借款协议》均应认定无效。(3)虽然委托关系无效,但就中小企业公司认购民生银行股份、与其他股东共同发起设立民生银行的行为而言,其与其他股东协商一致并经有关主管部门批准,作为股东履行了对公司的出资义务,所获股份亦经合法登记;中国民生银行设立后,中小企业公司作为该行的股东一直参与其经营决策至今。在此认购和持有民生银行股份的民事关系中,并不存在违反法律规定等足以导致其行为无效的情况,故对于中小企业公司合法持有民生银行股份的事实依法予以确认。[1]

但是仍有部分法院判决商业银行股权的代持协议有效。例如原告谢某勇与被告温州联友特种瓶盖有限公司(以下简称"联友公司")、浙江永嘉农村商业银行股份有限公司(以下简称"永嘉农商银行")确认合同效力纠纷一案。永嘉农商银行由原浙江永嘉农村合作银行(以下简称"永嘉农合行")于2014年3月24日改制而成。永嘉农合行在2013年进行股份制改革,联友公司是永嘉农合行的发起人和法人股股东,在股份制改革中具有认购一定数额扩增股本的资格。2013年7月30日,谢某勇和联友公司签订股权代持协议,约定谢某勇以每股2.6元的价格投资52万元以联友公司名义认购永嘉农合行20万股份。认购的股份由被告联友公司代持,行使股东表决权等,收益和处置权归原告。2013年7月31日,谢某勇将约定的52万元汇入联友公司的银行账户,2013年9月18日联友公司取得了其认购的永嘉农合行包括原告委托认购的20万元股份在内的1700万股份。永嘉农合行改制成永嘉农商银行后,被告联友公司于2014年7月24日取得了永嘉农商银行1700万股权的股金证。随后,联友公司于2014年12月1日向原告谢某勇出具了持股情况说明,写明了联友公司持有的永嘉农商银行1700万股份中,联友公司代原告持有20万股份。银监发〔2008〕3号《农村中小金融机构行政许可事项实施办法》第12条规定:"境内非金融机构作为发起人,应

---

[1] 参见中华人民共和国最高人民法院〔2002〕民四终字第30号民事判决书。

当符合以下条件：……（八）入股资金来源真实合法，不得以借贷资金入股，且不得以他人委托资金入股……"

一审法院认为：关于股权代持协议的效力，最高人民法院《合同法解释二》第14条的规定，以及《合同法》第52条第（五）项规定的"强制性规定"，均是指效力性强制性规定。银监发（2008）3号《农村中小金融机构行政许可事项实施办法》等相关文件规定主要是一种管理性、规制性的规定，也不属于行政法规，因而不是效力性规定，不能以此来否定协议的效力。《股权代持协议》主体合格，意思表示真实，并不存在合同法规定的合同无效的情形，应为合法、有效，对协议双方具有约束力。

一审法院还认为：谢某勇和联友公司在《股权代持协议》中是委托合同关系。永嘉农商银行对该股权代持协议并不知情，且协议内容违反了相关规定，故永嘉农商银行有权拒绝谢某勇以委托代理关系的本人身份向其主张相关权利。因此，银监会和永嘉农商银行关于股权结构和法人股转让限制的规定也不会因该协议而被突破。[1]

虽然法院认定《股权代持协议》有效，但是仍然明确了委托人无法取得股东资格以及行使股东权利。法院没有论证本案中违反有关规定的股权代持是否破坏了金融管理秩序，是否损害了社会公共利益，这是本案应当回应的关键问题。

对于违反金融监管规定的行为和合同，法院的处理非常严厉，通常认定为无效，这可以说是各级法院的共识。在"华懋公司与中小企业公司案"中，股权代持协议同时违反了金融监管与外资监管制度，但是法院以当事人违反金融监管，以合法形式掩盖非法目的为由，判决有关合同无效。法院对于违反或涉嫌违反外资监管的股权代持的态度相对宽松。

2. 违反保险监管

上诉人福建伟杰投资有限公司（以下简称"伟杰公司"）与被上诉人福州天策实业有限公司（以下简称"天策公司"）、原审第

────────
〔1〕 参见浙江省永嘉县人民法院［2016］浙0324民初79号民事判决书。

三人君康人寿保险股份有限公司（以下简称"君康人寿公司"）营业信托纠纷一案。天策公司本身是君康人寿公司的股东。2011年11月3日，天策公司与伟杰公司签订《信托持股协议》，协议约定：鉴于委托人天策公司拥有君康人寿公司2亿股的股份（占20%）的实益权利，现通过信托的方式委托受托人伟杰公司持股，受托人伟杰公司同意接受委托人的委托。天策公司与伟杰公司分别在委托人和受托人处签字盖章。2012年，君康人寿公司的股东同比例增资一倍。伟杰公司代持4亿股，仍占20%。天策公司和伟杰公司合计持股40%。

一审法院认为：关于本案《信托持股协议》的效力问题。首先，《信托持股协议》系当事人真实意思表示，且天策公司和伟杰公司在其后的往来函件中，均确认了该协议的存在且未对该协议的真实性提出异议。其次，《信托持股协议》未违反法律法规的禁止性规定。从《信托持股协议》约定的内容上看，受托人伟杰公司接受委托人天策公司的委托，代持君康人寿公司2亿股的股份（占20%），并未违反法律禁止性规定，应为有效合同。

二审法院认为：天策公司、伟杰公司签订的《信托持股协议》内容，明显违反中国保险监督管理委员会制定的《保险公司股权管理办法》第8条关于"任何单位或者个人不得委托他人或者接受他人委托持有保险公司的股权"的规定，对该《信托持股协议》的效力审查，应从《保险公司股权管理办法》禁止代持保险公司股权规定的规范目的、内容实质，以及实践中允许代持保险公司股权可能出现的危害后果进行综合分析认定。首先，从《保险公司股权管理办法》禁止代持保险公司股权的制定依据和目的来看，尽管《保险公司股权管理办法》在法律规范的效力位阶上属于部门规章，并非法律、行政法规，但中国保险监督管理委员会是依据《保险法》第134条关于"国务院保险监督管理机构依照法律、行政法规制定并发布有关保险业监督管理的规章"的明确授权，为保持保险公司经营稳定，保护投资人和被保险人的合法权益，加强保险公司股权监管而制定。据此可以看出，该管理办法关于禁止代持保险公司股权的规定与《保险法》的立法目的一致，都是为了加强对保险业的监督管理，维护社会经济秩序和社会公共利益，促进保险事业的健康发展。其次，从《保险公司股权管理办法》禁止代持保险公司股权规定的内容来看，该规定系中国保险监督管理委员会在本部门的职责权限范围内，根据加强保险业监督管理的实际需要具体制定，该内容不与更高层级的相关法律、行政法规的规定相抵触，也未与具有同层级效力的其他规范相冲突，同时其制定和发布亦未违反法定程序，因此，《保险公司股权管理办法》关于禁止代持保险公司股权的规定具有实质上的正当性与合法性。再次，从代持保险公司股权的危害后果来看，允许隐名持有保险公司股权，将使得真正的保险公司投资人游离于国家有关职能部门的监管之外，如此势必加大保险公司的经营风险，妨害保险行业的健康有序发展。加之由于保险行业涉及众多不特定被保险人的切身利益，保险公司这种潜在的经营风险在一定情况下还将危及金融秩序和社会稳定，进而直接损害社会公共利益。综上可见，违反中国保险监督管理委员会《保险公司股权管理办法》有关禁止代持保险公司股权规定的行为，在一定程度上具有与直接违反《保险法》等法律、行政法规一样的法律后果，同时还将出现破坏国家金融管理秩序，损害包括众多保险法律关系主体在内的社会公共利益的危害后果。《合同法》第52条规定："有下列情形之一的，合同无效：（一）一方以欺诈、胁迫的手段订立合同，损害国家利益；（二）恶意串通，损害国家、集体或者第三人利益；（三）以合法形式掩盖非法目的；（四）损害社会公共利益；（五）违反法律、行政法规的强制性规定。"故依照《合同法》第52条第（四）项等规定，本案天策公司、伟杰公司之间签订的《信托持股协议》应认定为无效。天策公司依据该《信托持股协议》要求将讼争4亿股股份过户至其名下的诉讼请求依法不能得到支持。[1]

二审裁定书的说理非常透彻，且环环相扣，论证了保险公司股权代持不仅损害了国家金融管理秩序，而且损害了社会公共利益。该裁定认定《信托持股协议》因损害社会公共利益而无效。但是该案的审判长江必新大法官在其感言中说："这种以信托持股的形式掩

---

〔1〕参见中华人民共和国最高人民法院［2017］民终529号民事裁定书。

盖逃避监管的形式、行为,正是以合法的形式掩盖非法目的之行为。"[1]但无论损害社会公共利益还是以合法形式掩盖非法目的,都会导致合同无效的后果。这份裁定是2018年3月4日作出的,在该裁定作出之前,保监会已于2018年2月5日致函君康人寿公司,通知其撤销伟杰公司2012年增资该公司的许可,要求君康人寿公司引入新的股东,并责令天策公司1年内转出所持有的君康人寿公司的股份。保监会的法律依据是2010年6月10日施行的《保险公司股权管理办法》第4条第1款"保险公司单个股东(包括关联方)出资或者持股比例不得超过保险公司注册资本的20%",以及第8条"任何单位或者个人不得委托他人或者接受他人委托持有保险公司的股权,中国保监会另有规定的除外"的规定。天策公司委托伟杰公司持有君康人寿公司的股权,其目的是为了规避"保险公司单个股东(包括关联方)出资或者持股比例不得超过保险公司注册资本的20%"的规定。

最高法院还发布过一个保险公司股权代持的经典案例,其法律思路也可以给我们带来启示。具体是上诉人鸿元控股集团有限公司(以下简称"鸿元公司")、上海欣鸿投资管理有限公司、上海宏邦股权投资管理有限公司、上海昊盛投资咨询有限公司与被上诉人博智资本基金公司(以下简称"博智公司")、第三人河北德仁投资有限公司合同纠纷一案。

2005年12月博智公司(系境外企业)与鸿元公司通过签订《委托投资及托管协议》《协议书》等代持股协议,就鸿元公司代博智公司持有新华人寿9%股份及相关费用进行了约定,确定博智公司是该股份的实际出资人和控制人,鸿元公司作为博智公司的托管人并代表博智公司持有该股份;博智公司向原股东新产业公司支付了该股份转让价款,并依约向鸿元公司支付了代持费用;鸿元公司在2010年5月25日《关于处理新华人寿股权问题的董事会决议》中亦明确在其名下的新华人寿9%股权系与博智公司签署《委托投资及

---

[1] 杨皓明:"这个案例让我真正读懂了金融股权代持",载http://www.sohu.com/a/230393156_530597,最后访问日期:2018年6月20日。

托管协议》而实际代博智公司持有。博智公司委托鸿元公司持股，是为了规避《保险公司管理规定》中境外股东参股比例应当低于保险公司股份总额25%的规定。

一审法院认为：关于博智公司与鸿元公司之间是否存在代持新华人寿股份关系及效力问题。涉案股权转让的各方当事人对于博智公司与鸿元公司之间就涉案股份存在代持股关系均予认可，对此予以认定。博智公司与鸿元公司签署的《委托投资及托管协议》及《协议书》系双方当事人真实意思表示，且中华人民共和国未禁止境外企业持有境内保险公司股权，只是根据外资股东在境内保险公司持股比例区分企业形态进行分类管理，故双方依约确立的代持股关系不违反合同订立时中华人民共和国法律、法规的强制性规定，不存在《合同法》第52条规定的合同无效情形。博智公司与鸿元公司就涉案的9%股份存在合法有效的代持股关系，博智公司是该股份的实际出资人，享有所有者投资权益；鸿元公司作为名义股东依约代博智公司行使股权。

二审法院认为：关于《委托投资及托管协议》《协议书》的效力及本案所涉股权的归属。我国现行的金融法规对于境外公司向境内保险机构投资作了明确的限制性规定。2004年6月15日起施行的《保险公司管理规定》第45条规定："全部境外股东参股比例应当低于保险公司股份总额的25%。全部境外股东投资比例占保险公司股份总额25%以上的，适用外资保险公司管理的有关规定。境外股东投资上市保险公司的，不受前款规定的限制。"2010年6月10日起施行的《保险公司股权管理办法》第2条规定："本办法所称保险公司，是指经保监会批准设立，并依法登记注册的外资股东出资或者持股比例占公司注册资本不足25%的保险公司。"可见，尽管我国法律并未禁止境外企业持有境内保险公司股权，但中国保监会（现银保监会，下同）根据监管的需要对于外资股东的持股比例作了限制性的规定，即对于境内非上市保险公司，全部境外股东的投资比例不能超过保险公司股份总额的25%，否则即应适用外资保险公司管理的规定。本案中，博智公司委托鸿元公司投资新华人寿，正是由于外资股东投资境内保险公司受到上述投资比例的限制。虽然鸿元公司是受博智公司的委托投资新华人寿，但鸿元公司并未以博智公司的名义投资，也未将案涉股权登记在博智公司的名下，而是以自己的名义投资并将案涉股权登记在自己的名下，且该投资行为不仅已经获得了保监会的批准，鸿元公司还以其名义参与了新华人寿的管理，履行了股东的义务并行使了股东的权利，因此不能认为案涉股权归博智公司享有，而应认定案涉股权归鸿元公司享有。就此而言，博智公司委托鸿元公司以鸿元公司的名义投资新华人寿的做法，与保监会的上述规章并无抵触，自然不能作为"以合法形式掩盖非法目的"的情况而否定双方之间委托投资协议的效力。也就是说，股权归属关系与委托投资关系是两个层面的法律关系，前者因合法的投资行为而形成，后者则因当事人之间的合同行为而形成，保监会的上述规章仅仅是对外资股东持股比例所作的限制，而非对当事人之间的委托合同关系进行的规制。因此，实际出资人不能以存在合法的委托投资关系为由主张股东资格，受托人也不能以存在持股比例限制为由否定委托投资协议的效力。

本案中，博智公司与鸿元公司签订的《委托投资及托管协议》《协议书》，不仅包括双方当事人关于委托投资的约定，还包括当事人之间关于股权归属以及股权托管的约定。根据双方当事人关于股权归属以及股权托管的约定，鸿元公司系代博智公司持有股权而非自己享有股权。虽然上述协议均系双方当事人真实意思表示，但由于股权归属关系应根据合法的投资行为依法律确定，不能由当事人自由约定，因此，尽管当事人约定双方之间的关系是股权代持关系，也不能据此认定双方之间的关系属股权代持关系，而应认定双方之间系委托投资合同关系。一审判决未能区分股权归属关系与委托投资关系，仅以双方签订的《委托投资及托管协议》及《协议书》系双方真实意思表示为由认定上述协议均有效，并据此认定博智公司作为案涉股权的实际出资人，享有所有者投资权益，而鸿元公司作为名义股东，系依约代博智公司行使股权，属法律适用错误，也与鸿元公司一直以股东身份行使股权及相关权益的事实不符，应予纠正。[1]

博智公司后来申请再审，最高人民法院重复了二审的观点，认为：第一，关于案涉股权归属的问题。我国现行的金融法规对于境外公司向境内保险机构投资作了明确的限制性规定。博智公司委托鸿元公司投资新华人寿，正是由于外资股东投资境内保险公司受到上述投资比例的限制。鸿元公司并未以博智公司的名义投资，也未将案涉股权登记在博智公司的名下，而是以自己的名义投资并将案涉股权登记在鸿元公司的名下，且该投资行为不仅已经获得保监会的批准，鸿元公司还以其名义参与了新华人寿的管理，履行了股东的义务并行使了股东的权利，因此二审判决认定案涉股权归鸿元公司享有，符合法律规定。第二，股权归属关系与委托投资关系是两个层面的法律关系。前者因合法的投资行为而形成，后者则因当事人之间的合同行为而形成，保监会的上述规章仅仅是对外资股东持股比例所做的限制，而非对当事人之间的委托合同关系进行的限制。因此，实际出资人不能以存在合法的委托投资关系为由主张股东地位，受托人也不能以存在持股比例限制为由否定委托投资协议的效力。由于股权归属关系应根据合法的投资行为依法律确定，不能由当事人自由约定。因此，尽管当事人约定双方之间的关系是股权代持关系，也不能据此认定双方之间的关系属股权代持关系，而应认定双方之间系委托投资合同关系。[2]

两个涉及保险公司的股权纠纷，一个是为了规避20%的规定，一个是为了规避境外股东投资比例25%的限制性规定。目标公司均为股份公司，不适用《公司法解释三》中股权代持的规定。在"鸿元公司与博智公司案"中，由于规章与行政审批的限制，不可能将股权过户到博智自己的名下。如果认定系股权代持，反而是非法的，但是如果认定系委托投资合同关系，则是合法有效的。鸿元公司与博智公司的代持协议发生在2005年，根据2004年6月15日起施行的《保险公司管理规定》（保监会令［2004］3号）第42条的规定：

---

［1］ 参见中华人民共和国最高人民法院［2013］民四终字第20号民事判决书。
［2］ 参见中华人民共和国最高人民法院［2015］民申字第136号民事裁定书。

"向保险公司投资入股的企业法人应当符合下列条件：……（二）投资资金来源合法，且经营状况良好"，当时并没有要求资金属于自有资金，只规定投资资金来源合法。该《规定》于2009年10月1日废止。2010年6月10日施行的《保险公司股权管理办法》（保监会令［2010］6号）第7条规定："股东应当以来源合法的自有资金向保险公司投资，不得用银行贷款及其他形式的非自有资金向保险公司投资。"第8条规定："任何单位或者个人不得委托他人或者接受他人委托持有保险公司的股权，中国保监会另有规定的除外。"如果股权代持协议发生在2010年6月10日之后，保监会要求股东以自有资金投资入股，委托投资关系能否再获得合法性评价，就会产生疑问了。

笔者认为，在"鸿元公司与博智公司案"中，二审法院运用了无效民事行为转换制度。无效民事行为转换是在某项无效民事行为符合另一民事法律行为成立要件的情况下，依法确认其成立后一民事法律行为的过程。如果按照股权代持法律关系，因为该股权代持规避了境外股东投资比例的限制的规定，很可能因为合法形式掩盖非法目的、损害社会公共利益、损害金融管理秩序的理由被认定为无效。但是如果将其转换为委托投资关系，则属于合法的民事行为。股权代持法律关系和委托投资法律关系之间的区别在于：在股权代持法律关系之中，委托方可以要求在一定的条件下将股权登记到自己的名下，然而在委托投资法律关系之中，委托方不享有此权利，只能根据委托投资协议的内容，收取投资收益，不涉及委托人转变为股东的身份变化。将股权代持认定为委托投资，这种转换属于解释转换，即"在处于缺少法律有关规定的状态时，法官按照行为人作出原法律行为时可推断出的意思，把原法律行为转换成某个可发生法律效力的替代行为"。[1]

这个案件给我们一种思路，若股权代持违法，可以改造成为委托投资关系。这样在效果类似的情况下，合法性将大为提高。

---

［1］ 张晨希："无效法律行为转换制度研究"，烟台大学2017年硕士学位论文。

3. 违反外资监管

前文所举的"华懋公司与中小企业公司案""鸿元公司与博智公司案"虽均违反了我国外资监管的规定，但是法院并没有以其违反了外资监管为由认定股权代持无效，而是以其违反了金融、保险的监管规定为由将相关的股权代持认定无效。对于涉及外资监管的股权代持案件，法院持宽松的态度，大多数从形式上进行审查，并没有采取"穿透式"方法考虑股权代持对外资监管制度是否造成了实质性的破坏。

（1）原告黄某洲与被告黄某福（NGPENGHOCK）其他与公司纠纷一案。上海亚瀚船舶代理有限公司（以下简称"亚瀚公司"）成立于2004年10月13日，为中外合资企业，根据《外商投资产业指导目录》的规定，其所属的船舶代理行业属于限制外商投资行业。亚瀚公司股权结构为三海公司持股51%，JOHNASIA SHIPPING（S）PTE. LTD.（亚瀚船务有限公司）持股49%。经过一系列股权变动，原告黄某洲持有三海公司20%股权，万某方持有10%股权，项某兰持股45%、KHOOLAYLAY持股25%。可见，项某兰和KHOOLAYLAY合计持有70%股权，黄某洲与万某文所持有的合计30%的股权系代黄某福持有。原告认为：被告与其之间的代持协议违反了国家强制性规定，以合法形式掩盖了被告的非法目的，应属无效。因为亚瀚公司所属的船舶代理行业为我国《外商投资产业指导目录》中的限制外商投资行业，明确规定应由中方控股，现被告为规避外商准入政策，采用股权代持形式完全控制亚瀚公司的中方股东三海公司，应当认定其无效。

一审法院认为：原、被告之间的代持股协议所涉目标公司为三海公司，三海公司对外投资的亚瀚公司的经营范围确实属于限制外商投资类领域，须中方控股，但是目标公司即三海公司的经营范围并不属于限制外商投资类领域。原、被告之间约定由原告代被告持有三海公司股权系双方当事人的真实意思表示，三海公司的内部代持股协议并未使亚瀚公司对外在工商登记的股权结构发生变化。因原、被告之间的内部代持股协议并不会必然导致两者之外其他法律关系的变化，双方之间的代持股协议不存在违反法律、行政法规的强制性规定及以合法形式掩盖非法目的的情形,故对原告要求确认代持股协议无效的主张不予支持。[1]

（2）上诉人刘某立与被上诉人资某非、被上诉人天津市宝兴体育设施有限公司（以下简称"宝兴公司"）股东资格确认纠纷一案。资某非为宝兴公司实际投资人,宝兴公司全部注册资本实际均由其出资。刘某立代资某非持有13.2%的股权,因资某非为香港特别行政区居民,按照规定无法在内地设立具备"体育场地设施工程专业承包三级资质"的公司。

一审法院认为：第一,依据《公司法解释三》第25条第1款[2]和《最高人民法院关于审理外商投资企业纠纷案件若干问题的规定（一）》第15条第1款[3],2011年2月24日资某非与刘某立签署的《声明》所确认的双方之间的委托投资关系有效,双方应按《声明》的内容履行。第二,关于资某非要求确认其享有登记在刘某立名下的宝兴公司13.2%股权的问题。资某非为香港特别行政区居民,其在内地投资设立企业,应遵循内地的特别规定,履行批准手续。依据《最高人民法院关于审理外商投资企业纠纷案件若干问题的规定（一）》第14条[4],资某非虽为宝兴公司的实际投资

---

[1] 参见上海市浦东新区人民法院［2016］沪0115民初75819号民事判决书。

[2] 2014年修订的《公司法解释三》第25条第1款的内容为"名义股东将登记于其名下的股权转让、质押或者以其他方式处分,实际出资人以其对于股权享有实际权利为由,请求认定处分股权行为无效的,人民法院可以参照物权法第一百零六条的规定处理。"修订前的《公司法解释三》第25条第1款的内容为："有限责任公司的实际出资人与名义出资人订立合同,约定由实际出资人出资并享有投资权益,以名义出资人为名义股东,实际出资人与名义股东对该合同效力发生争议的,如无合同法第五十二条规定的情形,人民法院应当认定该合同有效。"疑一审法院误用了修订前的《公司法解释三》的版本,相关内容修订后成为《公司法解释三》第24条第1款的内容。

[3] 该条款的内容为："合同约定一方实际投资、另一方作为外商投资企业名义股东,不具有法律、行政法规规定的无效情形的,人民法院应认定该合同有效。一方当事人仅以未经外商投资企业审批机关批准为由主张该合同无效或者未生效的,人民法院不予支持。"

[4] 该条规定的内容为："当事人之间约定一方实际投资、另一方作为外商投资企业名义股东,实际投资者请求确认其在外商投资企业中的股东身份或者请求变更外商投资企业股东的,人民法院不予支持。同时具备以下条件的除外：（一）实际投资者已经实际投资；（二）名义股东以外的其他股东认可实际投资者的股东身份；（三）人民法院或当事人在诉讼期间就将实际投资者变更为股东征得了外商投资企业审批机关的同意。"

人,但确认其持有宝兴公司13.2%的股权亦应履行审批。因此,对资某非主张其享有登记在刘某立名下的宝兴公司13.2%的股权的诉讼请求不予支持。

二审法院认为:关于刘某立主张资某非为香港特别行政区居民,无法在内地设立具备"体育场地设施工程专业承包三级资质"的公司的问题。根据内地相关法律规定,资某非作为香港特别行政区居民确实无法成为具备该资质公司的股东,但其能否成为公司股东与其是否为公司的实际出资人系两个不同的法律关系。资某非虽无法取得宝兴公司股东资格,但并不影响其实际出资人地位的认定。[1]

在股权代持案件的审理中,法院已经意识到股权归属关系与实际出资关系是两个不同的法律问题,法律虽限制某些外商投资主体成为股东,但是并不一定限制其成为实际出资人。

(3)原告张某清与被告林某雄、第三人南京长虹机动车驾驶员培训有限公司(以下简称"长虹公司")、张某宝、李某成合同纠纷一案。2002年6月1日和7月1日,林某雄(甲方)分别与张某宝、李某成(乙方)签订一份协议书,约定:为设立长虹公司,由林某雄出资购买长虹驾校改制为长虹公司,其中60%的股权委请张某宝的名义代表登记及担任法定代表人,40%的股权委请李某成的名义代表登记。长虹公司股东的权利及义务全部归林某雄(林某雄有权出让),与张某宝、李某成无关。2002年7月2日,长虹公司设立。公司注册资本10万元,登记股东与股权比例如以上所约。2005年6月28日,林某雄(甲方)与张某清(乙方)签订股权转让协议,约定:甲方同意将其长虹公司10%的股权转让给乙方;股权折合人民币30万元。股权转让协议签订后,张某清向林某雄支付了股权转让款30万元,并以长虹公司股东身份出席公司股东会议。张某清和林某雄均为我国台湾地区居民。

一审法院认为:外商投资企业需经审批机关批准才能生效的合同是指设立、变更外商投资企业的相关合同,而林某雄作为长虹公

---

[1] 参见天津市高级人民法院[2015]津民终42号民事判决书。2015年1月1日施行的《建筑业企业资质标准》,取消了体育场地设施工程专业承包企业资质等级标准。

司的实际出资人与名义股东张某宝、李某成之间关于代持股等相互权利义务的约定，与设立、变更外商投资企业的合同不同，代持股行为不会必然导致两者之外其他法律关系的变更，该代持股协议与一般民事法律行为所达成的合约无本质区别，法律和行政法规对该种协议也无报批的要求。长虹公司经营所涉的驾驶员培训行业不属于当时《外商投资产业指导目录》中限制和禁止外商投资进入的行业，未违反我国法律、法规的强制性规定，股权代持协议应属有效，对协议当事人具有约束力。[1]

一般来说，如果股权代持的公司属于《外商投资产业指导目录》中禁止外商投资的行业，股权代持协议应当是无效的，如果属于限制外商投资的行业，则并非无效。

（4）上诉人吴某东、陈某毅、吴某颜与被上诉人罗某林及原审第三人李某兰股东出资纠纷一案。2005年4月11日，嘉盈公司通过了公司章程，吴某东、陈某毅、吴某颜及李某兰作为公司股东在章程上签名。2005年5月7日，罗某林作为丙方与吴某东作为甲方、陈某毅作为乙方、吴某颜作为丁方四方签订《股东协议书》，约定：甲方、乙方、丙方、丁方分别占嘉盈公司股份35%、30%、25%、10%。各方知悉并确认：在工商部门登记的股东李某兰只是名义股东，实际出资人和股东是罗某林，罗某林行使股东权利，享有股东权益并承担投资风险，李某兰不能行使股东权利、不享有股东权益也不承担投资风险。同日，罗某林与李某兰签订《确认书》，确认李某兰同意罗某林以李某兰的名义持股，与吴某东、陈某毅、吴某颜共同设立嘉盈公司。吴某东、陈某毅、吴某颜在该《确认书》上签名确认。罗某林是香港特别行政区居民。

一审法院认为：关于《股东协议书》的效力问题。该合同由罗某林与吴某东、陈某毅、吴某颜签订，各股东均确认罗某林为嘉盈公司的实际出资人，由罗某林行使股东权利、享有股东权益并承担投资风险等，故该协议是罗某林与吴某东、陈某毅、吴某颜的真实意思表示，内容没有违反我国法律、行政法规的强制性规定，该合

---

[1] 参见江苏省南京市中级人民法院［2011］宁商外初字第16号民事判决书。

同应为合法有效。

二审法院认为：关于《股东协议书》的效力，吴某东、陈某毅、吴某颜与罗某林在2005年5月7日签订《股东协议书》，该协议书系各方当事人的真实意思表示，内容没有违反法律、行政法规的强制性规定，依法应认定有效。罗某林与吴某东、陈某毅、吴某颜签订的《股东协议书》仅是嘉盈公司内部股东增资协议，该《股东协议书》并不因此改变嘉盈公司的公司性质。嘉盈公司的登记股东仍为吴某东、陈某毅、吴某颜和李某兰，企业性质仍为内资有限责任公司。吴某东认为罗某林以外商身份投资国内房地产违反法律规定，因李某兰代罗某林持股嘉盈公司开发房地产项目，法律、法规对以此种形式投资房地产项目没有禁止性规定因此其认为协议无效的理由缺乏法律依据。[1]

再审法院认为：本案中嘉盈公司为内资企业。各方当事人均认可罗某林系嘉盈公司的隐名股东。罗某林与嘉盈公司的其他股东吴某东、陈某毅、吴某颜就嘉盈公司的增资事宜签订《股东协议书》，并不因此将嘉盈公司的企业性质变更为外商投资企业。《股东协议书》并非中外合资或者合作经营企业合同，无需报经外商投资企业审批机关批准。该协议是各方当事人的真实意思表示，并不违反我国法律、行政法规的规定，应当认定有效。[2]

在外商投资领域，如果让实际出资人显名，很可能会影响外商投资的政策或者对企业的监管，所以如果未履行一定的手续，法院不会判决外商投资者显名，但是对于外商投资者的合法投资权益，法院仍然会依法进行保护。

4. 违反上市公司监管

在证券市场，上市公司的股权代持依然属于禁区。证监会对上市公司股权代持的态度非常严厉，规定上市之前，必须对股权代持进行清理。如果发现有代持现象，根据《上市公司证券发行管理办法》第66条的规定"上市公司提供的申请文件中有虚假记载、误导

---

[1] 参见广东省高级人民法院［2014］粤高法民四终字第15号民事判决书。
[2] 参见中华人民共和国最高人民法院［2015］民申字第2572号民事裁定书。

性陈述或重大遗漏的,中国证监会可作出终止审查决定,并在36个月内不再受理该公司的公开发行证券申请"进行处理。因为股权代持对上市公司有巨大的负面影响,因此股权代持一直暗流涌动,没有走进人们的视野,更罕为形成诉讼。2017年7月,上交所对文峰股份及其实际控制人徐某龙公开谴责,并对副董事长陈某林等12人进行通报批评。起因在于2014年12月22日文峰集团(文峰股份的股东)与陆某敏签署了《文峰大世界连锁发展股份有限公司股份转让协议书》,将持有的1.1亿股文峰股份无限售流通股(占上市公司总股本的14.88%)转让给陆某敏,转让价款为8.64亿元。该转让实际为陆某敏代文峰集团持股。文峰集团、陆某敏未如实披露股份代持的事项。文峰股份在后续临时公告和定期报告中,亦均未如实披露该代持事宜,直至2015年12月18日,相关方在收到中国证监会的《调查通知书》后,才对上述事项进行了披露。[1]

对于上市公司股权代持的诉讼案件,还是比较少见,江苏有一个不甚典型的案例:上诉人江苏沙钢股份有限公司(以下简称"沙钢股份公司")与被上诉人侯某方,原审被告姜某南,原审第三人中国高新投资集团有限公司、张家港市杨舍镇资产经营公司、薛建青等侵权责任纠纷一案。该案中沙钢股份公司认为,侯某方等25人通过姜某南委托投资的对象是上市公司,而根据中国证券监督管理委员会于2006年5月发布的《首次公开发行股票并上市管理办法》第13条关于"发行人的股权清晰,控股股东和受控股股东、实际控制人支配的股东持有的发行人股份不存在重大权属纠纷"的规定,如果存在代持股行为则属于股权处于不清晰状态,即违反了上述规定,因此,案涉《委托投资协议》应为无效。一审法院认为:侯某方等25人与姜某南签订的《委托投资协议》不存在《合同法》第52条规定的无效情形,应为合法有效。二审法院认为:案涉《委托投资协议》签订于2001年9月,此时高新张铜公司的前身高新张铜金属材料有限公司尚处于股份制改造过程中,而高新张铜公司的股

---

[1] "文峰股份隐瞒股东代持情况 公司及实际控制人被公开谴责",载http://stock.hexun.com/2017-07-31/190262046.html,2018年6月20日最后访问。

票于 2006 年 10 月才获准在深圳证券交易所上市交易，故《首次公开发行股票并上市管理办法》不应适用于数年前签订的协议的效力认定，况且该办法为部门规章而非法律或者行政法规，故沙钢股份公司依据该办法主张案涉《委托投资协议》无效的上诉理由不能成立。姜某南和侯某方等 25 人对于委托投资的事实均无异议，且该协议已经实际履行，故案涉《委托投资协议》可以证明姜某南出资 540 万元受让高新张铜公司 5% 股权时有 4 395 600 元实际系由侯某方等 25 人出资，就该部分出资款项下的股权收益应由实际出资人侯某方等 25 人享有。〔1〕从二审法院的判词来看，《首次公开发行股票并上市管理办法》的效力层级较低，不能作为认定股权代持协议无效的依据。

2018 年 3 月最高人民法院的一份裁定，是处理上市公司股权代持案件的典范，相关案件就是再审申请人杨某国与被申请人林某坤、常州亚玛顿股份有限公司（以下简称"亚玛顿公司"）股权转让纠纷一案。最高人民法院认为：杨某国与林某坤签订的本案《委托投资协议书》及《协议书》，从形式上看为双方之间的股权转让协议，但协议签订于亚玛顿公司上市之前，且双方签订协议的基础是亚玛顿公司上市之后对于股权转让的事实不予披露，双方交易的股权不予过户，该股权仍以林某坤名义持有，并由杨某国与林某坤按比例共享公司上市后的股权收益；结合亚玛顿公司于本案双方协议之后的上市事实，以及亚玛顿公司上市后林某坤仍持有股权，并代行股东权利等基本特征，本案以上协议实质构成上市公司股权的隐名代持。因此，本案诉争协议的性质并非一般股权转让，而是属于上市公司股权的代持。

最高人民法院认为：关于协议的效力，诉争协议即为上市公司股权代持协议，对于其效力的认定则应当根据上市公司监管相关法律法规以及《合同法》等规定综合予以判定。首先，中国证券监督管理委员会于 2006 年 5 月 17 日颁布的《首次公开发行股票并上市管理办法》第 13 条规定："发行人的股权清晰，控股股东和受控股

---

〔1〕 参见江苏省高级人民法院〔2015〕苏商终字第 00437 号民事判决书。

股东、实际控制人支配的股东持有的发行人股份不存在重大权属纠纷。"《证券法》第12条规定:"设立股份有限公司公开发行股票,应当符合《中华人民共和国公司法》规定的条件和经国务院批准的国务院证券监督管理机构规定的其他条件。"第63条规定:"发行人、上市公司依法披露的信息,必须真实、准确、完整,不得有虚假记载、误导性陈述或者重大遗漏。"中国证券监督管理委员会于2007年1月30日颁布的《上市公司信息披露管理办法》第3条规定:"发行人、上市公司的董事、监事、高级管理人员应当忠实、勤勉地履行职责,保证披露信息的真实、准确、完整、及时、公平。"根据上述规定等可以看出,公司上市发行人必须股权清晰,且股份不存在重大权属纠纷,并且公司上市需遵守如实披露的义务,披露的信息必须真实、准确、完整,这是证券行业监管的基本要求,也是证券行业的基本共识。由此可见,上市公司发行人必须真实,并不允许其在发行过程中隐匿真实股东,否则公司股票不得上市发行,通俗而言,即上市公司股权不得隐名代持。本案之中,在亚玛顿公司上市前,林某坤代杨某国持有股份,以林某坤名义参与公司上市发行,实际隐瞒了真实股东或投资人身份,违反了发行人如实披露义务,为上述规定明令禁止。其次,中国证督会根据《证券法》授权对证券行业进行监督管理,是为保护广大非特定投资者的合法权益。要求拟上市公司股权必须清晰,约束上市公司不得隐名代持股权,系对上市公司监管的基本要求,否则如上市公司真实股东都不清晰的话,其他对于上市公司系列信息披露要求、关联交易审查、高管人员任职回避等监管举措必然落空,必然损害到广大非特定投资者的合法权益,从而损害到资本市场基本交易秩序与基本交易安全,损害到金融安全与社会稳定,从而损害到社会公共利益。据此,根据《合同法》第52条规定:"有下列情形之一的,合同无效:(一)一方以欺诈、胁迫的手段订立合同,损害国家利益;(二)恶意串通,损害国家、集体或者第三人利益;(三)以合法形式掩盖非法目的;(四)损害社会公共利益;(五)违反法律、行政法规的强制性规定。"本案杨某国与林某坤签订的《委托投资协议书》与《协议书》,明显违反公司上市系列监管规定,而这些规定有些属于法律明确应予遵循之规定，有些虽属于部门规章性质，但因经法律授权且与法律并不冲突，属于证券行业监管基本要求与业内共识，并对广大非特定投资人利益构成重要保障，对社会公共利益亦为必要保障所在，故依据《合同法》第52条第（四）项等规定，本案上述诉争协议应认定为无效。

最高人民法院还认为：关于杨某国请求股权过户的主张能否得到支持。《合同法》第58条规定："合同无效或者被撤销后，因该合同取得的财产，应当予以返还；不能返还或者没有必要返还的，应当折价补偿。有过错的一方应当赔偿对方因此所受到的损失，双方都有过错的，应当各自承担相应的责任。"鉴于诉争《委托投资协议书》及《协议书》应认定为无效，而本案中杨某国系依据协议有效主张其股权归属，原审判决亦判定协议有效并履行，由此需向杨某国作出释明后征询其诉求意愿。并且，本案中双方协议因涉及上市公司隐名持股而无效，但这并不意味着否认杨某国与林某坤之间委托投资关系的效力，更不意味着否认双方之间委托投资的事实；同样，也不意味着否认林某坤依法持有上市公司股权的效力，更不意味着否认林某坤与亚玛顿公司股东之间围绕公司上市及其运行所实施的一系列行为之效力。据此，因本案双方协议虽认定为无效，但属于"不能返还或者没有必要返还的"情形，故对杨某国要求将诉争股权过户至其名下的请求难以支持，但杨某国可依进一步查明事实所对应的股权数量请求公平分割相关委托投资利益。[1]

本案中最高人民法院的思路与"天策公司与伟杰公司案"的思路有异曲同工之妙。从股权代持违反证监会的规章开始展开论证，环环相扣，论证了违反上市公司监管制度的股权代持协议损害了金融安全与社会稳定，从而损害到社会公共利益。因此，协议应当无效。本案还吸收了"鸿元公司与博智公司案"的法律智慧，区分了股权归属关系和委托投资关系两个层面的法律关系，在股权代持协议无效的情况下，并不否认委托投资关系的法律效力，当事人仍然可以依委托投资关系来主张自己的权益。这种处理，仍然符合前文

---

[1] 参见中华人民共和国最高人民法院［2017］最高法民申2454号民事裁定书。

中笔者所主张的无效民事行为转换的观点。西方资本市场普遍遵循"披露即合规"的原则,但是在我国目前强化资本市场监管的理念之下,上市公司的股权代持问题在短期内不会合法化,其替代的解决方式是给予委托投资关系合法性的评价。

5. 穿透式监管对股权代持的影响

2017年2月中国人民银行时任行长周小川提出金融监管要进行穿透式监管。2017年4月中共中央政治局召开会议,会议要求"要高度重视防控金融风险,加强监管协调,加强金融服务实体经济,加大惩处违规违法行为工作力度"。穿透式监管作为一种监管理念和监管方法,将逐渐应用于广义的金融领域。所谓穿透式监管,是指"透过金融产品的表面形态,看清金融业务和行为的实质,将资金来源、中间环节与最终投向穿透链接起来,按照'实质重于形式'的原则甄别金融业务和行为的性质,根据产品功能、业务性质和法律属性明确监管主体和适用规则,对金融机构的业务和行为实施全流程监管"。[1]2018年1月5日公布并实施的《商业银行股权管理暂行办法》第10条规定:"商业银行股东应当严格按照法律法规和银监会规定履行出资义务。商业银行股东应当使用自有资金入股商业银行,且确保资金来源合法,不得以委托资金、债务资金等非自有资金入股,法律法规另有规定的除外。"第12条规定:"商业银行股东不得委托他人或接受他人委托持有商业银行股权。商业银行主要股东应当逐层说明其股权结构直至实际控制人、最终受益人,以及其与其他股东的关联关系或者一致行动关系。"第29条规定:"商业银行应当加强对股东资质的审查,对主要股东及其控股股东、实际控制人、关联方、一致行动人、最终受益人信息进行核实并掌握其变动情况,就股东对商业银行经营管理的影响进行判断,依法及时、准确、完整地报告或披露相关信息。"所谓的最终受益人,是指实际享有商业银行股权收益的人。第48条规定:"商业银行股东或其控股股东、实际控制人、关联方、一致行动人、最终受益人等存在下

---

[1] 辛积金等:"国际'穿透式'监管理论的发展和实践对我国的启示",载《西部金融》2018年第2期。

列情形，造成商业银行违反审慎经营规则的，银监会或其派出机构根据《中华人民共和国银行业监督管理法》第三十七条规定，可以责令商业银行控股股东转让股权；限制商业银行股东参与经营管理的相关权利，包括股东大会召开请求权、表决权、提名权、提案权、处分权等：……（二）违规使用委托资金、债务资金或其他非自有资金投资入股的；（三）违规进行股权代持的……"从以上规定可以看出，监管机构禁止商业银行股权的违规代持，并规定了法律后果以及穿透式的监管方法。[1] 商业银行的股东必须逐层披露其股权结构直至实际控制人和最终受益人，还必须要保证其资金系合法的自有资金，不允许委托资金和债务资金以及其他资金作为合法的出资方式。商业银行股权的代持协议应当被认定无效，股东与投资人之间的委托投资关系，由于违反了入股资金来源的规定，也应当被认定无效。"华懋公司与中小企业公司案"，并没有像"鸿元公司与博智公司案""杨某国与林某坤、亚玛顿公司案"那样区分股权归属关系与委托投资关系，其背后大有深意，值得好好研究。

2018年4月10日修订后的《保险公司股权管理办法》开始施行，该《办法》第31条规定："投资人不得委托他人或者接受他人委托持有保险公司股权。"第32条规定："投资人取得保险公司股权，应当使用来源合法的自有资金。中国保监会另有规定的除外。本办法所称自有资金以净资产为限。投资人不得通过设立持股机构、转让股权预期收益权等方式变相规避自有资金监管规定。根据穿透式监管和实质重于形式原则，中国保监会可以对自有资金来源向上

---

[1] 2018年1月5日银监会有关部门负责人就《商业银行股权管理暂行办法》答记者问时，有记者问：《商业银行股权管理暂行办法》在穿透监管方面有哪些举措？负责人答：建立健全了从股东、商业银行到监管部门的"三位一体"的穿透监管框架。股东方面，《办法》要求主要股东应向商业银行和监管部门逐层说明股权结构直至实际控制人、最终受益人，以及其与其他股东的关联关系或一致行动人关系；存在虚假陈述、隐瞒的股东将可能被限制股东权利。商业银行方面，《办法》要求其加强对股东资质的审查，应对主要股东及其控股股东、实际控制人、关联方、一致行动人、最终受益人信息进行核实并掌握其变动情况；未履行穿透审查职责的，要承担相应的法律责任。监管部门方面，《办法》要求将股东及其关联方、一致行动人的持股比例合并计算；监管部门有权对股东的关联方、一致行动人、实际控制人及最终受益人进行认定；对隐瞒不报或提供虚假材料的股东，有权采取监管措施，限制相关股东权利。

追溯认定。"第82条规定:"保险公司股东或者相关当事人违反本办法规定的,中国保监会可以采取以下监管措施:……(四)依法责令其转让或者拍卖其所持股权。股权转让完成前,限制其股东权利。限期未完成转让的,由符合中国保监会相关要求的投资人按照评估价格受让股权……"《保险公司股权管理办法》规定投资人以自有资金投资,且根据"实质重于形式"的原则来认定自有资金的来源。

目前,保监会正在加强保险公司股权监管,并实行穿透式监管。保监会将"穿透资金来源,加强入股资金真实性审查;穿透股东资质,加强投资人背景、资质和关联关系穿透性审查;同时,对经营模式和经营业务进行严格监管"。[1]2018年初,保监会对长安责任保险股份有限公司(以下简称"长安保险")下发撤销行政许可决定书,撤销其涉及股东违规代持的股权。长安保险的股东泰山金建公司在2012年申请对长安保险增资时,自己认购长安保险新增股份10 500万股,又委托南通化工公司认购代持5000万股份。实际认购股款由第三方荣信公司承担,泰山金建公司将收益权转让给荣信公司。据此,保监会撤销了2012年6月29日作出的泰山金建担保有限公司增资10 500万股的许可。[2]"鸿元公司与博智公司案"基于当时的法律规定,法院认定委托投资关系合法,但是随着对保险公司股权监管越来越严格,对资金来源进行穿透式审查,如果其资金来源违反规定,委托投资关系也可能被认定无效。大家不可将"鸿元公司与博智公司案"的裁判规则奉为圭臬,最高人民法院有可能会因应股权监管规定的变化,认定保险公司股权之代持背后的委托投资关系无效。显然,穿透式监管将对最高人民法院的部分判决的现有思路提出挑战。

证券市场也在不断强化穿透式监管,证监会表示"针对高杠杆收购行为,将实行穿透式监管和充分的信息披露,让背后真正的利益主体呈现在上市公司、投资者面前,帮助投资者作出合理判断和

---

[1] "保险公司马甲股东出局 畸形发展仍待纠正",载http://www.3news.cn/24hot/2018/0207/239841_ 2.html,2018年7月10日最后访问。

[2] 参见"保险公司马甲股东出局 畸形发展仍待纠正",载http://www.3news.cn/24hot/2018/0207/239841_ 2.html,2018年7月10日最后访问。

理性选择"。[1]期货领域也是如此,2017年12月7日施行的新的《期货公司监督管理办法》对股权问题进行了全面的规定。该《办法》第17条规定:"期货公司变更股权有下列情形之一的,应当经中国证监会批准:(一)变更控股股东、第一大股东;(二)单个股东或者有关联关系的股东持股比例增加到100%;(三)单个股东的持股比例或者有关联关系的股东合计持股比例增加到5%以上,且涉及境外股东的。除前款规定情形外,期货公司单个股东的持股比例或者有关联关系的股东合计持股比例增加到5%以上,应当经期货公司住所地中国证监会派出机构批准。"第18条规定:"期货公司变更股权有本办法第十七条所列情形的,应当具备下列条件:……(二)期货公司与股东之间不存在交叉持股的情形,期货公司不存在为股权受让方提供任何形式财务支持的情形;(三)涉及的股东符合本办法第七条至第十条规定的条件。"以上规定的实施,都依赖于穿透式监管,而为规避以上规定所实施的股权代持行为,也应当被认定无效。

目前,法院对一些资本市场上的股权代持的性质,多数侧重于形式上的审查,对其实质性的审查不足。例如,在一些上市公司、保险公司、外资企业的股权代持中,法院最终认定委托投资关系合法有效。诚然,投资人与股东在法律上是两个不同的概念,可是委托人的身份和股东的身份实质上又相差多少呢?穿透式监管的原则是"实质重于形式",以此来甄别行为的性质。穿透式监管不仅是一种监管方法,还是一种金融监管的理念,随着监管部门监管力度的加强,法院认定合同无效的范围也会受监管政策的影响而扩大,许多违规的股权代持合同及背后的委托投资合同,可能被认定为损害社会公共利益而无效。

(四)其他股东不同意显名的风险

隐名股东显名,需要其他股东半数以上同意。该规定可能是参照《公司法》第71条第2款"股东向股东以外的人转让股权,应当

---

[1] 择远:"股市已经穿透式监管了 银行保险怎么办",载《证券日报》2017年12月8日。

经其他股东过半数同意"的规定,演变而来。就数量而言,"半数以上"或许比"过半数"的数量要少,但是隐名股东显名化的"半数以上"的要求是硬性的,即必须要明示的同意。而股权转让"过半数"则是柔性的,对于沉默的股东或不同意购买的股东,法律上视为同意。所以,"半数以上"的实际难度更大。

在股权代持中,隐名股东通常会处于两种状态:一种是公开、半公开的隐名股东,其他股东知道隐名股东的存在,甚至由隐名股东行使部分管理公司的权利;另一种是隐名股东处于秘密状态,其他股东并不知晓股权代持的事实。考虑到公司的人合性,秘密状态存在的隐名股东显名化的难度更大。公司的股东数量有多有少,在公司股东人数较少的情况下,隐名股东通过沟通,得到他们同意显名化的可能性更大,而当股东人数众多的时候,隐名股东沟通的难度将加大。另外,隐名股东显名化的难度还与公司隐名股东本身的数量有关,一般而言,如果隐名股东的数量越多,考虑到公司的股权结构及内部治理,其显名化的难度越大,反之则难度越小。显名股东将股权转到隐名股东名下,类似于股权转让,但是法律没有规定其他股东的优先购买权,这一点,也可能会导致其他股东不同意隐名股东显名,从而增加显名的难度。

(五) 行使股权的风险

隐名股东不能显名,就不能成为公司的股东,也不能享有股东权利,这已经成为共识。如"法院判决天台大酒店'隐名股东'并非股东案":成都天台大酒店有限责任公司是在2002年由四川省公路机械厂改制后成立的,当时采取由曾某、贾某等48名股东代表持股的形式,其他约900名出资人,作为隐名股东。本案的原告罗某等4人持有公司颁发的股东出资证。后来在公司整体股权转让给宜宾市永竞房地产开发有限公司时,罗某等四人与宜宾市永竞房地产开发有限公司签订《股权转让协议》时发生分歧,因而诉请查阅公司章程、股东会会议记录、董事会会议决议等。

一审法院认为:记载于股东名册的股东,可以依股东名册主张行使股东权利,但罗某等4人实际上属于隐名股东,由于隐名股东不具备股东的法定形式特征,不能确定其股东资格,驳回其诉讼请求。

原告不服，向成都中院提起上诉。二审庭审时，上诉人罗某等4人进一步提供了该公司"关于提议董事会、监事会的通知"、公司股东名单、曾收到的决议表等证据，希望能证明罗某等人均为公司的合法股东。对于罗某等人的证据，法庭虽然认可了其真实性，但认为这并不能证明他们的合法股东身份。

二审法院认为：对于股东资格认定的问题不仅要求符合股东的实质要件，还要符合股东的形式要件。记载于股东名册的股东，可以依此主张行使股东权利，公司应当将股东的姓名或者名称及其出资额向公司登记机关登记。而法律规定的股东的形式特征之一，便是工商部门登记；并且在所有形式特征中，以工商登记的公示性最强。除了贾某等48名记录在该公司股东名册的人属于股东外，还包括罗某等在内的其他约900名出资人实为该公司的隐名出资人，但由于隐名出资人不具备股东的法定形式特征，故不能确定罗某等人的股东资格，因此他们以股东身份要求行使股东知情权，没有法律依据。最后，法院驳回了上诉，维持原判。成都市中院终审判决4人不享有股东知情权，理由是虽然投资者向公司实际出资，但他们并未被记载于公司章程、股东名册或工商登记资料，不具备公司的股东资格，不享有股东享有的知情权。[1]

本案中存在一个特殊的问题，4位隐名股东并没有授权某一个显名股东代持股权。隐名股东与显名股东之间没有书面代持协议，甚至不清楚由谁来代持公司的股权，但是公司一定有内部文件，表明48名显名股东分别是代哪些人持有股权。4位隐名股东起诉行使股东知情权，败诉的结果几乎就是定局。在当时的情况下，如果想要显名化，成为公司股东，也是非常困难的。但是隐名股东要求显名股东以自己的名义行使知情权，然后再向自己汇报的，也许有一线希望。我也思考过这样的一个问题，虽然很多股权代持协议中有显

---

[1] 参见佚名："法院判决：隐名股东不享有股东知情权"，载 http://www.legalinfo.gov.cn/pfkt/content/2009-08/24/content_ 1141557.htm? node=7905，2016年1月1日最后访问。

名股东向隐名股东汇报的约定，但是知情权是股东特有的权利，隐名股东是否有权了解公司的财务信息，会不会侵犯公司的财务秘密权，也是一个值得研究的问题。

（六）股权被处分的风险

股权登记在显名股东名下，显名股东与第三人的关系，按照外观主义的原则处理。隐名股东与显名股东之间的协议，对第三人并没有约束力和对抗效力。如果股权一旦被处分，法院将参照《物权法》第106条的规定处理，即适用善意取得制度。如果股权被处分，隐名股东将在很大程度上丧失成为股东的机会。

（1）再审申请人李某飞与被申请人南京广厦置业（集团）有限公司（以下简称"广厦置业公司"）股东资格确认纠纷一案。再审法院认为：李某飞原系广厦置业公司隐名股东，其股权登记在顾某名下，在广厦公司股权重组时，其自愿选择成为天一公司股东，参与天一公司股东会议，并且委托顾某作为其在天一公司工商登记出资人代表，后顾某将其所持有的广厦置业公司股权全部转让给了天一公司，在顾某不再持有广厦置业公司股权的情况下，李某飞仍然主张其具有广厦置业公司股东资格，没有事实及法律依据。一审与二审法院判决驳回其诉讼请求，符合法律规定。[1]

在上述案例中，股权已经被显名股东转让给其他人，隐名股东失去了成为股东的机会。如果第三人并非善意取得，则股权转让行为无效。当然，认定第三人非善意取得，并不是一件容易的事情。

（2）上诉人梅某霞、梅某、苏州市绅咏饰品绣花工艺有限公司（以下简称"绅咏公司"）与被上诉人傅某麟，原审第三人陈某明股东资格确认纠纷一案。傅某麟委托梅某霞、陈某明持有绅咏公司的股权。梅某霞与梅某系姐弟关系，陈某明将代持的股权转让给了梅某。一审法院认为：首先，基于梅某霞与梅某的姐弟关系，梅某知晓绅咏公司实际投资关系的可能性较大；再次，梅某和陈某明未能提供任何实际支付股权转让对价的凭证。综上不能认定梅某受让股权为善意。对于傅某麟要求确认陈某明向梅某转让股权行为无效

---

[1] 参见江苏省高级人民法院［2014］苏审三商申字第086号民事裁定书。

的诉请，应予支持。二审法院认为：陈某明向梅某转让股权的行为无效。根据《公司法解释三》第 25 条第 1 款的规定，名义股东转让股权，可以参照善意取得的规定。梅某受让股权，并非善意，也不存在合理的价格。[1]

在该案件中，由于显名股东向可能知道代持关系的第三人转让股权，而且第三人也未支付合理对价，所以不适用于善意取得制度，转让行为无效。如果是正常的商业行为，则第三人很可能善意取得股权。

（七）股权被强制执行的风险

股权受损的另一种风险来自第三人的执行申请。如第三人主张显名股东承担责任，法院可以对股权依法执行拍卖、变卖等措施。

例如，上诉人哈尔滨国家粮食交易中心（以下简称"交易中心"）与被上诉人哈尔滨银行股份有限公司科技支行、黑龙江粮油集团有限公司（以下简称"粮油集团"）、黑龙江省大连龙粮贸易总公司（以下简称"龙粮公司"）、中国华粮物流集团北良有限公司执行异议纠纷一案。一审法院认为：关于应否停止对三力期货公司股权的执行问题。根据《公司法》第 33 条第 3 款关于"公司应当将股东的姓名或者名称及其出资额向公司登记机关登记，登记事项发生变更的，应当办理变更登记。未经登记或者变更登记的不得对抗第三人"的规定，依法进行登记的股东，具有对外公示效力。即使登记股东与实质股东（隐名股东）不一致，在未经合法登记或变更之前，登记股东不得以自己非实际出资人或实质股东为由对抗公司外部债权人（即第三人）。公司的实质股东（隐名股东）也不得以此对抗第三人向登记股东主张其名下的财产。本案中，粮油集团和龙粮公司系三力期货公司经工商登记的合法股东，即使交易中心系三力期货公司的实际出资人，在其未进行股东变更登记之前，三力期货公司的股权仍为登记股东粮油集团和龙粮公司的责任财产。故法院对粮油集团和龙粮公司持有的三力期货公司股权采取的执行行为合法，对该股权应予继续执行。

---

[1] 参见江苏省高级人民法院［2016］苏民终 864 号民事判决书。

二审法院认为：依据《公司法》第33条第3款规定，依法进行登记的股东具有对外公示效力，隐名股东在公司对外关系上不具有公示股东的法律地位，其不能以其与显名股东之间的约定为由对抗外部债权人对显名股东主张的正当权利。因此，当显名股东因其未能清偿到期债务而成为被执行人时，其债权人依据工商登记中记载的股权归属，有权向人民法院申请对该股权强制执行……本案中，交易中心是否为三力期货公司的实际出资人，不影响科技支行实现其请求对三力期货公司股权进行强制执行的权利主张。[1]

显名股东的债权人可以对显名股东所持有的股权申请强制执行，江苏也有类似的规定。江苏省高级人民法院《执行异议及执行异议之诉案件审理指南（一）》规定："六、执行异议及执行异议之诉案件的审理规则。1.案外人提出的执行异议案件，原则上进行形式审查以及书面审理，并根据下列情形判断执行标的的权利归属：……（4）股权按照工商行政管理机关的登记和企业信用信息公示系统公示的信息判断"。正如本章开始所总结的规则，显名股东与第三人之间的权利义务关系，适用商事外观主义和公示公信原则处理。

（八）隐名股东的其他风险

1. 显名股东离婚或死亡的风险

显名股东如果离异，股权将可能全部或部分分割给配偶。配偶取得股权后，隐名股东的收益可能减少，对公司的控制程度也会相应减弱。如果显名股东去世，则其继承人一般可以继承股东资格，成为公司的新股东。虽然继承人应当承继股权代持协议的义务，但是难免出现不信任的因素。

2. 税收风险

国家税务总局《关于企业转让上市公司限售股有关所得税问题的公告》（2011年第39号）规定："因股权分置改革造成原由个人出资而由企业代持有的限售股，企业在转让时按以下规定处理：（一）企业转让上述限售股取得的收入，应作为企业应税收入计算纳

---

[1] 参见中华人民共和国最高人民法院［2013］民二终字第111号民事判决书。

税。上述限售股转让收入扣除限售股原值和合理税费后的余额为该限售股转让所得。企业未能提供完整、真实的限售股原值凭证，不能准确计算该限售股原值的，主管税务机关一律按该限售股转让收入的15%，核定为该限售股原值和合理税费。照本条规定完成纳税义务后的限售股转让收入余额转付给实际所有人时不再纳税。（二）依法院判决、裁定等原因，通过证券登记结算公司，企业将其代持的个人限售股直接变更到实际所有人名下的，不视同转让限售股。"该文件只针对企业转让上市公司限售股的情形。有限责任公司中股权代持较多，双重征税的风险依然存在。按照实质课税原则，隐名股东显名化不属于股权转让，不需要交所得税，但是往往因为缺乏充足的证据以说服税务机关按照实质课税，最后不得不交纳所得税。

二、显名股东的风险

显名股东的风险类型较少，但是同样是严峻的。其风险主要如下：①出资的风险；②法人人格否认的风险；③显名股东无法退出的风险；④公司违法经营的风险。

《公司法解释三》第27条的规定："公司债权人以登记于公司登记机关的股东未履行出资义务为由，请求其对公司债务不能清偿的部分在未出资本息范围内承担补充赔偿责任，股东以其仅为名义股东而非实际出资人为由进行抗辩的，人民法院不予支持。名义股东根据前款规定承担赔偿责任后，向实际出资人追偿的，人民法院应予支持。"在股东与公司的法律关系上，出资义务是显名股东的法定义务与约定义务，而出资实应当由隐名股东最终承担。如果隐名股东不履行出资义务，则显名股东需要承担出资义务。这个出资责任的表现形式多种多样，可能会因为债权人的主张，在未出资的部分承担补偿清偿责任，也可能因为公司遭到破产或清算，承担出资加速到期的责任。

显名股东虽然可以在公司当甩手掌柜，但是还可能在公司资本不足的时候，承担公司法人人格否认所带来的连带责任。显名股东的退出风险一般有两个情况，一种情况是公司在进行清算的时候，股东有义务参加清算,在清算未完成时,无法摆脱股东的身份。另外一种情况是隐名股东因各种原因无法显名,导致显名股东无法退出公司。在公司违法经营的时候,很可能给显名股东带来行政与刑事风险,虽然这些风险不是股权代持本身产生的,但是确实是由股权代持所衍生出来的。

第三节 股权代持的风险管理

在股权代持中,要注意以下事项,以管理好股权代持的风险:

(1)股权代持应订立书面的股权代持协议。如果缺少书面代持协议,双方的权利义务将处于口说无凭的状态,其股权代持关系很可能被认定为民间借贷关系。所以签订明确的代持协议,对双方都是一种保护。

(2)在隐名股东向显名股东交付出资款时,应当采取银行转账的方式。如果采取现金交付的方式,一旦隐名股东否认,法院会对现金交付的真实性产生怀疑。另外,在银行转账的时候,应写明款项的用途,例如,某公司出资款、投资款等字样,以与股权代持协议相互印证。

(3)在显名股东的选择方面,尽量避免可能会有特定身份的人员。例如,有些人备考公务员,一旦考取公务员,则不宜继续代持。在受托人的财产和人品方面,尽量选择经济条件较好、人品较好的人担任显名股东。

(4)尽量采取实缴出资的方式,让显名股东无后顾之忧。如果采取认缴出资的方式,也要尽量避免无法承受的高额出资。因为一旦遇到问题,风险是双方都无法承受的。对于确实需要较高注册资本的企业,笔者曾经设计过一个代持结构:甲乙(显名股东)设立一个有限公司,称为A公司,注册资本可以较少,例如10万元。然后由A公司出资1000万元,甲乙出资100万元,共同设立一个B公司,注册资本1100万元。B公司在对外经营中,在合同的首部披露自己的资产情况。这样既可以注册较高的资本额,又可以降低隐名股东及显名股东的风险。由于在订立合同时披露了资产的情况,也可以避免因资本不足而被刺破公司面纱,从而承担连带责任的局面。

(5) 预先征得其他股东显名的同意。因为需要其他股东半数以上同意,才能显名,所以隐名股东可以预先征得其他股东的同意,这样在需要显名化的时候,就随时可以办理手续了。因为显名化的过程相当于股权转让,虽然《公司法解释三》在规定这一问题时并没有规定其他股东的优先购买权,但是为了稳妥起见,也可以要求其他股东放弃优先购买权。

(6) 在制定股权代持协议的条款时,应列明股东权利的行使规则,显名股东应依照隐名股东的指示行使股东权。如果公司召开股东会等会议,显名股东应当提前通知隐名股东。

(7) 为防止显名股东损害隐名股东的利益,还可以由显名股东出具授权委托书,授权隐名股东参加股东会,行使表决权。

(8) 将股权代持改造为其他类型的投资关系,例如,委托投资、股权投资信托关系等。委托投资关系在法律对股东资格有限制的时候,可以实现投资的合法性。关于信托,英美法系存在发达的信托制度。美国的《标准公司法》根据股东是否登记在股东名册上,将股东分为记名股东和实质收益股东。记名股东与公司之间的关系适用劳动法,而实际收益股东与记名股东之间的关系适用信托法。将股权代持改造为股权投资信托,既可以实现投资人隐名的目的,又可以实现信托财产的独立性,避免被第三人申请执行。

(9) 股权代持公证。在这一领域,公证机关抱有谨慎的态度,各地公证机关的认识也不同。有公证员认为公证机关不宜受理股权代持协议公证,理由为:首先,公证文书应与事实一致,而股权代持就是假名出资,公证文书不能"掺假";其次,股权代持协议不符合《公司法》的登记公示原则和商事外观主义;再次,公证机关作为预防纠纷的机构,应当对文书内容进行实质性审查;最后,股权代持问题复杂,公证员难以了解真实情况。[1]但是也有公证员认为:"无论股权代持法律关系处于拟建立、已形成或已发生纠纷的哪一个阶段,公证员均可介入其中,可以运用专业的法律知识和技巧为股

---

〔1〕 陈德强:"公证人眼中的股权代持问题",载《中国公证》2017年第4期。

权代持的相关方提供高水准的公证法律服务。"[1]具体如办理股权代持协议公证、股东会决议公证、股东放弃优先购买权声明书公证等。[2]笔者认为是可以办理股权代持公证的,毕竟股权代持协议和一般的协议一样,除了法律规定的无效情形之外,属于有效合同。虽然股权代持的事实有时难以查清,但是并非所有的股权代持都是事实不明的,因此还是存在办理公证的空间。如果股权代持公证难以办理,也可以办理律师见证,律师见证的要求低于公证的要求,但也是保留证据的一种方式。办理股权代持公证,还可以作为股权代持的证据,要求税务机关按照实质原则进行课税。

无论是股权投资信托,还是股权代持公证,抑或是律师见证,只能有助于解决合法有效的股权代持问题。那些无效的、违法的股权代持,仍然是处于不见光的黑暗世界。

---

[1] 沈洁英:"股权代持法律风险防控及公证介入方式",载《中国公证》2016年第7期。

[2] 参见沈洁英:"股权代持法律风险防控及公证介入方式",载《中国公证》2016年第7期。

第四章 CHAPTER 4
真假股权

本章主要研究股东资格确认纠纷，包含肯定的股东资格确认及否定的股东资格确认。肯定的股东资格确认即当事人要求确认自己具有某公司的股东资格。否定的股东资格确认即为当事人要求确认自己不具有某公司的股东资格。这两类纠纷，在司法实践中数见不鲜，本章将其归纳为确定股东资格与否定股东资格的问题。

第一节　确定股东资格的问题

在法律层面，股东资格应当有明确的认定标准，称之为股东资格认定的法律标准。在操作层面，股东资格需要运用不同的证据来证明，这就涉及认定股东资格的证据标准。法律标准是本源性、第一性的标准，证据标准是派生性、第二性的标准，证据标准必须要围绕法律标准，以证明当事人是否符合本源性的标准从而取得股东资格。法律标准应当是确定的，而证据标准必然是灵活的，不能用一套固定的证据标准来衡量千差万别的案件，运用的时候应结合法官的自由心证来判断当事人是否符合法律标准。如果掺杂使用证据标准与法律标准，就会造成法律标准的模糊性。

一、股东资格认定的法律标准

许多人以为只要投资了公司，就可以取得股东资格成为公司的股东，但是真实的情况并非如此。因股东资格产生的纠纷，其数量也在公司股权纠纷的类型中常年名列第二，数量排名第一的纠纷是股权转让纠纷。股东资格问题一直是公司法实践中的一个难点。《公司法解释三》第22条规定："当事人之间对股权归属发生争议，一方请求人民法院确认其享有股权的，应当证明以下事实之一：（一）已经依法向公司出资或者认缴出资，且不违反法律法规强制性规定；（二）已经受让或者以其他形式继受公司股权，且不违反法律法规强制性规定。"这个规定统一了之前各省对公司股东资格认定方面的不同标准，但是在人们的观念上，并没有能深入领会这一条规定的内容，而是仍然受到此前各种规定的影响。《公司法解释三》的规定是抽象的、本质的、原则性的规定，在掌握具体尺度以及证据的认定方面，各级法官经常倾向于各省法院具体的规定，而忽略本省规定与最高人民法院规定的差异，弱化了《公司法解释三》第22条的指导意义。

《公司法解释三》在法律层面上规定了取得股东资格的两种情况：一是依法出资或认缴出资；二是依法继受（含受让）。当事人只要符合这两种情况的任何一种情况，即可获得股东资格。这种标准，本书认为属于单一性标准。但是各地方法院在确认股东资格时，却往往采用综合性或者多元性的认定标准，这种综合性或者多元性的标准与最高院的规定有一定的出入，在具体层面的把握上，可能会宽严失当。综合性的标准是指法院在认定股东资格的时候，综合各种证据或事实后进行股东资格的认定。多元性的标准指法院根据不同的情况来确定不同的认定标准。这两种现象在许多地方法院的规定中都有所体现。

例如，北京市高级人民法院《关于审理公司纠纷案件若干问题的指导意见（试行）》规定："股东资格是投资人取得和行使股东权利并承担股东义务的基础。依据《公司法》的相关规定，有限责任公司股东资格的确认，涉及实际出资数额、股权转让合同、公司章程、股东名册、出资证明书、工商登记等。确认股东资格应当综合考虑多种因素，在具体案件中对事实证据的审查认定，应当根据当事人具体实施民事行为的真实意思表示，选择确认股东资格的标准。"从北京高院的规定来看，在确认股东资格的时候应"综合考虑多种因素"，采用的标准应为综合性标准。"选择确认股东资格的标准"则意味着股东资格认定标准的多元性。

陕西省高级人民法院民二庭《关于公司纠纷、企业改制、不良资产处置及刑民交叉等民商事疑难问题的处理意见》认为:"我们倾向于认为股东出资证明、股东名册、工商登记均是确认股东资格的重要依据,最终依据哪一标准确认股东资格主要取决于争议当事人的不同而有所区别:对于公司与股东之间发生的股权纠纷,一般应以股东名册作为认定股东资格的依据;对当事人均为股东的,则应侧重审查投资的事实;在第三人对公司股东的认定上,则应主要审查工商登记,因为工商登记对善意第三人具有宣示股东资格的功能,第三人基于对工商登记的依赖作出商业判断。"陕西省高院民二庭《关于审理公司纠纷案件若干问题的意见》第1条规定:"当事人起诉请求确认股东资格的,人民法院应综合审查出资情况、股东名册、公司章程、工商登记、股东会议记录等证据和事实,充分考虑当事人之间是否存在合作设立或经营公司的意思表示,当事人的股东身份是否已被公司或其他股东认可,其是否实际行使股东权利等因素,并据此对股东身份作出认定。对方当事人仅以当事人未被记载于股东名册、公司章程或者工商登记为由,抗辩当事人不具有有限责任公司股东资格的,人民法院不予支持。"从陕西省高院民二庭的观点来看,不同主体之间的股东资格确认纠纷,使用不同的审查标准。这让人不得不产生一种困惑:一个人是否具有股东资格,难道还与纠纷的类型有关?在此种纠纷里是股东,在另外一种纠纷里就不是股东了?另外,陕西省高院民二庭实际上也采取了综合性的标准。它综合考虑当事人的意思、其他股东是否认可、是否行使了股东权利等因素。

在江苏省高级人民法院《关于审理适用公司法案件若干问题的意见(试行)》规定中,区分了四种股东资格争议:①公司或其他股东与第三人发生股东资格争议;②股东之间发生股东资格争议;③股东与公司之间发生股东资格争议;④股权转让人、受让人以及公司之间因股东资格发生争议。在这四种情形下,分别依照不同的法律文件确定股东的资格。[1]

山东省高级人民法院《关于审理公司纠纷案件若干问题的意见（试行）》第 26 条规定："当事人对股东资格发生争议时，人民法院应结合公司章程、股东名册、工商登记、出资情况、出资证明书、是否实际行使股东权利等因素，充分考虑当事人实施民事行为的真实意思表示，综合对股东资格作出认定。"这个意见也规定了综合性的股东资格认定标准。

除此之外，还有法院在实践中从内部关系和外部关系两个方面来确定股东资格。实际上这也是有疑问的，内部和外部关系只是用以确定有关当事人的权利义务，而不应当是确定股东资格的不同标准。

在最高人民法院《公司法解释三》出台之后，对于股东资格的认定，应按照最高院单一性标准来认定，司法实践中所采用的综合性标准或多元性标准，已经不合适。各地方法院的标准，其错误之处在于混淆使用法律标准和证据标准，或者以证据标准代替法律标准，造成了对股东资格认定的僵化理解和错误判断。证据标准本身是围绕法律标准服务的，如果脱离了法律标准，证据标准就因为失去了目标而无所适从。例如，虽然有人被公司登记为公司股东，第三人基于公示公信原则相信其为股东，由此而产生相应的法律后果，

---

[1] 江苏省高级人民法院《关于审理适用公司法案件若干问题的意见（试行）》第 26 条到第 30 条规定："26. 公司或其股东（包括挂名股东、隐名股东和实际股东）与公司以外的第三人就股东资格发生争议的，应根据工商登记文件的记载确定有关当事人的股东资格，但被冒名登记的除外。27. 股东（包括挂名股东、隐名股东和实际股东）之间就股东资格发生争议时，除存在以下两种情形外，应根据工商登记文件的记载确定有关当事人的股东资格：（1）当事人对股东资格有明确约定，且其他股东对隐名者的股东资格予以认可的；（2）根据公司章程的签署、实际出资、出资证明书的持有以及股东权利的实际行使等事实可以作出相反认定的。实际出资并持有出资证明书，且能证明是由于办理注册登记的人的过错致使错误登记或者漏登的，应当认定该出资人有股东资格。28. 股东（包括挂名股东、隐名股东和实际股东）与公司之间就股东资格发生争议的，应根据公司章程、股东名册的记载作出认定，章程、名册未记载但已依约定实际出资并实际以股东身份行使股东权利的，应认定其具有股东资格，并责令当事人依法办理有关登记手续。……30. 股权转让人、受让人以及公司之间因股东资格发生争议的，应根据股东名册的变更登记认定股东资格。公司未办理股东名册变更登记前，受让人实际已参与公司经营管理，行使股东权利的，应认定受让人具有股东资格，并责令公司将受让人记载于股东名册。"

但这只是法律上的一种拟制，只是用于确定法律后果的一种技术性的规定。至于有关主体是否具有股东资格，并没有真正解决。如果某当事人不具有《公司法解释三》第22条规定的情形，即使登记为股东，也不具有股东资格。

股东资格的法律标准，在部分法院仍然没有得到应有的重视。例如：钱某康与江苏新恒通投资集团有限公司（以下简称"新恒通投资公司"）股东资格确认纠纷再审复查与审判监督一案。一审法院认为：本案为有限公司股东资格确认案件，依据《公司法》的相关规定，有限责任公司股东资格的确认，要综合考虑公司章程、工商登记、股东名册、出资证明书等多种因素。法院判决确认当事人享有的股东资格，是公司法意义上的股东资格，是具有对内和对外双重效力的股东资格，判决确认的股东能够享有公司法规定的全部股东权利，承担公司法规定的全部股东义务。仅在公司登记机关进行登记的股东，方有对外效力，可承担公司法规定的全部股东义务。本案中，新恒通投资公司的公司章程和工商登记均没有钱某康持股情况的记载，钱某康为新恒通投资公司出资取得新恒通投资公司发放的《股权证》，是基于其与新恒通投资公司及其他出资人的内部约定，不能对抗第三人，因此，钱某康虽持有《股权证》但并不能成为公司法上的有公示公信效力的股东。《公司法解释三》第25条第3款规定，实际出资人未经公司其他股东半数以上同意，请求公司变更股东、签发出资证明书、记载于股东名册、记载于公司章程并办理公司登记机关登记的，人民法院不予支持。在新恒通投资公司注册股东对于钱某康成为公司股东的意见不明的情况下，钱某康要求办理股权变更登记手续的诉讼请求，法院难以支持。钱某康作为新恒通投资公司的实际出资人虽不能成为新恒通投资公司的注册股东，但他仍可依据其实际出资125 000元的《股权证》及其与新恒通投资公司、其他股东的内部约定，享有相应的投资权益。如果钱某康认为自身权益受到了侵害，可以另行解决。

二审法院认为：个人与公司之间就股东资格发生争议时，应根据公司章程、股东名册的记载作出认定，章程、名册未记载但已依约定实际出资并实际以股东身份行使股东权利的，应认定其具有股东资格。因此，钱某康要求确认其享有新恒通投资公司的股东资格，理应承担相应的举证责任。钱某康未能就其持有的出资 83 850 元股金与分红所得 41 150 股与新恒通投资公司的注册资金之间的关系进行举证，其主张已向新恒通投资公司履行出资义务，理由不能成立。因此，钱某康此后基于股权证上的份额所收到的分红，并非为新恒通投资公司股东所享有的股东收益。所以，钱某康仅凭其持有股权证及收取分红的情况，并不足以证明其已成为新恒通投资公司的股东。

江苏省高院认为：钱某康的申请再审理由不能成立。新恒通投资公司注册资本 3500 万元由当时该公司 9 名股东缴足，其中并不包括钱某康。钱某康所持有的《股权证》形成于 1999 年 4 月 20 日，所持收款收据形成于 2000 年 9 月 6 日，均在新恒通投资公司成立之前且钱某康在本案二审期间及申请再审查期间表示其股东权利并未在新恒通投资公司的登记股东名下，据此，钱某康关于其系新恒通投资公司股东、出资额为 50 万元并应登记为该公司股东的主张，缺乏事实及法律依据。[1]

从该案的处理情况来看，一审法院在《公司法解释三》出台三年之后，仍然采取综合性的标准来认定股东资格，并将股东资格分为对内和对外意义的股东资格。这实际上与最高院的规定相背离，应当是受到了对股东资格认定的地方规定的影响。二审法院的判词，基本上与江苏省高院《关于审理适用公司法案件若干问题的意见（试行）》中第 28 条的内容相同，实质上仍然采取的是多元性的标准，即在不同的情况下按照不同的标准确定股东资格。江苏省高院在复查该案的时候，没有受到地方规定的影响，而是按照最高院的单一性标准进行分析，直接认定当事人没有经过依法出资，所以不能取得股东资格。江苏省高院的思路简洁明了，坚持了认定股东资格的法律标准。

---

[1] 参见江苏省高级人民法院［2016］苏民申 248 号民事裁定书。

二、股东资格认定的证据标准

在英美法系，多采取股东名册主义，股东的名字记载于股东名册，如果没有相反证据，则认定为股东。换言之，如果一个人的名字被记载于股东名册，可以推定为股东。大陆法系认为股东资格的认定需要符合两个要件：一是向公司出资或认缴出资；二是将股东姓名或名称记载在相关文件上。[1]理论上，在大陆法系，成为股东需要实质要件和形式要件。实质要件即出资或认缴出资，形式要件指的是被记载于公司章程、股东名册等文件之上。当然，这是理想的状态，如果一切都是如此规范，就不会引发股东资格纠纷了。现实生活中因为实质与形式的不一致，仍然会引发争议。

（一）证明对象

从《公司法解释三》第22条以及公司法的有关规定来看，在我国取得股东资格需要具备实质要件，而不需要将股东姓名记载于某些文件之形式要件。只需要出资或认缴出资，或者继受股权即可获得股东资格。如果再加个修饰语，那就是"依法"二字。至少从目前法律规定来看，股东资格的取得并没有形式要求，也没有赋予工商登记、公司章程或股东名册在确定股东资格方面实质的意义。《公司法解释三》第22条的规定将股权取得分为两种情形：一种是原始取得，包括在公司设立时取得，以及公司增资时取得，此时出资人应出资或认缴出资；另一种是继受取得，通过转让或承继的方式取得。《公司法解释三》第23条规定："当事人依法履行出资义务或者依法继受取得股权后，公司未根据公司法第三十一条、第三十二条的规定签发出资证明书、记载于股东名册并办理公司登记机关登记，当事人请求公司履行上述义务的，人民法院应予支持。"该条规定更加印证了股东资格的取得不需要形式要件。从该条规定的内容来看，股东先取得股东资格，然后办理各种手续，股东资格也是办理相关手续的请求权基础。出资证明书、股东名册、工商登记等，均应当是股东取得股东资格的证明性文件，而非股东取得股东资格的设权

---

〔1〕 参见施天涛：《公司法论》，法律出版社2006年版，第227~231页。

性文件。换言之，即使股东未取得出资证明书或未被记载于股东名册、公司章程或未被登记于工商材料上，也不能因此而否认其股东资格。综上，确认股东资格的案件，证明对象在于股东资格取得的实质性要件。

在股东资格确认纠纷中，除了需要对基础事实进行证明，还需要对"依法"的事实进行证明。例如，出资如果只有单纯的打款记录，缺少股东会决议或者公司章程支持，则"依法"出资就很难认定，很有可能被法院认定为普通的投资关系。再如，在股权转让时，如果只有股权转让协议，而没有经过股东同意或没有解决优先购买权的问题，很可能不能依法取得股东资格。这些内容也是当事人需要提供证据证明的对象。

（二）证据分类

从实务的角度来看，毕竟要用证据证明当事人获得股东资格的事实，这些证据主要包括出资证明书、股东名册、工商登记文件、股权转让协议等。学术界将证明股权的证据分为三个类型：源泉证据、效力证据、对抗证据。源泉证据也称为基础证据，是股东取得股权的基础法律关系的法律文件。[1]源泉证据与其他证据包括效力证据和对抗证据之间是源与流、因与果、根与枝的关系。[2]

源泉证据包括股东出资证明书、股权转让协议、股权赠予协议、遗产继承文件等。效力证据指的是公司的股东名册，具有推定的效力，如果与源泉证据矛盾，源泉证据可以推翻效力证据。对抗证据指的是工商登记的章程、公司股东工商登记等文件。这类证据具有公示效力，从商事外观主义的角度出发，第三人有理由信赖工商登记的信息，但是即使第三人有理由相信，这些证据也不是确认股东资格的终极依据，仍然可以被推翻。

（三）证据标准的从属性

对股东资格认定的证据标准进行研究，当然具有重要的意义。

---

[1] 参见刘俊海：《新公司法的制度创新：立法争点与解释难点》，法律出版社2006年版，第163~168页。

[2] 朱川："有限责任公司股东资格确认问题研究"，复旦大学2012年博士学位论文。

但是在研究的时候，一定要在法律标准的指引之下，注重研究什么样的证据或证据组合能够证实当事人符合股东资格的法律标准，而不是单纯地在证据之间漫无目的地进行比较，给不同的证据的证明力进行排序，这样很容易僵化证据的证明力，造成违反法律标准的后果。浙江省高级人民法院民事审判第二庭《关于公司法适用若干疑难问题的理解》第6条规定："我们认为，股权的变更登记具有更强的证明力，理由是：（1）在法律上，以登记获得的权利通常都以登记形式转移；（2）出资证明书和股东名册只是公司出具和控制的股权证明形式，易出现不规范和随意行为，不具有登记所具有的公示力和公信力；（3）股权代表着十分重要的财产利益，为防止和减少可能的纷争，有必要规定与不动产转让类似的登记生效或登记对抗要件。"本书并不赞同以上规定，因为脱离法律标准，单纯地比较哪种证据的证明力更强，是没有意义的。部分法院在实际工作中，将工商登记的效力过分扩大，即使股东已经参与公司的经营管理，如果没有进行工商登记，也不认定其股东资格，这实际上已经改变了工商登记的法律性质。

（四）形式要件的建议

股东资格的确认在国外已非难题。例如，2001年《澳大利亚公司法》第168条和169条规定，公司必须配置股东名册，其信息包括股东的姓名、住址和持股情况，否则将导致严格的刑事责任。[1]这也反衬出中国公司法的逻辑性缺陷，即缺少对法律后果的规定。对于公司不设股东名册的行为，笔者从未听说过任何的处罚。澳大利亚公司的股东名册具有推定效力，如果当事人不能推翻股东名册上的记载，则认定股东名册的效力。这种刑事制裁的压力，促使企业配置好股东名册，从而高效地解决股东资格的问题。股东资格纠纷成为常见纠纷，原因之一在于我国法律对股东资格缺少形式要件的规定，建议利用出台司法解释或修改公司法的契机解决这个问题。

---

〔1〕 参见黄辉：《现代公司法比较研究——国际经验及对中国的启示》，清华大学出版社2011年版，第86页。

三、股东资格取得的时间节点

这个问题一直是公司法实践中的现实问题,关于股权取得的时间点,最高人民法院司法解释小组倾向性的意见是:"股东身份确定的实质要求是向公司出资或者认购股份,而股东身份的形式要求则是股东姓名或者名称记载于公司章程或者股东名册。有限公司中,股东取得股权在出资人取得股东资格的法律关系发生之后,以其姓名或名称登记于股东名册为标志。"[1]这个倾向性的意见实际上是增设了股东资格的形式要件,与《公司法解释三》第22条的规定相违背。

结合《公司法解释三》的规定,关于有限公司股东资格的取得时点,笔者观点如下:

(1)在公司设立时,初始股东取得股东资格的时间点为公司设立的时间,即为公司营业执照上的公司成立时间。

(2)对于增资扩股的情形,应当在股东会决议通过增资方案,当事人认缴对应的增资额后,取得股东资格。如果当事人未缴纳出资,相应的后果是进行出资,而非当然不具有股东资格。当然,也可以启动股东除名程序,但是在除名之前,股东仍然具备股东资格。

在增资扩股时,虽然需要修订公司章程,对股东进行登记,但是这种登记并非是确认股东资格及股权的程序,而是股东取得股东资格后理所当然的程序。

(3)股权转让的情形比较复杂,有学者在思考这个问题时,纠结于股权转让合同的履行,认为新股东的股权是在股权转让合同履行的过程中通过交付取得的。而股权转让协议履行的时间比较长,环节比较多,受让方在哪一个环节取得股东资格,成为难以抉择的问题。这种思路以股权交付作为前提,本书认为股权作为无体物,实际上是不需要交付的,履行一些手续,并非股权的交付行为。因此上述思路并不恰当。

---

[1] 最高人民法院民事审判第二庭编:《公司案件审判指导》(增订版),法律出版社2018年版,第322页。

股权转让合同与《合同法》中的合同不尽相同,《合同法》中的合同是古典合同,只涉及当事人双方,而股权转让合同是股权转让的法律行为之一部分,按照规范的做法,股权转让事前需要征求其他股东半数以上同意,且其他股东不行使优先购买权并符合公司章程的规定的,受让人作为新股东,可以介入公司的管理活动之中。公司对股东身份的认可是被动的,只要符合以上程序,受让人当然成为公司的股东。公司股东毕竟与公司之间存在权利义务关系,因此笔者认为应当在解决股权转让的限制之后,公司接到转让人或受让人的通知,或者公司知道或者应当知道以上情形之后,受让人即获得股东资格。山东省高级人民法院《关于审理公司纠纷案件若干问题的意见(试行)》第35条规定:"股权转让合同生效后,受让人的股东资格自转让人或受让人将股权转让事实通知公司之日取得。但股权转让合同对股权的转让有特殊约定,或者股权转让合同无效、被撤销或解除的除外。股东将同一股权多次转让的,人民法院应认定取得工商变更登记的受让人具有股东资格。股东将同一股权多次转让,且均未办理工商登记变更手续的,股权转让通知先到达公司的受让人取得股东资格。"对于这一规定,笔者深表认同。有些法院认为要记载到股东名册,股东才取得股东资格。实际上,股东资格的取得不需要形式要件。如果有些公司压根没有股东名册,或者在股权转让之后,股东名册记载之前发生纠纷,股东资格属于谁呢?鉴于此,笔者非常认同山东高院的规定。另外,如果公司拒绝记载新股东于股东名册,当事人按照规定有权要求公司将自己记载于股东名册之上,在办理这些手续之前,股东已经取得了股东资格。深究起来,这个问题还是与股东资格的形式要件有关。

对于股权转让合同有特殊约定的,笔者认为除了满足上述的条件外,还应当在特殊约定成就之后,当事人才能取得股东资格,其股东资格取得的时间以后一个时间为准。例如,双方约定2018年5月20日转让股权,如果在2018年5月18日,公司接到了一方当事人的通知,此时应当认定在2018年5月20日,受让人即取得股东资格。如果在2018年5月23日公司收到股权转让的通知,则在5月23日,受让人取得股东资格。也许有人认为,公司股权转让,如果其他股东同意并放弃了优先购买权,公司应当是知晓的。其实未必,有些公司的"董监高"不一定是公司的股东,不一定了解股权转让合同的具体内容。

(4) 在承继取得的情况下,时间节点应为当事人承继股权之后,公司接到通知或公司知道或应当知道之日。

部分法院认为股权转让的时候需要一个交付行为,与本书的观点不一致。例如张某与北京高泽科技有限公司(以下简称高泽公司)股东资格确认纠纷一案。一审法院认为:股东资格确认纠纷是指股东与股东之间或者股东与公司之间对股权归属发生争议,请求法院确认股权的纠纷。有限责任公司股东资格的确认,涉及实际出资额、股权转让合同、公司章程、股东名册、出资证明书、工商登记等。在继受方式取得股权的情况下,一方当事人主张其享有股权时,应证明其已受让或者以其他形式继受公司股权,且不违反法律法规强制性规定。确认股东资格应当综合考虑多种因素,遵循当事人具体实施民事行为的真实意思表示。张某应为两份诉争股份转让协议书所约定合同义务的先履行一方。在石某、郭某不认可收到股权转让款,且张某作为合同义务先履行一方,未能提供证据证明其已依约支付股权转让款,或已参与高泽公司的经营决策,实际享有股东权的情况下,两份诉争股份转让协议书并未实际履行,高泽公司、石某、郭某据此主张张某尚未具有高泽公司股东资格的抗辩意见,应予采纳,张某并未实际受让诉争股权。[1]

虽然本案中法院认为股权应当"继受",但是法院也没有明确股东应当如何"继受"股权,在哪个环节取得股东资格。法院将当事人没有参与公司的经营,作为否认其股东资格的理由之一。实际上,是否参与公司的经营决策,属于股东的权利,而非股东的义务。如果股东不行使权利,似乎就没有受让股权,这种思路是不对的。同时也附带提醒一下大家:许多法院都将行使股东权利作为股东资格认定的依据,这虽然在逻辑上有问题,但对行使股东权利确有非常重要的证据意义,所以股东还是要参与公司的经营管理。对于股东

---

[1] 北京市石景山区人民法院[2015]石民(商)初字第5500号民事判决书。

实际参与公司经营管理的行为，相当于通知公司的后果，但是不能说没有参与经营管理，就不能取得股权。对于上述案件，笔者虽然不太认同法院的观点，但是还是认同法院的处理结果。《合同法》第67条规定："当事人互负债务，有先后履行顺序，先履行一方未履行的，后履行一方有权拒绝其履行要求。先履行一方履行债务不符合约定的，后履行一方有权拒绝其相应的履行要求。"因为张某没有支付股权转让款，转让方有权行使先履行抗辩权，张某因此不能取得股东资格。

股东取得股东资格的时间节点问题，在现实中争议很大，笔者的观点，仅供参考。

四、确认股东资格案件败诉的情形

现实中，很多投资者因为投资性质并非属于公司法意义上的股权投资，或者投资违反了法律的规定，在与公司或者第三人发生股东资格纠纷之后得到了败诉的判决，并没有像自己想象的那样取得了公司的股权。现实中的情形特别多，分类难度较大。本书列举下列情形：

（一）投资性质认识错误

例如前文中的钱某康与新恒通投资公司股东资格确认纠纷再审复查与审判监督一案。钱某康在公司内部认股，投资没有计入公司的资本范围，不能构成公司法意义上的股东出资，因此不能取得股东资格。这部分当事人之所以败诉，原因在于对出资含义的理解出现了偏差，认为出钱就是出资。企业发行的内部职工股的种类非常多，有符合公司法要求的股权，也有虚拟股权。虚拟股权可以参与分红，但是没有参与管理的权利。虚拟股权不符合法律上公司的股权规定，要么是没有经过增资环节，要么是没有计入资本，职工一般很难取得股东资格。

投资者没有明确出资的意思表示，常常也是无法取得股权的原因。出资属于投资的一种，但是并非所有的投资都属于出资。出资是根据协议或公司章程，为取得股东资格，而向公司交付财产或履行其他给付义务的行为，属于股权投资。如果投资者没有成为股东的意思，或者意思含糊，很可能无法取得股东资格。投资者虽然投入资金，但是并不记载于公司的章程，也不体现于注册资本，这些投资就不属于出资，投资人只能根据投资合同的约定来主张权利。

职工内部股的种类极多，在一些特殊的情况下，不排除职工取得股东资格。例如，再审申请人余某强与被申请人南京长江石化有限公司（以下简称"长江公司"）股东资格确认纠纷一案。二审法院认为：即便职工持股会解散，依据职工持股会章程第36条的规定应成立清算小组进行清算。根据《公司法解释三》第24条第3款的规定，实际出资人请求公司变更股东、签发出资证明书、记载于股东名册、记载于公司章程并办理公司登记机关登记的，应经公司其他股东半数以上同意，并未设定例外。本案中，余某强未经公司其他股东半数以上同意，要求确认为长江公司股东并办理工商登记手续，缺乏事实与法律根据，不予支持。

再审法院认为：企业内部职工持股会是我国企业产权制度改革过程出现的特殊产物。正如中华全国总工会、对外贸易经济合作部、国家工商行政管理总局《关于外经贸试点企业内部职工持股会登记暂行办法》（总工发［2001］22号）第1条规定："职工持股会是企业内部持股职工的组织，负责管理企业内部职工股份，代表持股职工行使股东权力，履行股东义务，维护持股职工利益。"职工持股会系代表持股职工行使股东权利，真正享有股东权利的是持股职工。本案中，长江公司职工持股会于2004年6月经南京市总工会批准而设立，是企业内部职工持股会。长江公司成立时有77名持股职工，登记时将5名职工登记为股东，其余72名职工成立职工持股会，以职工持股会作为名义股东予以工商登记。长江公司职工持股会没有独立的财产，不具备独立的民事主体资格。因此，虽然《公司法解释三》第24条第3款规定："实际出资人未经公司其他股东半数以上同意，请求公司变更股东登记、签发出资证明书、记载于股东名册、记载于公司章程并办理公司登记机关登记的，人民法院不予支持"，但本案不同于上述司法解释规定的登记股东与实际出资人不一致的情形。上述司法解释规定主要考虑到有限责任公司具有人合性，如果公司原有股东不同意其他民事主体成为公司股东，即使该民事主体向公司实际出资，也不应赋予该民事主体股东身份。而本案系改制设立的企业，由77名改制职工组建，除了职工现金出资外，还包括原企业对该77名改制职工的激励资产，没有该改制职工，长江公司是无法设立的，故长江公司股东不存在人合性障碍，上述司法解释规定在本案中不应予以适用。长江公司对职工持股会的产生、组成是明知且同意的，长江公司出具给余某强等部分职工的预收认股款收据，也能证实持股职工系向长江公司出资，长江公司对此予以接受，代表长江公司认可持股职工身份。随着我国公司登记制度的完善，职工持股会因不具备民事主体资格，无法再登记为公司股东。现长江公司职工持股会会员（即持股职工）作出决议解散职工持股会，要求持股职工登记为公司股东，未违反法律规定以及长江公司章程规定，应予以支持。

长江公司职工持股会章程规定持股会解散的事由及解散后应当进行清算，但该章程系持股会内部会员之间的约定，而非长江公司章程规定，持股会会员可以依法决议修改章程，也有权作出解散持股会的决议。现原批准单位南京市总工会对长江公司职工持股会解散无异议，并予以备案，长江公司无权以职工持股会解散不符合持股会章程规定为由不认可职工持股会解散。一、二审判决以长江公司职工持股会的章程规定为由，未予支持持股职工要求登记为公司股东的诉讼请求，混淆了公司章程与职工持股会章程的概念，没有法律依据。再审法院判决余某强为南京长江石化有限公司股东，享有0.3131%股份（股本金41 204元），长江公司于判决生效后10日内向公司登记机关为余某强办理股权登记手续。[1]

还有当事人将垫付出资错误当作出资的情形。例如，上诉人高某荣与被上诉人江苏淮涟置业有限公司（以下简称"置业公司"）、原审第三人涟水兴涟城建投资发展有限公司（以下简称"投资公司"）股东资格确认纠纷一案。2009年12月27日，高某荣与投资公司、案外人某镇政府签订《投资协议书》，约定：在本协议签订后3日内，高某荣与投资公司共同出资成立置业公司，负责本项目土地

---

[1] 参见江苏省高级人民法院［2016］苏民再435号民事判决书。

摘牌、开发和建设。新公司注册资本 2000 万元。投资公司出资 400 万元，占股权 20%，高某荣出资 1600 万元，占股权 80%，投资公司出资 400 万元由高某荣代为借垫。投资公司享受股份 400 万元，收益分成 30 万元，共计收回 430 万元。

2010 年 9 月 17 日，置业公司、投资公司与案外人某镇政府签订合作协议书，约定依据投资公司、高某荣、某镇政府于 2009 年 12 月 27 日签订的《投资协议书》和投资公司与置业公司于 2010 年 5 月 28 日签订的《合作协议书》的协议，达成如下补充协议：……不管此项目盈亏情况如何，待项目合作结束后，投资公司只得固定收益 30 万元，项目运作盈亏情况及所有债权债务均与某镇政府、投资公司无关……本补充协议与《投资协议书》和《合作协议书》有相抵触的，以本补充协议为准。

一审法院认为：投资公司出资 400 万元由高某荣代为借垫，抵算土地出让金，投资公司享受股份 400 万元，收益分成 30 万元，同时还约定投资公司派人在新公司担任监事，对公司运营进行监管以及负责项目开发、运作等投资义务，双方并未约定高某荣是实际出资人的投资公司只是名义股东，且高某荣也无证据证明其与投资公司另行有此约定。即便按高某荣所述，该 400 万元是其所有，其与投资公司之间就该 400 万元也只是借款关系，出借出资款并不构成向公司出资。最后，从公司表象特征上看，置业公司股东会决议、工商登记均记载投资公司系涉案 400 万元对应的股东，而且投资公司在置业公司成立后也按约派人在置业公司担任监事，参加股东会决议，因此投资公司具备股东的身份特征。对于高某荣主张由于涉案补充协议约定投资公司只得固定收益 30 万元的内容，表明投资公司只是名义出资人。该约定仅系双方对置业公司投资分成的特别约定，并不必然表明第三人系名义出资人。

二审认为：工商登记具有对外公示效力，依据置业公司工商登记所载，本案讼争的置业公司 8% 的股权属于投资公司所有。置业公司成立后，投资公司按照约定派员担任监事、参加股东会议并参与决议，行使股东职责。投资公司系置业公司对外公示的股东。投资公司出资 400 万元由高某荣代为借垫，抵算土地出让金，投资公司享受股份 400 万元，收益分成 30 万元。"借垫"的文义理解应为借款垫付之意。补充协议约定投资公司只得固定收益 30 万元，该约定仅系双方对置业公司投资收益分成的约定，并不涉及股份权属，高某荣以此主张投资公司仅是名义出资人，不予支持。高某荣主张案涉 8% 的置业公司的股权归其所有，证据不足。[1]

此外，高某荣借给另外一个股东 400 万元出资，在高某荣与股东之间形成民间借贷关系。另一个股东将该款项作为出资，投入到公司之中成了公司的股东。高某荣与另外一个股东之间并非股权代持的法律关系，因此也不可能成为实际出资人，要求确认股权归属更无从谈起。将出借当作出资，属于法律性质认识错误。

（二）出资违法

这种情形在诉讼并不多见，但是实际不少。在工商登记这个环节，就避免将违法出资的行为公开登记。出资违法主要存在主体违法，特定主体不能成为出资者。例如，国家机关工作人员，不得进行经营性活动，不能登记为有限公司股东。在现实中，没有公务员会将自己登记为有限公司股东。在出资方式上，有人以劳务或者社会关系进行出资，这种出资本身违反了公司法的规定，不能取得工商登记。现实中存在的问题是有关股东实际上以社会关系、劳务出资，但是在表现形式上是由其他股东赠与他们一部分股权。但如果合作不愉快，股东之间可能因此发生纠纷。尤其是需要办理许可的一些行业，部分人员有社会关系、人脉资源，股东就会"赠与"或"转让"这些人一部分干股，但是股东一旦发现这些人的社会关系没有利用价值，或者没有起到作用，就很可能产生股权纠纷，要求收回股权或者认定赠与股权无效。

（三）已经丧失股东资格

有些当事人在退股之后，也失去了股东资格。例如上诉人朱某波与被上诉人一剪梅集团（淮安）有限责任公司（以下简称"一剪梅公司"）股东资格确认纠纷一案。一剪梅公司在工商局登记的股东名册中的股东分成若干组，每组有一代表，下有若干出资人，股

---

[1] 参见江苏省高级人民法院［2016］苏民终 348 号民事判决书。

东名册中载有朱某波。一剪梅公司于 1994 年 1 月 26 日向朱某波出具出资证明，并将朱某波登记为其股东。2001 年 10 月 31 日一剪梅公司退朱某波股金 15 000 元，现金明细账簿亦反映 2001 年 10 月 30 日退朱某波现金 15 000 元。

一审法院认为：一剪梅公司主张朱某波已退股的抗辩理由成立。二审法院认为：员工将其持有的公司股权交由公司回购并不违反法律、行政法规的禁止性规定，一剪梅公司的章程对此亦未予以限制。原审法院调取的一剪梅公司现金明细账簿、记账凭证内容反映 2001 年 10 月底已经向朱某波退还 15 000 元股金。朱某波提交的出资证明书仅证实其曾经为一剪梅公司的股东，在其无相反证据证实现金明细账簿、记账凭证内容虚假的情形下，其仅依据出资证明书主张股东身份的上诉理由，不能成立。[1]

第二节　否定股东资格的问题

在一些当事人要求确认自己股东资格的时候，另一些当事人却在施展浑身解数，要求法院确认自己不具有股东资格。这些人多数是被冒名登记为股东的人，本书称之为冒名股东，实际应当称之为被冒名人。这些人为了避免风险，撇清责任，采取各种方式力图证明自己并非公司股东。

一、冒名股东产生的原因

近年冒用他人身份进行工商登记的现象日益增加，引发了当事人之间的纠纷，部分纠纷逐渐进入了诉讼领域。有些人莫名其妙成了公司的股东，甚至法定代表人。这一点与股权代持的区别在于，股权代持时隐名股东与显名股东之间有股权代持合同关系，而在冒名股东和真实股东之间，并无股权代持的合意。很多情况下冒名股东甚至不知道自己成了公司股东。

行为人之所以冒用他人名义，通常有以下考虑：一是隐瞒身份；

---

[1] 参见江苏省高级人民法院［2015］苏商终字第 00538 号民事判决书。

二是逃避出资责任；三是从事违法犯罪活动，例如虚开发票等。

近年来，由于公司法及工商登记办法的修改，放宽了对工商登记的审查。部分不法分子利用工商登记形式审查的契机，冒用他人姓名，将他人登记或备案为公司的股东、法定代表人或监事。

社会上有众多工商登记代理机构，受到利益驱动，对于代理公司注册登记的校验和把关不够严格，导致居民身份信息被非法使用，也对冒名登记现象起到了推波助澜的作用。

二、诉讼类型的问题

部分冒名股东启动诉讼程序来维护自己的权益。本书将此类案件统称为公司冒名登记纠纷。为了解决这个问题，冒名股东基于不同的法律关系提出诉讼请求，因而出现了多种诉讼类型。

（一）诉讼类型

冒名股东从诉讼的可行性、诉讼的便利性、诉讼技巧等因素出发，通常考虑提起以下类型的纠纷，以维护自己的合法权益。实务中主要有以下诉讼类型：

1. 姓名权纠纷

姓名权纠纷在冒名登记纠纷中所占比例较少，但是现实中仍然不乏其例。例如南京市六合区人民法院审理的原告朱某鹏诉被告张某宏、被告南京市六合区程桥街道办事处（以下简称"程桥街道"）、第三人南京市六合区市场监督管理局（以下简称"六合市监局"）、第三人何某红、第三人符某章姓名权纠纷一案。在该案件中，被告程桥街道于2010年3月指示其工作人员张某宏，使用原告的身份证向六合市监局申请注册登记帝锋公司、甲腾贸易公司、瀚鸿贸易公司。该三家公司的股东均为原告、第三人何某红和符某章，注册登记文件中原告的姓名均由被告张某宏代签。法院认为：公民的姓名权受法律保护。被告程桥街道利用原告已挂失的身份证注册公司，无证据证明其已取得原告本人授权，且相关注册登记文件中原告的姓名均由他人代签，法院调取的银行交易明细也未显示原告实际进行了出资。因此，本院认定被告程桥街道的行为构成冒名登记，侵犯了原告的姓名权，原告有权要求被告程桥街道赔礼道歉、赔偿损失并支付精神抚慰金。[1]

采取这种方式，理论上简单易行，但是实践中被冒名人采取此种方式的并不多，而且其诉讼请求并不单纯限于姓名权侵权之争，还涉及股东资格或其他身份的认定。法院在审查此类案件时，也会审查原告是否为公司的真实股东。

2. 工商行政登记纠纷

工商行政登记纠纷的案件在冒名登记中占有相当大的比例，根据在裁判文书网上检索的案例粗略估计，40%左右的冒名登记纠纷体现为工商行政登记纠纷。例如，原告朱某纪诉被告武汉市江岸区工商行政管理局（以下简称"江岸工商局"）、第三人武汉常春机电物资有限公司（以下简称"常春机电公司"）工商行政登记纠纷一案。原告朱某纪诉称，2005年8月17日，经被告江岸工商局核准，第三人常春机电公司登记成立为有限责任公司，将朱某纪登记为股东，原告朱某纪系被冒名作为第三人常春机电公司股东进行登记，被告江岸工商局作为公司设立登记的行政管理机关，其登记信息存在错误，请求法院判决撤销被告江岸工商局关于第三人常春机电公司股东的虚假登记。法院认为原告朱某纪起诉被告江岸工商局的工商登记行为发生在2005年8月17日，但其至2016年6月才提起行政诉讼，已经超过了法定的最长起诉期限，因此裁定驳回了原告的起诉。[2] 上诉人（原审原告）张某玉与被上诉人（原审被告）青岛市黄岛区市场监督管理局工商行政登记纠纷一案，青岛市黄岛区市场监督管理局于2006年3月21日作出青工商私核准（设）字第37××××89号《准予设立通知书》，准予龙鑫公司设立登记，上诉人张某玉为该公司股东之一。张某玉认为自己被冒名登记，诉请撤销登记行为。一审法院以超过起诉期间驳回了张某玉的起诉。二审法院也以相同的理由维持了一审裁定。[3]

此类案件，当事人自认为工商登记中的材料虚假，应当撤销工

---

[1] 参见江苏省南京市六合区人民法院 [2015] 六民初字第1000号民事判决书。
[2] 参见湖北省武汉市江岸区人民法院 [2016] 鄂0102行初97号行政裁定书。
[3] 参见山东省青岛市中级人民法院 [2015] 青行终字第266号行政裁定书。

商登记，因而提起诉讼的，法院大多以超过起诉期限为由，驳回了原告的起诉。这种方式貌似可行，但是在实际中成功的比例较低。

3. 股东资格确认纠纷

原告提起消极的股权资格确认之诉，要求确认冒名股东不具备股东资格。这类案件数量较多，经典的判决是江苏省高级人民法院审理的上诉人钱某平与被上诉人江阴市华源科技有限公司（以下简称"华源公司"）股东资格确认纠纷一案；江苏省高级人民法院认为由于没有证据证明钱某平有出资、分红、管理公司的事实，且原审法院认定钱某平借名出资也缺乏客观性、合理性基础，故认定钱某平系被冒名登记为华源公司股东，判决钱某平不具有华源公司股东资格。[1]江苏省无锡市锡山区人民法院审理的原告张某贤与被告江苏联合镁业有限公司（以下简称"镁业公司"）、第三人高某侦股东资格确认纠纷一案，原告张某贤诉请确认其自始不具有镁业公司的股东身份。锡山区法院经审理后认为镁业公司工商登记资料中涉"张某贤"的签名均不是张某贤本人所签，且镁业公司及高国侦未能提供关于张某贤已实际出资100万元及张某贤参与镁业公司经营活动的相关依据，故应当认定张某贤系被他人假冒名义登记为镁业公司股东，张某贤自始不具有镁业公司的股东身份，进而支持了张某贤的诉讼请求。[2]江苏省南通市通州区法院审理的原告丁某生诉被告江苏踏业新材料科技有限公司（以下简称"踏业公司"）、邢某进股东资格确认纠纷一案：通州区法院认为原告将其本人的身份证及其他证件交付邢某进时对踏业公司既无出资之意，也没有分享利润承担风险的意思表示，更无与公司其他股东设立公司的合意，且根本不知其名义被冒用。由于原告没有成为公司股东之意思，也没有出资及行使股东任何权益，故其不具有踏业公司的股东身份。因此判决确认原告丁某生不具有踏业公司的股东身份。[3]

在股东资格确认纠纷中，也有当事人提出确认相关股东会决议

---

[1] 参见江苏省高级人民法院［2016］苏民终837号民事判决书。
[2] 参见江苏省无锡市锡山区人民法院［2015］锡法商初字第0066号民事判决书。
[3] 参见江苏省南通市通州区人民法院［2016］苏0612民初4162号民事判决书。

无效的诉讼请求。例如，在江苏省南京市浦口区人民法院受理的李某某诉南京俞家怡建材有限公司股东资格确认纠纷一案中，原告除了诉请确认其不具有股东资格、不具备公司监事的身份之外，还要求确认"选举"其为监事的股东会决议无效。[1]还有当事人提出变更或协助变更登记的诉讼请求。例如原告沈某华诉被告金湖县中盛物业服务有限公司（下简称"中盛物业公司"）、潘某股东资格确认纠纷一案中法院确认沈某华不是中盛物业公司股东，并判令被告中盛物业公司协助原告沈某华办理股东变更登记。[2]在原告赵某铭与被告宝鸡博昌商贸有限公司、第三人廉某、第三人吴某昌股东资格确认纠纷一案中，法院也判令被告宝鸡博昌商贸有限公司于判决生效之日起5个工作日内对其工商登记中原告赵某铭的股东资格进行变更登记。[3]

除了股东资格确认之诉外，偶见当事人起诉要求确认不具有公司法定代表人、公司经理、公司监事身份的案件。这类案件与股东资格确认纠纷大同小异。

（二）效果分析

1. 姓名权纠纷

大部分原告取得了胜诉。这是因为姓名权的内涵和外延在法律上非常明确，一般不会产生争议，而在这类诉讼中，被告侵犯姓名权的事实又非常清楚，所以此类案件胜诉率较高。《民法通则》第99条规定："公民享有姓名权，有权决定、使用和依照规定改变自己的姓名，禁止他人干涉、盗用、冒用。"这一规定为原告的姓名权提供了严格的保护。而从证据规则上来讲，在冒名登记纠纷中，被告需要证明其使用原告的名义经过了原告的同意或有其他合法依据，否则要承担败诉的后果。姓名权纠纷的法律规定和事实认定、证据规则都非常清晰，所以这类纠纷，原告胜诉率较高。

---

[1] 参见江苏省南京市浦口区人民法院［2017］苏0111民初3695号民事判决书。
[2] 参见江苏省淮安市金湖县人民法院［2015］金商初字第000487号民事判决书。
[3] 参见山西省宝鸡市渭滨区人民法院［2013］宝渭法民初字第02522号民事判决书。

2. 工商行政登记纠纷

此类案件，法院大多以超过起诉期限为由，驳回原告的起诉，还有法院以原告举证不能为由驳回原告的诉讼请求。这类诉讼，原告胜诉的比例较低。实际上，原告败诉的原因是多方面的。首先，工商登记机关原则上对工商登记进行形式审查，并不对申请材料的真实性负责。《公司登记管理条例》第 2 条第 2 款规定："申请办理公司登记，申请人应当对申请文件、材料的真实性负责。"《公司登记管理条例》第 53 条第 2 款规定："公司登记机关需要对申请文件、材料核实的，应当自受理之日起 15 日内作出是否准予登记的决定"，法律同时也赋予公司登记机关核实材料真实性的权力，但是行政机关何时有义务对材料的真实性进行核实，又没有明确的规定。其次，工商登记机关强有力的合法性抗辩，致使原告胜诉困难。最高人民法院《关于审理公司登记行政案件若干问题的座谈会纪要》虽然规定"因申请人隐瞒有关情况或者提供虚假材料导致登记错误的，登记机关可以在诉讼中依法予以更正。"但是司法实践中行政机关多坚持工商行政登记合法性抗辩，在冒名登记的情况下，并没有出现大量撤销行政行为的情形。最后，法院对认定客观事实的隐忧，致使原告胜诉困难。湖南省长沙市雨花区法院进行调研后认为："有的公司登记申请材料虽非利害关系人本人签名，但申请材料之外，却真实存在利害关系人本人成为股东、名义股东或者转让股权的民事合同、协议，不排除存在利害关系人曾授权或者默认代办人、工商代办机构在申请材料上签名的可能性，之后其为逃避债务等责任，故意隐瞒真相以公司申请登记'非本人签名'为由请求法院判决撤销公司登记。而审理过程中，公司登记机关并不掌握申请材料之外的民事合同、协议，原告之外的其他股东、隐名股东，或去向不明缺席法庭，或配合原告方隐瞒申请材料之外的相关证据、事实，协助原告方逃避相关股东责任，导致行政案件判决结论存在因违背客观真实而成为'错案'的可能性。"[1]法律规定的模糊，事实认定的困难以及行政机关的强势，让法院感觉此类案件难以处理，所以很多案件以超过起诉期间为由都被驳回起诉。即使不超过起诉期限，胜诉也比较困难。例如，在江苏省南京市六合区人民法院审理的张某海不服被告南京市六合区市场监督管理局公司设立登记行为一案。法院认为"庭审中原告未提供'因申请人隐瞒有关情况或者提供虚假材料导致登记错误'的证据，故不符合最高人民法院《关于审理公司登记行政案件若干问题的座谈会纪要》（法办［2012］62号）的相关规定"，还认为"原告主张谷雨公司设立申请中的相关材料系他人伪造，可以通过其他合法途径解决"，进而驳回了原告的诉讼请求。[2]可见，由于行政诉讼操作的难度很大，原告的胜诉率并不高。

3. 股东资格确认纠纷

冒名登记纠纷多数表现为股东资格确认纠纷，原告胜诉的比例较高。原告之所以胜诉，盖因其权益确实受到了损害，与被告公司之间毫无瓜葛。在确认冒名股东不具有股东资格时，除了考虑有关签名的真实性之外，法院还从出资、分红、管理公司等方面来综合认定事实。同样基于对查明客观事实的担忧，也存在一些当事人因与公司或其他股东存在联系而被法院驳回诉讼请求的案例。例如，上诉人陈某国与被上诉人华成国际建设有限公司（以下简称"华成公司"）股东资格确认纠纷一案，陈某国曾将身份证借给华成公司法定代表人严某岳使用。一审法院认为：陈某国为工商行政管理部门登记的股东，该登记行为具有对外公示的效力。已被工商登记确认为股东的自然人，必须提供充分证据证明设立公司、成为股东并非其真实意思表示，方可否认其股东资格。二审法院与一审法院的理由基本相同。[3]上诉人丁某敏与被上诉人南京飞鲨信息技术有限公司（以下简称"飞鲨公司"）、原审第三人张某与公司有关的纠

---

[1] "雨花区法院：公司登记申请材料'非本人签名'现象应引起重视"，载http://www.yuhua.gov.cn/dtxx/xwzx/bmdt/201603/t20160324_772832.htm，2017年7月7日最后访问。

[2] 参见江苏省南京市六合区人民法院［2016］苏0116行初32号行政判决书。

[3] 参见北京市第一中级人民法院［2014］一中民终字第234号民事判决书。

纷一案。因丁某敏曾出借身份证给张某并由张某为其办理公司注册，一审法院认为：当事人在公司设立登记的相关材料上签名固然是证明其作为公司股东身份的最直接的证据之一，但并非意味着材料非本人所签即可当然否认其身份，此认定的关键应在于当事人有无同意他人利用自己的身份设立公司或者对公司注册行为明确知晓的事实。二审法院认为：丁某敏有设立飞鲨公司并作为飞鲨公司发起人股东的真实意愿，维持了一审判决，驳回了丁某敏不具有飞鲨公司股东资格的诉讼请求。[1]原告败诉的案件中，多数情况下原告已经面临出资的责任，或者被公司债权人追责，在此情况下，法院也会考虑原告是否有逃避债务的可能，所以审查较严，即使工商登记中原告的签名是虚假的，原告与其他人之间也没有书面委托设立公司的证据，法院还是会驳回原告的诉讼请求。

（三）逻辑分析

以上三种诉讼类型，各有优劣。如姓名权纠纷的胜诉率高，举证责任分配简单，但是冒名登记纠纷的核心问题应为确立当事人是否真正具有或不具有股东资格，所以从逻辑的严密性而言，第一种和第二种诉讼类型并不能真正解决问题，理由如下：

对于姓名权纠纷，我国对姓名权进行严格的保护，采取姓名权纠纷的方式，对原告而言，简单利落，但是并不能真正解决冒名登记的问题。在姓名权纠纷里，除了冒名的情形，还存在借用姓名的情况，也存在未经当事人同意，行为人擅自代替当事人签名的情况，这些都是侵害姓名权的表现。换言之，在姓名权纠纷里，只是解决了姓名权有没有被侵犯的问题，并没有解决当事人是否为公司股东的核心问题。即使公司在登记中的材料是虚假的，行为人侵犯了当事人的姓名权，但是仍然不能排除当事人实际为公司股东的事实。

工商行政登记纠纷存在相同的问题，即使提交到登记机关的材料虚假，不合法，这只能证明工商登记程序有问题，而不能证明当事人被冒名登记为股东。所以行政诉讼解决的是行政登记的问题，而不是解决当事人资格的程序。有人担心撤销工商登记会导致当事

---

[1] 参见江苏省南京市中级人民法院［2015］宁商终字第1561号民事判决书。

人逃避责任，实际上，这种担心大可不必。工商登记被撤销，可能只是意味着申请人提交的材料虚假，并不解决当事人是否真的被冒名的问题。因此，工商行政登记纠纷并不能真正解决冒名纠纷。行政诉讼审查的对象和股东资格确认之诉审查的对象并不相同。在工商行政登记纠纷中，申请人提交的材料不真实，并不意味着存在冒名股东的现象。因为有时公司股东人数众多，或者公司股东会召开不规范，为了顺利办理工商登记，所以会出现代为签名的现象。

股东资格确认之诉可以解决冒名登记的核心问题，即当事人是否具有股东资格。在这些诉讼中，法院要审查当事人有没有出资的意思，有没有参与公司的经营管理等活动，还要查明是冒名还是借名的问题，这会从根本上解决冒名登记的问题。但是也有法官认为："当事人请求确认其不具有公司股东资格和法定代表人资格，不符合《公司法》及司法解释的相关规定，存在虚假诉讼可能，不宜支持"，并将其上升为裁判规则。[1]其所援引的案例为李某泽诉重庆金盾资产清算有限公司（以下简称"金盾公司"）、第三人史某民、曾某林、梅某军、曾某一案，一审法院审理认为：金盾公司的工商登记信息系工商行政管理机关审核后作出的，具有公示效力。金盾公司的工商登记信息显示，李某泽系金盾公司的股东和法定代表人。如李某泽认为工商行政管理机关作出的登记信息有误，可以依法提起行政诉讼。2012年11月20日法院驳回了李某泽的诉讼请求。在处理该案时，有两种观点：一种观点认为如果李某泽的身份被冒用，也未参与公司经营，就不具有成为该公司股东的真实意思，法院应当确认其不是公司股东。另一种观点认为股东请求确认其不是股东，属于消极确认之诉，不符合《公司法解释三》第21条的相关规定，人民法院不应支持。王林清等支持第二种观点，主要理由为：一是缺少法律依据。《公司法解释三》第21条规定的是肯定的确认之诉。且工商登记具有较强的公示力，否定当事人的股东资格，涉及公司债权人、投资人等利害关系人的债权保护问题，不宜以司法裁判方

---

[1] 王林清、杨心忠：《公司纠纷裁判精要与规则适用》，北京大学出版社2014年版，第345页。

式进行认定。二是规范行政行为。如果李某泽被冒用身份信息,应增强对登记制度的规范性管理,交回工商登记部门进行重新审核,这样有利于还原案件的本来面目,也更有利于工商登记管理部门从严审查。三是排除恶意诉讼。法院不能轻易判决支持原告诉求,避免原告恶意逃避债务。如果李某泽确实被冒用身份信息,可以要求持相关身份证明,以股权转让协议不成立为由,要求工商登记管理部门办理变更登记手续,或者向工商行政管理部门提起行政诉讼,要求予以赔偿。[1]以上观点并不能成立。首先,《公司法解释三》第21条规定了肯定的确认之诉,但是从逻辑上并不能排斥股东资格的否定的确认之诉。当事人仍然可以根据民事诉讼法的一般规定提起否定的确认之诉。《公司法解释三》是对审判经验的总结和审判工作的具体指导,并不排除当事人的基本权利,也不涵盖公司诉讼的全部类型。有些地方法院已经对这种情形进行了规定,如北京市高级人民法院《关于审理公司纠纷案件若干问题的指导意见》第4条规定:"公司内部关系中股东之间、股东与公司之间的诉讼,当事人请求确认公司工商登记的股东不具有股东资格、判令公司办理变更股权工商登记的,法院应根据公司法的相关规定、公司股东应当具备的各项条件对相关主体是否具有股东资格进行判断,并作出实体认定和判决,不能以案件属于行政诉讼受案范围、不属于民事诉讼范畴为由裁定驳回起诉。"其次,关于规范行政行为的理由也不能成立,登记机关由形式审查变为实质审查,这是不现实的。最后,关于排除恶意诉讼的问题应当在诉讼中查明,而不应当因此否认当事人起诉的权利,每一种类型的案件都可能存在恶意诉讼,不能因此不受理案件。

三、冒名认定技巧

冒名认定上存在一定的难度,因为即使工商登记中的签名是虚假的,也不足以确定冒名的事实。在冒名登记纠纷中,要综合运用

---

[1] 王林清、杨心忠:《公司纠纷裁判精要与规则适用》,北京大学出版社2014年版,第345页。

证据来查明事实，善于运用间接证据查明事实。在冒名登记纠纷中，除了签字的真伪之外，另一个重要的事实就是身份证的使用问题。签名的真伪可以采取笔迹鉴定的方式解决，而身份证的使用则需要综合分析判断。

身份证的使用有两种情形：一种是在身份证遗失的情况下，第三人使用身份证，伪造签名，进行工商登记。对于此种冒名，重点审查身份证的遗失问题。现实中，当事人的身份证遗失，未必会及时挂失与补办，但是通常会在较短的时间补办。所以法院要实事求是地查明遗失及换领身份证的时间。在身份证遗失的情况下，法院也要注重对间接证据的审查，合理判断当事人被冒名的盖然性。在对间接证据审查的时候，要着重审查冒名股东与公司以及其他股东是否存在某种联系。包括居住地、业务范围、年龄方面的因素，如果冒名股东与公司和其他股东非亲非故，毫无瓜葛，那么被冒名的可能性就相当大了。例如，一个偏远地区的普通农民，不太可能成为一个企业的法定代表人或股东。

另外一种是借用身份证的情形。冒名股东和行为人关系较为密切，这种情况下冒名认定的难度会增加。行为人在借用身份证的时候，有时会言明为设立公司所用，有时并没有明确说明设立公司的用意，有时以其他名义予以搪塞。在此情况下，如果认定冒名股东不具备股东身份，法院往往担心冒名股东存在逃避债务和责任之嫌疑。如果认定冒名股东享有股东资格，其又觉得冤屈，因为此时冒名股东并没有确定出资的意思。法院在此两难之中，往往选择驳回原告的诉讼请求。因此会出现"确认具有股东资格难，确认不具有股东资格更难"的现象。假如冒名股东此时提出确认自己具有股东资格，凭借被冒签的姓名，又没有实际参与过公司的管理，也没有得到过半数以上股东的认可的事实，恐怕法院很难认定其具有股东资格。然而，此时法院为了防止其逃避责任的可能，又不会认定其不具有股东资格。之所以出现这样的现象，是因为法院采取了不同的股东认定标准。如果当事人追求股东资格，则采取从严的标准。如果当事人想回避责任，则法院采取更严格的标准。当事人在请求确认自己具有股东资格的时候，会积极举证，在否定自己股东资格的时候，可能会隐瞒一些对自己不利的证据，所以法院在证据的层面上也不得不采取更为严格的标准。

对于冒名股东主张交付身份证办理其他事宜的情形，在法律上应当作为代理处理。根据《合同法》第406条第2款规定："受托人超越权限给委托人造成损失的，应当赔偿损失。"在此情况下，由冒名股东承担出资责任，然后要求行为人赔偿损失比较好。这样引导当事人订立书面的委托合同，制作书面的授权书。在借用身份证给第三人的案件中，法院也倾向于认定股东资格。

四、裁判主文问题

(一) 身份与资格的表述

在裁判主文的表述中，有些表述为确认原告不具有股东身份，有些表述为确认原告不具有股东资格。由于案由为股东资格确认纠纷，为了统一规范，建议表述为确认某人不具有某公司股东资格，但是对于法定代表人和监事、经理等，属于当事人的一种身份，在判决主文中进行表述的时候，建议表述为某人不具有某公司法定代表人（或经理、监事）的身份。

(二) 变更登记的问题

在裁判主文中能否判决公司变更或协助变更登记，这仍是一个问题。有些法院判决公司或者第三人办理或协助办理变更登记，应当是受到了房屋买卖合同纠纷中，一方不履行过户手续，法院可以直接办理过户手续的影响。实际上，这对于冒名登记案件并不合适。首先，这样的裁判文书可能无法执行。在房屋买卖的案件中，有变更的对象，但是在冒名登记中，应当将谁登记为有关的主体，未必清楚，而且对方也有可能并未参与诉讼。因此不宜一律直接判决变更或协助变更登记。其次，在冒名登记中，原来的登记非法无效，所以原来的登记应当予以撤销，申请人应当重新申请登记，而不是进行变更登记。

公司冒名登记纠纷貌似简单，但是涉及面广，不仅涉及民商纠纷，而且涉及工商行政登记的问题，民商审判的法官也许对行政登记不甚熟悉。公司冒名登记不仅涉及笔迹鉴定的问题，还涉及其他冒名事实的认定问题，不仅涉及对直接证据的审查，还涉及对间接证据的审查，不仅要维护冒名股东的合法权益，还要防范当事人利用冒名登记纠纷逃避债务和责任。所以公司冒名登记案件处理起来并非易事。对于这类案件，从逻辑的严密性上来讲，为了彻底解决问题，建议采取消极的股东资格确认之诉的方式解决，而不建议采取姓名权侵权之诉或行政诉讼的方式解决这个问题。

第五章 CHAPTER5

增资扩股

第一节 增资扩股的作用

一、万科的增资扩股

万科自1989年实行股票柜台交易以来,共计四次增资扩股,其中有三次和大股东发生了矛盾。由于当时万科的股权比较分散,最大的股东深圳特区发展公司也仅占9%的股份。万科负责人的体会是:"在企业不足够强大以前,获取大股东的支持是非常重要的。但万科的第一大股东的股权只占9%,不会全力以赴支持万科的业务,在需要资金支持时更是如此。"[1]在万科增资扩股的时候,屡次发生类似的局面:第一大股东不愿意拿出真金白银增资,又不愿意失去控制权,所以对增资扩股抱有复杂的心态。

2000年左右,王石一心想给万科找一个大股东。当时王石锁定了两个目标:一个是新鸿基,一个是华润。[2]王石此时的目的是学习先进的营销能力、管理经验、风险控制能力和成本控制能力,如果引入这些公司作为大股东,其企业文化将渗透入万科,有助于提高万科的管理水平。由于看重华润集团的国际资本背景及房地产开发的业务,万科最终选择引入华润,以达成"房地产行业领导者"

---

[1] 王石、缪川:《道路与梦想——我与万科20年》,中信出版社2006年版,第147页。

[2] 王石:《哪怕一无所有,也要永不止步》,文汇出版社2014年版,第8页。

的企业愿景。后来通过股权转让,华润集团及其关联企业成为万科的第一大股东,2000年12月,万科拟向华润定向增发4.5亿股B股。因该操作可能摊薄其他股东的权益,遭到了反对,后来于12月24日放弃增发,但是在随后万科发行的可转债配售中,华润认购了其配额,开始扮演战略性股东的角色。

2015年初,前海人寿(宝能系)通过证券交易所在A股市场开始大量收购万科的股票,截至2015年8月26日宝能系的前海人寿、钜盛华合计持有万科15.04%的股票,以微弱优势超过华润集团,后来华润集团在2015年8月31日、9月1日两次增持,持股数量反超宝能系。宝能系继续收购,再次反超华润集团,到2015年12月24日,宝能系持有万科的股权比例达到24.26%。王石曾经与宝能系掌门人姚振华商谈4个小时,王石当场表示不欢迎宝能系成为大股东,其理由有:①信用不足;②能力不够;③短债长投,风险巨大;④华润作为大股东,角色重要。[1]当时,万科中意的股东是深圳市地铁集团有限公司,之前一直受到华润等大股东的反对。但引入深圳地铁,与王石以前的发展思路一脉相承:引入战略性股东。后来经过华润、恒大等公司的股权转让,深圳地铁成为万科的第一大股东。引入深圳地铁的战略意义,在2016年6月30日的万科年度股东大会上淋漓尽致地呈现了出来。在股东大会上,王石表示此时是和深圳地铁合作的黄金时间。万科总裁郁亮则称深圳地铁将成为万科基石股东,为双方合力推进轨道加物业模式奠定良好基础。深圳地铁董事长林茂德表示,深铁已与万科就"轨道+物业"模式全面合作。[2]

王石是一位很精明的人。1997年,时任总理朱镕基到深圳进行企业调研,6家企业的老总在深圳麒麟山庄向朱镕基汇报企业情况,其中就包括万科公司的王石。当时分配给王石的题目是:"一、万科的科学管理;二、万科的品牌建设",但是王石敏锐地意识到这个话

---

[1] 参见"万科股权之争",载https://baike.baidu.com/item/%E4%B8%87%E7%A7%91%E8%82%A1%E6%9D%83%E4%B9%8B%E4%BA%89/20844122?fr=aladdin,2018年1月9日最后访问。

[2] "直击万科股东大会:深圳地铁将成为基石股东",载http://sc.stock.cnfol.com/ggzixun/20170630/24928130.shtml,2018年1月9日最后访问。

题不能引起朱镕基的兴趣，分税制才会引起朱镕基的兴趣。于是他在汇报时果断谈分税制对万科公司的影响，并对房地产是否能成为支柱产业的问题发表了意见。[1]每读此章节，笔者都深深地感叹王石的精明才智。当然，他的聪明才智也体现在增资扩股方面，每一次增资扩股，都为万科引入了战略性的资源。

二、增资扩股的应用

增资扩股的时候应有股权融"资"意识，这个"资"并不限于资本。增资扩股通常可以起到以下作用：

（一）引进投资

增资扩股可以引入新的投资者。投资者一般可以分为两类，战略投资者和财务投资者。战略投资者着眼于公司的控制权，而财务投资者主要是为了获得财务收益。如果缺少资金，公司可以采取债权融资、股权融资等方式，这两种方式各有优劣。从整体上讲，公司采取股权融资的方式，一方面可以避免了偿还到期债务的刚性支付压力，另一方面税费成本也比债权融资低一些。部分企业对内部员工发行股份，既可以部分解决公司的资金问题，又可以激发职工的士气。当然进行股权融资也不可避免地稀释一部分股权。

（二）引进战略资源

这才是真正有价值的增资扩股。战略性股东的引入，对于公司的长远发展、资源的整合、企业文化的提升都起到举足轻重的作用。在实践中，可以通过定向增发的方式引入具有战略性股东。在这个层面上，不仅能解决资金短缺问题，更涉及战略层面的资源整合问题。

（三）整合上下游资源

通过增资扩股，还可以整合上下游的资源，上游的供应商和下游的经销商，都影响公司的盈利水平。通过增资扩股，将一部分供应商和经销商发展成为自己的股东，也可以得到上下游的支持。例

---

［1］ 参见王石、缪川：《道路与梦想——我与万科20年》，中信出版社2006年版，第170~173页。

如有些酒业集团，就对一些经销商定向增发一部分股份，以获得经销商的支持，也激励经销商更好地销售本集团的酒类。

(四) 合理避税

现实中可以利用增减资本进行避税。对于税务问题，并非作者专长，本书只提供一个视角或思路，具体实施请务必在专业人员的指导下进行。

由于税法对不同事项的规定不同，为避税提供了条件。根据经验，采取先减资、后增资的方法，可以避税。国家税务总局《关于企业所得税若干问题的公告》（国家税务总局公告2011年第34号）第5条"投资企业撤回或减少投资的税务处理"中规定："投资企业从被投资企业撤回或减少投资，其取得的资产中，相当于初始出资的部分，应确认为投资收回；相当于被投资企业累计未分配利润和累计盈余公积按减少实收资本比例计算的部分，应确认为股息所得；其余部分确认为投资资产转让所得。被投资企业发生的经营亏损，由被投资企业按规定结转弥补；投资企业不得调整减低其投资成本，也不得将其确认为投资损失。"《企业所得税法》第26条规定："……（二）符合条件的居民企业之间的股息、红利等权益性投资收益；（三）在中国境内设立机构、场所的非居民企业从居民企业取得与该机构、场所有实际联系的股息、红利等权益性投资收益……"《企业所得税法》第26条第（二）项和第（三）项所称股息、红利等权益性投资收益，是指居民企业直接投资于其他居民企业取得的投资收益，不包括连续持有居民企业公开发行并上市流通的股票不足12个月取得的投资收益。《企业所得税法》规定符合条件的居民企业之间的股息、红利等权益性投资收益为免税收入，而根据《企业所得税法》第6条的规定，企业的收入总额包括转让财产收入。转让股权的收入应当缴纳企业所得税。这些规定为避税提供了条件。

例如：某公司有股东甲公司及乙公司（均为居民企业），注册资本为1000万元，甲公司出资400万元，乙公司出资600万元，分别持有40%和60%的股权。至2017年12月31日，该公司所有者权益为2000万元，除了1000万元的资本金之外，还有盈余公积200万元，未分配利润800万元。2018年1月1日，甲企业与丙签订股权转让协议，按照公允价格810万元将所持有的40%的股权转让给丙。在股权转让环节，甲公司交纳所得税为（800-400）×25%=160（万元）。如果甲公司与乙公司达成一致，按照减资程序减少400万注册资本，甲公司退出该公司，收回投资400万元，再由公司补偿其400万元。然后再由公司向丙定向增资，丙投资800万元，其中400万元作为出资，余下的400万元作为资本公积。最后达成相同的效果。在先减资、后增资的情况下，甲公司收回的投资400万元不需要缴纳企业所得税，其余的400万元，应确认为股息所得，可以免交企业所得税。

国家税务总局《关于个人终止投资经营收回款项征收个人所得税问题的公告》（国家税务总局［2011］41号公告）第1条规定，个人因各种原因终止投资、联营、经营合作等行为，从被投资企业或合作项目、被投资企业的其他投资者以及合作项目的经营合作人取得股权转让收入、违约金、补偿金、赔偿金及以其他名目收回的款项等，均属于个人所得税应税收入，应按照"财产转让所得"项目适用的规定计算缴纳个人所得税。虽然个人投资撤回没有免税的规定，但是对于一些轻资产公司而言，采取减资——增资——转让的方式，在转让股权的时候，按照公司的账面净资产制定转让价格，仍然可以达到避税的效果。例如，A公司成立于2002年，其初始股权结构为：张某持股11%，甲公司持股70%，乙公司（有限合伙）持股17%，此外还有零散持股的几位自然人小股东。2013年10月公司减资90%，注册资本由850万元减少至85万元，但是各股东持股比例不变。2013年11月增资到2000万元，增加的1915万元资本由新股东丙公司认缴。这样丙公司持股为95.75%。一年以后的2014年11月，其他股东持有的4.25%的股权，按照公司账面净资产价格，转让给丙公司，转让后，A公司成为丙公司的全资子公司。这是税务师的经典案例，通过增资与减资的方法减轻了税负。其根本奥秘在于按照公司的账面净资产确定股权转让的价格。

（五）管理股东风险

在瑕疵股权一章中，笔者对此已有详细论述，在此简言之。在公司设立时，基于公司的人合性，其他股东应对未履行出资义务的股东承担连带责任。因此对初始的注册资本数额，建议少量即可。待公司设立之后启动增资程序，增加公司的注册资本，基本上可以规避股东对其他股东的出资瑕疵承担连带责任，减少风险，真正实现股东的有限责任。如果设立一个公司作为认缴新增资本的主体，则可以在更高的程度上实现对股东出资瑕疵担保责任的规避。

第二节 有限公司增资扩股的法律机制

有限责任公司的增资扩股，是有限责任公司为扩大生产经营规模，优化股权比例和结构，提高公司竞争力，依法增加注册资本金的行为。增资扩股有三种方式：①以公司未分配利润、公积金转增注册资本；②公司原股东增加出资；③新股东投资入股。[1]其中第三种方式涵盖了前两种方式的内容和法律要求，最具有普遍意义。本章所研究的增资扩股的法律机制即是围绕新股东增资入股的方式展开的。根据现行《公司法》第34条、第43条、第178条的规定，股东会对公司增加注册资本作出决议，必须经代表2/3以上表决权的股东通过。对于新增资本，股东有权优先按照实缴的出资比例认缴出资。股东认缴新增资本的出资，依设立有限公司缴纳股款的有关规定执行。然而在实务中，存在有限责任公司未经股东会决议以及原股东的优先认缴程序，擅自增资扩股的情形。法律界为了解决现实中发生的公司擅自增资扩股的问题，依不同的视野推理法律后果。这一过程也暗含了法律界对增资扩股法律机制的不同理解。

一、不同视野下的增资扩股法律机制

我国公司法理论界对公司擅自增资扩股的关注极少，而法律实务部门为了回应丰富多彩的实践，在公司法欠缺法律效果规定的情况下，将目光转向合同法或民法的一般规则。

（一）合同法视野下的增资扩股

这种视野以分析增资协议的效力为起点，将增资扩股看作投资

---

[1] 颜占寅："浅析增资扩股及其注意事项"，载《产权导刊》2010年第7期。

人和目标公司之间的合同关系。关于公司擅自增资扩股时增资协议的效力，有三种观点：

（1）增资协议有效。如某法院在判决中认为：虽然投资入股协议所涉增资扩股事宜均未由B公司股东会作出决议，B公司作为具有民事权利能力和民事行为能力的企业法人有权对外签订合同，相关法律、行政法规亦未规定必须经股东会决议通过后才能对外签订增资扩股协议。公司股东会最终是否能够通过增资扩股决议影响协议履行，但并不影响公司对外签订合同的效力。[1]

（2）增资协议无效。在上诉人株洲正宇房地产开发有限公司（以下简称"正宇公司"）与被上诉人股权确认纠纷一案中，株洲市中级人民法院认为：有限责任公司增加注册资本须由股东会作出决议。上诉人正宇公司股东会未就增加注册资本作出决议，正宇公司与被上诉人朱某文之间的入股合同违反了法律的强制性规定，该合同应认定无效。[2]

（3）增资协议效力待定。有律师认为有限公司擅自与他人签订的增资扩股协议是一个效力待定的合同。该合同在未经股东会追认前没有法律效力。如经股东会追认，该合同自然产生效力。[3]

以上观点是从合同法的角度来考虑增资扩股协议的效力问题。强制性规定分为效力性强制性规定和管理性强制性规定。增资协议有效的观点将公司法中增资扩股必须由股东会决议的规定认定为管理性强制性规定，从而肯定增资协议的效力。增资协议无效的观点恰恰将该规定认定为效力性强制性规定，从而否定增资协议的效力。增资协议效力待定的观点无异于将增资协议看作公司无权处分时所订立的合同。如果认为增资协议有效或效力待定，尚存在公司通过召开股东会和原股东放弃优先权而履行增资协议的空间。若认定增

---

〔1〕参见陈鑫等："未经股东会同意之投资入股协议的效力认定"，载金杜律师事务所《证券诉讼》第10期。http://www.sipf.com.cn/bin/FrontPage? m=s&channelFlag=CASES&articleId=24273D60877F11DCBD608B15933E1E49，2011年2月16日最后访问。

〔2〕参见湖南省株洲市中级人民法院［2010］株中法民二终字第8号民事判决书。

〔3〕参见《北京市普华律师事务所学习北京市高级人民法院〈关于审理公司纠纷案件若干问题的指导意见（试行）〉的观点综述》，载http://www.phlawyer.com/data/2005-6/2005619102329.htm#，2011年2月10日最后访问。

资协议无效,则发生恢复原状、赔偿损失的法律后果。以上观点将增资扩股看作是投资人与公司之间的合同行为,因而是将增资扩股的法律机制理解为投资人与公司之间的合同机制。

(二) 民法视野下的增资扩股

这种视野的着眼点并非是增资协议的效力,而是增资扩股行为的效力。如在重庆梁农食品有限公司(以下简称"梁农公司")与张某南公司增资纠纷一案中,法院认为:公司法规定有限责任公司增减注册资本必须经股东会决议,梁农公司增加注册资本收取张某南投资款11万元未经股东会决议,其增资行为违反法律规定,属无效。[1] 该判决的基础在于违反法律的民事行为无效这一民法观念。在民法视野下,民事行为的生效需要成立要件和生效要件。当一项民事行为缺少生效要件的时候,即造成该行为无效的法律后果。因此在民法视野下,股东会决议是增资扩股生效的法律要件,该要件阙如即增资扩股行为无效。概言之,这种视野将增资扩股看作是传统的民事行为。

然而,公司法与合同法、民法相比,毕竟是一个特殊的领域,不仅涉及公司与第三人之间的出资关系,而且涉及公司组织运行的复杂性。求助于合同法或民法的规则并不一定能全面反映增资扩股法律机制的特点。而且,以上视野不仅不能很好地对原股东优先认缴的权利作出合理的解释,反而有意无意地忽略优先认缴权的问题。因此,以上对增资扩股的法律机制的认识,不得不带有一定的片面性。

二、有限公司增资扩股的法律特点

探究增资扩股的法律机制应分析增资扩股的特点,包括其中的权利义务关系,并在此基础上呈现增资扩股的法律机制。

(一) 增资扩股的一般特点

由于法学界的忽视,增资扩股并未发展成为公司法条文中的严格法律术语,但是已经为人们在日常的法律经济活动中所广泛使用。

---

[1] 参见重庆市梁平县人民法院[2009]梁法民初字第2197号民事判决书。

增资扩股作为常用的融资方式，一般具有以下法律特点：

（1）增资扩股是一种股权融资行为，不仅增加公司的注册资本，而且增加公司的股东人数。公司通过增资扩股方式融入资金，既可以保障公司对资本的需要，又不会给公司经营带来较大的财务负担。而投资人通过投资入股，加入公司成为公司的新股东。因此，增资扩股既是资本的结合行为，又是包含人的结合的公司组织行为。

（2）原股东对新增资本享有优先认缴的权利。确立原股东优先认缴的权利，一方面有利于维护有限公司的人合性；另一方面有利于维护原股东的利益。在增资扩股的时候，需要对增加份额进行定价。如果定价过低，新股东将分享公司增资扩股前所积累的盈余，稀释原股东的权益。优先权是保护股东权利不被稀释的一种快捷的自动手段。[1]因此，为了保护原股东的利益，需要赋予原股东按照出资比例优先认购的权利，使原股东享有相应的盈余。

（3）公司法对增资扩股有严格的程序要求。如前文所述，增资扩股决议必须要经过公司股东会2/3以上表决权通过。原股东有优先认缴新增资本的权利。增资扩股应当按照公司设立时的规定，进行出资，变更注册资本。

（4）增资扩股可能会引起控制权的变化。新股东的加入会引起公司股权结构的变化，对公司既有的权力格局产生影响，甚至引起公司控制权的变化。

（二）增资扩股的过程性特点

有限公司增资扩股是一个包含一系列民事行为的过程。一个正常的增资扩股，即从投资人与目标公司磋商、股东会进行决议开始，一直到投资人取得股东资格，公司变更注册资本登记结束。私募股权基金作为专业性的股权投资机构，在利用增资扩股进行股权投资时比较规范，参考其做法，增资扩股的过程一般如下：①投资人与目标公司达成初步意向；②公司股东会作出增资扩股的决议；③开展清产核资、审计与资产评估的工作，作为现有资产作价的依据；④合作

---

[1]　[美]阿道夫·A. 伯利、加德纳·C. 米恩斯：《现代公司与私有财产》，甘华鸣等译，商务印书馆2007年版，第186页。

各方签订增资扩股的协议（包含原股东放弃优先认缴权的内容）；⑤认缴出资；⑥变更公司章程，履行相应的变更登记手续。[1]即使小型的有限公司增资扩股时并非如此严格与规范，在清产核资等方面可能会简化操作，但是主要过程并不可少。因此，增资扩股并非是单一的民事行为，而是一系列民事行为之和，并且包含民事行为中的意思形成机制和表达机制。

增资扩股的后果之一是投资人取得股东资格。就取得股东资格的方式而言，投资人还可以通过设立公司与股权转让等方式取得股东资格。增资扩股的过程与另外两种方式的过程相比，具备自身的特点。为了简明扼要比较三者的区别，凸显增资扩股的特点，笔者特别制作了下列表格：

表 5-1 发起设立、增资扩股与股权转让特征的对比

	发起设立	增资扩股	股权转让
股权取得方式	原始取得	原始取得	继受取得
决议规则	股东一致通过	2/3以上表决权通过	无需决议
协议方式	公司初始章程	增资协议	股权转让协议
协议主体	全体股东	投资人、公司	投资人、原股东
原股东优先权		优先认缴权	优先购买权
工商登记	设立登记	增加注册资本	注册资本不变
控制权		可能变化	可能变化

从意思形成机制来看，增资扩股与公司设立都需要通过决议形成相应的意思，但是对决议通过的要求不同，股权转让原则上并不需要形成公司意思。从表现形式来看，公司设立时，全体投资人一致通过公司的初始章程，初始章程可以看作是全体投资人的一份协议。增资扩股时，投资人与公司签订增资协议。股权转让时，投资

---

[1] 参见潘启龙：《私募股权投资实务与案例》（第2版），经济科学出版社2011年版，第67~71页。

人与原股东之间签订股权转让协议。从工商登记来看，公司设立时，需对注册资本进行登记。增资扩股时，因增加了注册资本而应进行相应的变更登记。股权转让时，不需要对注册资本变更登记。从行为的涉他性来看，公司设立不具有涉他性，而增资扩股和股权转让涉及控制权的变化以及原股东的其他利益，故法律安排了原股东的优先权。

三、形式与实质：增资扩股的法律机制

从增资扩股的特点来看，增资扩股不仅具有人合性、组织性等方面的内在要求，还具有其自身的表现形式。本章将增资扩股的法律机制分为形式机制与实质机制。

（一）增资扩股的形式机制

增资扩股与公司设立或股权转让的表现形式并不相同。有限公司设立时，投资人共同制定公司章程，登记注册设立公司，同时取得股东资格。在此过程中，因公司尚未成立，未取得法律上的人格，所以投资人并不与公司通过一份出资协议来取得股东资格。在股权转让的情况下，投资人与原股东签订股权转让协议，履行后投资人可取得股东资格，一般不需要公司同意。而在增资扩股中，投资人需要依赖"投资人——公司"的合同机制取得股东资格。

然而，这种"投资人——公司"的合同机制只是表现增资扩股的形式，属于增资扩股形式上的法律机制。投资人与每一个股东签订协议的成本过高，故需要通过股东会决议形成公司的意思，由公司与投资人签订协议。"投资人——公司"合同（增资协议）形式上属于古典合同。伊恩·麦克尼尔（Ian Macneil）将合同区分为古典合同、新古典合同和关系合同。"古典合同法以几种方式实施离散性和事先规定：交易各方的身份被认为无关紧要，合同性质被仔细界定，赔偿有严格规定，第三方参与并不被提倡。"[1]然而在增资

---

[1] [美]奥利佛·威廉姆森："合同关系的治理"，载[美]路易斯·普特曼、兰德尔·克罗茨纳编：《企业的经济性质》，孙经纬译，上海财经大学出版社2009年版，第95~96页。

扩股中，投资人与公司之间签订增资协议后，不仅与公司发生权利义务关系，还借助于公司的独立人格与其他股东发生法律关系，完全打破了古典合同的相对性原则。投资人未来的权利义务不可能在增资协议里完全规定，投资人与公司、其他股东之间会发生长期的、不断更新的权利义务关系。增资扩股的法律关系已经超出了古典合同的特点，投资人与公司、其他股东之间将出现"一个具有更大专用性和持久管理特征的调整过程"。[1]

如果将增资扩股的机制等同于合同机制，那么在合同法视野下：若采取增资协议有效说，将不考虑新加入的股东与原股东之间的人合性的问题，这会增加有限公司股东内部冲突的风险。若采取增资协议无效说，则将公司自身治理不善，内部控制缺失的风险转嫁给了善意的第三人。若采取增资协议效力待定说，由公司股东会决定增资合同的效力，容易引起公司不当投机，造成不公平的后果。因此，在合同法视野下将会纠结于增资协议的效力而无法圆满解决问题。究其原因，合同机制只看到投资人与公司之间的法律关系，而忽略了投资人与其他股东的法律关系。公司的负责人虽然是公司的代理人，但与股东之间并无代理关系，因此在增资扩股中也不能适用表见代理或越权原则，或将增资协议的效力强加于股东。

在实践中，一些法院将增资扩股当作投资人与公司之间的合同关系。例如冯某明等诉南通市观音山供销社有限公司（以下简称"供销公司"）要求确认股东权一案。2003年7月2日供销公司法定代表人未经股东会决议，宣布了增资扩股的决定，同年7月8日至9日，包括冯某明等四原告在内的30名公司职工每人向供销公司交纳了8万元入股金，供销公司分别开具收款收据，收据备注栏写明"入股"。同年10月10日，供销公司召开由10名原股东参加的股东会，决议不同意增资扩股。同年10月16日，供销公司向缴款的每位职工发出通知称，增资违法，拒绝确认30名职工的股东资格。一审法院认为：四原告未能举证证明被告增资扩股的行为经过

---

[1] [美]奥利佛·威廉姆森：" 合同关系的治理"，载[美]路易斯·普特曼、兰德尔·克罗茨纳编：《企业的经济性质》，孙经纬译，上海财经大学出版社2009年版，第96页。

被告股东会议2/3以上表决权股东通过；无证据证明原告已实际行使了公司章程规定的股东权利。被告股东在其召开的股东会议上作出决议，不同意增资扩股，故四原告尚未取得被告公司股东资格。二审法院认为：四上诉人在参加公司召集的扩股动员会后，每人向公司交纳了8万元，说明四上诉人要求成为公司新股东的意愿明确，并已实际出资到位。供销公司收取了该款，在收据上载明是入股，亦已动用了该款项。说明供销公司对四上诉人等30名职工成为公司新股东是认可的。此后，公司即应对股东名册及时变更，但公司至今未变更，系公司怠于履行自己的义务。供销公司以未通过10月10日的股东会表决为由，否认公司的增资扩股行为，明显违背了民事活动中所应遵循的诚信原则。[1]

二审的思路是将增资扩股作为合同行为，利用诚信原则，将股东资格作为增资协议的法律后果，但是投资人能否成为公司股东，应由股东会会议表决，而不是由公司决定。最高人民法院在这个问题上，也存在将增资扩股作为合同行为的观点。例如，绵阳市红日实业有限公司（以下简称"红日公司"）、蒋某诉绵阳高新区科创实业有限公司（以下简称"科创公司"）股东会决议效力及公司增资纠纷一案，最高人民法院认为：2003年12月16日科创公司作出的股东会决议，在其股东红日公司、蒋某明确表示反对的情况下，未给予红日公司和蒋某优先认缴出资的选择权，径行以股权多数决的方式通过了由股东以外的第三人陈某高出资800万元认购科创公司全部新增股份615.38万股的决议内容，侵犯了红日公司和蒋某按照各自的出资比例优先认缴新增资本的权利，违反了上述法律规定。现行《公司法》第22条第1款规定："公司股东会或者股东大会、董事会的决议内容违反法律、行政法规的无效。"根据上述规定，科创公司2003年12月16日股东会议通过的由陈某高出资800万元认购科创公司新增615.38万股股份的决议内容中，涉及新增股份中14.22%和5.81%的部分因分别侵犯了蒋某和红日公司的优先认缴权而归于无效，涉及新增股份中79.97%的部分因其他股东以同意或弃

---

[1] 参见南通市中级人民法院[2005]通中民二终字第021号民事判决。

权的方式放弃行使优先认缴权而发生法律效力。2003年12月18日科创公司与陈某高签订的《入股协议书》系科创公司与该公司以外的第三人签订的合同，应适用合同法的一般原则及相关法律规定认定其效力。虽然科创公司2003年12月16日作出的股东会决议部分无效，导致科创公司达成上述协议的意思存在瑕疵，但作为合同相对方的陈某高并无审查科创公司意思形成过程的义务，科创公司对外达成协议应受其表示行为的制约。上述《入股协议书》是科创公司与陈某高作出的一致意思表示，不违反国家禁止性法律规范，且陈某高按照协议约定支付了相应对价，没有证据证明双方恶意串通损害他人利益，因此该协议不存在《合同法》第52条所规定的合同无效的情形，应属有效。[1]在该案件中，法院也是将股东会决议当作内部意思的形成机制，公司对外签订合同，即使公司内部意思形成存在瑕疵，对外的意思表示仍然对公司具有约束力。

（二）增资扩股的实质机制

1. 公司组织机制

公司法首先是组织法，其次是行为法。公司的组织性表现在两个方面："一是作为公司物质基础的资本和人员结合方式的组织性，二是作为公司运作方式的决议的组织性。"[2]公司的增资扩股机制也是一种组织机制。首先，公司增资扩股不仅涉及资本的结合，还涉及公司的人合性，因此公司法将增资扩股的权力归属于股东会。在我国，有限责任公司股东人数较少，而且多属于熟人型关系，公司内部磋商、商议的成本比较低，维护有限公司的人合性具有现实的意义。如果不考虑有限公司的人合性，新加入的股东可能会陷入与原股东之间的矛盾之中，形成一种对抗的状态。投资人通过增资扩股加入公司并长久地与公司、其他股东之间发生权利义务关系。这种行为在本质上属于组织行为而非一般的民事交易行为。其次，股东会作为公司的意思形成机关，依照法律规定采取资本多数决的

---

[1] 参见最高人民法院［2010］民提字第48号民事判决书。

[2] 王勇华："董事会决议效力之法理基础——以公司法第22条为中心展开"，载王保树教授七秩华诞祝贺文集编写组编：《商法、经济法的最新发展》，法律出版社2010年版，第250页。

方式作出是否增资扩股的决议，也体现了增资扩股的组织性。

传统民事法律行为理论基本上是与程序无缘的理论，欠缺对行为过程（包括意思形成过程和意思表示过程）的关注，导致了大量程序性规范在民事法律行为理论中找不到归宿。[1]民法理论以意思表示为中心，着眼于法律效果，在分析问题的时候，忽略对行为、过程和组织性的关注。因此，民法视野会对增资扩股的组织机制视而不见，无法包容公司的人合与资合性质以及股东会决议的过程。增资扩股的过程在民法视野中成为一个"黑箱"。而且，根据民法理论的生效要件说，将直接否定擅自增资扩股的效力而不给予程序上的救济机会。因此，若将民法规则适用于增资扩股，就会出现僵化的处理方式。

2. 股东保护机制

公司存续期间资本的每一份额所包含的净资产及其价值，与公司设立时并不相同。在增资扩股时，需要开展清产核资工作，评估资产的价格，对增加的股权进行定价。如果定价过低，则原股东的利益就会被稀释。同时，定价又是一件难度较大的事情，虽然现行的股票定价方法已经有很多种，在财务上有市盈率估算法、现金流贴现法等方法，但是这些方法只能近似地衡量股权的价格。原股东无论如何都面临着权益被稀释的风险。因此，除了依照客观的财务方法来确定新增股权的价格之外，还应尊重股东的主观判断。当股东认为发行价格低于价值时，原股东可以按照实缴的出资比例优先认缴出资。增资扩股可能会引起原股东在公司中投票权比例的变化，从而可能引起控制权的变化。为了维护原股东既有的地位，也需要赋予原股东按照实缴的出资比例认缴出资的优先权。

如果按照增资扩股的实质机制，在股东会决议无效或不存在的情况下，投资人无法得到相应的股权。例如原某臣与上海亚朋生物技术有限公司（以下简称"亚朋公司"）股权确认纠纷一案。一审

---

[1] 王勇华："董事会决议效力之法理基础——以公司法第22条为中心展开"，载王保树教授七秩华诞祝贺文集编写组：《商法、经济法的最新发展》，法律出版社2010年版，第248页。

法院认为：原某臣未取得亚朋公司的股东身份。原某臣提供的《入股合资经营协议》和收条不足以证明原某臣与亚朋公司之间存在出资入股的法律关系，因此，原某臣要求确认其为亚朋公司股东的诉讼主张缺乏事实和法律依据，一审法院难以支持。二审法院认为：原某臣与张某营签订《入股合资经营协议》的目的系通过亚朋公司增资扩股方式成为亚朋公司股东，但是该协议未经亚朋公司股东会决议通过，未确定原某臣投资数额及股权份额。且在协议之后亚朋公司的多次变更过程中均未涉及原某臣，原某臣也从未行使过股东经营管理公司的义务，也未享受过公司股东的权利，现在张某营已不是亚朋公司的股东，故原某臣再以其与张某营签订的协议为据主张亚朋公司增资扩股吸收其为公司股东的主张无事实依据及可能。[1]法院在判词中将增资扩股未经过股东会决议，作为原某臣未取得股东资格的重要理由。

重视公司增资扩股的实质机制，也可以保护那些权利被稀释的股东。例如上诉人上海新宝建筑安装工程有限公司（以下简称"新宝公司"）与被上诉人黄某忠等股权纠纷一案。2004年4月21日，黄某忠与陈某某等共同出资登记设立宏冠公司，注册资本为400万元，黄某忠持股20%。2006年10月20日，工商部门根据宏冠公司的申请，将宏冠公司登记的注册资本由400万元变更登记为1500万元，同时增加股东新宝公司，新宝公司出资1100万元，持股73.33%。黄某忠的持股比例稀释至5.33%。实际上，黄某忠等6位宏冠公司股东未就宏冠公司增资1100万元事宜召开过股东会。新宝公司用于所谓宏冠公司增资的1100万元于2006年10月18日完成验资后，以"借款"的形式归还给新宝公司。宏冠公司后更名为江苏恩纳斯公司。一审法院认为：黄某忠在宏冠公司设立时依法持有宏冠公司20%的股权。在黄某忠没有对其股权作出处分的前提下，除非宏冠公司进行了合法的增资，否则黄某忠的持股比例不应当降低。新宝公司等被告声称宏冠公司曾于2006年10月20日完成增资1100

---

[1] 参见上海市第一中级人民法院［2010］沪一中民四（商）终字第66号民事判决书。

万元，并为此提供了股东会决议，但在黄某忠、陈某某、陈某、张某、顾某某、王某某作为宏冠公司的前股东未就宏冠公司增资1100万元事宜召开过股东会，这违反了宏冠公司的章程及法律的规定，是无效的行为。此外，从结果上来看，新宝公司用于所谓增资的1100万元，在完成验资后，就以"借款"的形式归还给了新宝公司，此种情形不能认定新宝公司已经履行了出资的义务。据此，一审法院判决确认黄某忠自2004年4月21日起至2009年6月24日止期间持有宏冠公司（已更名为江苏恩纳斯公司）20%的股权。二审法院认为：宏冠公司系黄某忠与其他股东共同出资设立，设立时黄某忠依法持有宏冠公司20%的股权。在黄某忠没有对其股权作出处分的前提下，除非宏冠公司进行了合法有效的增资，否则其持股比例不应当被降低更不应以工商变更登记后的1500万元注册资本金额来降低黄某忠在宏冠公司的持股比例，而仍旧应当依照黄某忠持有20%的股权比例在股东内部进行股权分配。据此，二审判决驳回上诉，维持原判。[1]

四、新规带来的影响

《民法总则》第85条规定："营利法人的权力机构、执行机构作出决议的会议召集程序、表决方式违反法律、行政法规、法人章程，或者决议内容违反法人章程的，营利法人的出资人可以请求人民法院撤销该决议，但是营利法人依据该决议与善意相对人形成的民事法律关系不受影响。"《公司法解释四》第6条规定："股东会或者股东大会、董事会决议被人民法院判决确认无效或者撤销的，公司依据该决议与善意相对人形成的民事法律关系不受影响。"

《公司法解释四》的规定与《民法总则》的规定并不一致。根据《民法总则》的规定，如果增资扩股的股东会决议属于可撤销情形，善意的相对人可以通过增资扩股获得股权。而《公司法解释四》突破了《民法总则》的规定，扩大了股权善意取得的范围，即使股

---

[1] 参见上海市第二中级人民法院［2013］沪二中民四（商）终字第188号民事判决书。

东会增资扩股的决议无效,善意相对人也可以取得股权。现实中增资扩股股东会决议无效或可撤销的情况较少,而股东会决议不存在的情况较多,这种情况就无法适用股权的善意取得制度了。

对于受到侵害的股东而言,有两种维权之路:一种是请求法院确认股东会决议无效,一种方式是要求确认自己的股权比例,以此来维护自己的权利。部分地方性的规定也有参考价值,例如,北京市高级人民法院《关于审理公司纠纷案件若干问题的指导意见(试行)》规定:"6. 因公司与股东以外的第三人签订出资协议纠纷而提起的诉讼如何确定当事人?公司与股东以外的第三人签订出资协议,由股东以外的第三人向公司投资,公司承诺给其股东身份,属于公司增资扩股行为。由此提起的诉讼,应当以公司和增资扩股协议的签订人为双方当事人。公司股东对增资扩股协议有异议的,可以作为原告提起诉讼,以公司和增资扩股协议的签订人为共同被告。"如果第三人善意取得相应的股权,此时被侵害的股东只能要求有关主体承担过错赔偿责任了。

一方面原来的股东被侵害,另一方面第三人可能已经管理公司多时。如何在二者之间选择,仍然是一个难题。不仅法律规定,而且现实状况也是法院考量的因素。《公司法解释三》规定,成为公司的股东,需要依法向公司出资或者认缴出资,且不违反法律强制性规定,但是《公司法解释四》中的股权善意取得制度,使《公司法解释三》中的"依法"出资或认缴出资的严肃性也打了折扣。面对这一局面,法院很可能在第三人善意的判断标准方面摇摆不定。如果第三人积极参与公司管理,也许在天平上的砝码更重。

五、增资扩股的制度改进

有限公司的增资扩股机制实际上包括公司组织机制以及股东保护机制,然后通过"投资人——公司"的合同机制的形式实现增资扩股。在现有的公司法规定之下,如果公司擅自增资扩股,则侵犯了公司的组织机制和原股东的权利,具有明显的负外部性。

有限公司增资扩股的机制较为复杂,而商机转瞬即逝。当公司急需资本的时候,有权作出增资扩股决议的股东会并不一定来得及反应，而负责公司经营事务的董事会又无权作出决议。公司的负责人可能会抱有"事急从权"的想法，为及时融资而擅自增资扩股。对于这一问题，多数国家的公司法在权衡利弊之后，采取了务实而灵活的做法，一方面实行授权资本制，由股东会将发行股份的权利授予公司董事会；另一方面弱化原股东的优先权。正如阿道夫·伯利（Adolf Berle）和加德纳·米恩斯（Gardiner Means）所说："现代公司融资的趋势也在朝着快刀斩乱麻的方向发展，而优先权带来了太多的麻烦。很多法律允许公司章程加入适当的条款取消优先权。"[1]一些英美法系的公司法规定只有在公司章程明示的情况下，原股东才享有优先权。以上措施较好地解决了公司融资紧迫性的问题，为适应有限公司的融资需求，建议我国公司法借鉴相关做法。

---

[1] [美] 阿道夫·A. 伯利、加德纳·C. 米恩斯：《现代公司与私有财产》，甘华鸣等译，商务印书馆2007年版，第188页。

第六章 CHAPTER6
股权转让

第一节 股权转让的多重限制

一、来自股东的限制

从现行法律的规定来看，我国有限公司的股东将股权转让给股东之外的第三人，需要经过其他股东过半数同意，从其他股东的角度来说，他们享有同意权。在股权转让时，其他股东在同等条件下享有优先购买权。这两个权利是两个相互独立的权利，其他股东同意转让，并不意味着放弃优先购买权，而放弃优先购买权，并不意味着同意股权转让。很多人，甚至一些律师，都缺少区分两种权利的意识。

曾经发生这样一件事，某有限公司的一个股东将自己的股权转让给股东之外的第三人（第三人为该股东的儿子），其他股东当时也同意接纳第三人为股东。律师制作法律文件的时候，做了一份股东会决议，大致内容如下：股东一致同意某股东将股权转让给第三人。后来因为第三人与其他老股东发生了一点矛盾，加之转让价格较低，其中一位股东发函要求行使优先购买权。且不说最后结果如何，如果律师在制作法律文件的时候，除了写明股东一致同意将股权转让给第三人之外，再明确写明其他股东放弃优先购买权，就可以很好地解决这个问题了。实际上，不论在非诉中，还是在诉讼中，都存在忽视股东同意权或优先购买权的问题。即使专业人士，例如法官和律师,也容易忽略这个问题。

　　同意权对转让人的约束是软约束。《公司法》第71条第2款规定:"股东向股东以外的人转让股权,应当经其他股东过半数同意。股东应就其股权转让事项书面通知其他股东征求同意,其他股东自接到书面通知之日起满三十日未答复的,视为同意转让。其他股东半数以上不同意转让的,不同意的股东应当购买该转让的股权;不购买的,视为同意转让。"我国公司法对同意权的立法模式是如果不同意,应当购买,如果不买,视为同意。所以这种对股权转让的约束实际上是很微弱的约束。

　　优先购买权的约束程度更高一些,《公司法解释四》对优先购买权作了较为详细的规定,初步澄清了优先购买权的性质。股东优先购买权,是指当有限责任公司的股东对外转让其股权时,其他股东基于股东资格和地位而享有的在同等条件下优先于第三人购买该股权的权利。对于优先购买权的法律性质,也有许多争议,但是随着《公司法解释四》的出台,关于优先购买权的规定更加详细,对减少争议具有重大的意义。因而,我们对于股东优先购买权的认识,不能仅仅局限于该权利的应然性质,还要考虑法律对股东优先购买权法律性质的实然规定。对于股东优先购买权的法律性质,主要存在以下观点:期待权、请求权、形成权、附条件的形成权。按照个人的理解,从目前《公司法解释四》的具体规定来说,优先购买权应当属于请求权。理由如下:《公司法解释四》第20条规定:"有限责任公司的转让股东,在其他股东主张优先购买后又不同意转让股权的,对其他股东优先购买的主张,人民法院不予支持,但公司章程另有规定或者全体股东另有约定的除外。其他股东主张转让股东赔偿其损失合理的,人民法院应当予以支持。"假如股东优先购买权是形成权,则股东可以单方决定与转让方形成股权转让合同关系,无需转让方同意。一旦股权转让合同成立生效,即可以要求强制履行。在股权转让的履行中,并不存在不适合强制履行的情形。但是从该条的规定来看,转让方在其他股东主张优先购买权后,又可以不同意转让(章程另有规定及全体股东另有约定除外),在转让方不同意转让股权的情况下,人民法院不支持其优先购买权的主张。既然在履行方面不存在障碍，那么就应当是在一般情况下其他股东主张优先购买权的，也并不产生强制缔约的效力。因此，优先购买权的性质应当是请求权，而不是形成权。至于特殊的情况，可以运用强制缔约请求权说来解释。形成权说虽然可以解释强制缔约的情况，但是却不能解释转让方"反悔"，因为这种合同，法院并不应赋予转让方单方解除权。综上，合理的解释就是股东主张的优先购买权并不是形成权。

从《公司法解释四》的规定推断，我国目前采纳的是请求权说。虽然在特殊的情形下，无论是采取形成权还是采取强制缔约请求权说，其效果一致。但是，形成权说不能解释一般的情形，请求权说不仅可以解释一般的情形，还可以解释特殊的情形。另外，期待权说无法解释强制缔约的情形，所以期待权说也不合适。

《公司法解释四》第21条规定："有限责任公司的股东向股东以外的人转让股权，未就其股权转让事项征求其他股东意见，或者以欺诈、恶意串通等手段，损害其他股东优先购买权，其他股东主张按照同等条件购买该转让股权的，人民法院应当予以支持，但其他股东自知道或者应当知道行使优先购买权的同等条件之日起三十日内没有主张，或者自股权变更登记之日起超过一年的除外。"该条规定了特殊情况下股东强制缔约的权利，还规定了"三十日"和"一年"两个期间，这两个期间应当属于除斥期间，一旦经过，权利即归于消灭。形成权有除斥期间的规定，请求权也可以有除斥期间的规定。因而，综合判断下来，有限公司股东的优先购买权属于请求权。

如果现行法律对股东优先购买权的规定，使其不能归入一种权利的范围，也不必削足适履，生硬地将其归入某一种权利，只需要将其作为一组权利的排列组合即可。英美法系在这个问题上，比大陆法系豁达得多，也不会整天在这些概念、性质里绕来绕去。英美法系的态度是：解决问题就好。大陆法系一再探索优先权的性质，能说清楚吗？笔者感觉不能。

二、来自章程限制

《公司法》第71条第4款规定:"公司章程对股权转让另有规定的,从其规定。"公司章程对有限公司股权转让进行限制,在法律上已经有了比较明确的规定,学术界也进行了深入的探讨,成果非常丰富。但对于股份公司章程限制股权转让的情形,各界研究尚不够充分。本章中主要研究股份公司章程限制股份转让的问题。

我国《公司法》第137条规定股份公司的股东持有的股份可以依法转让。第141条中规定股份公司的章程可以对公司董事、监事、高级管理人员转让其所持有的本公司股份作出其他限制性规定。对于股份公司的章程能否在法律明文规定之外限制股份自由转让,公司法上并没有明确规定。按照通常的理解,股份自由转让是股东的一项权利,也是股份公司的一项法律特征,除了《公司法》第141条规定的情形以外,公司章程不能限制股权的转让。然而实践中的问题要复杂得多,很多股份公司在章程中对股份转让进行了限制,学术界对相关法律规定的理解也颇有不同。在主要发达国家和地区的立法实践中,关于章程限制股份转让在立法上规定得比较完备,与此相比,我国的立法则显得过于单薄,不能满足公司法主体的要求及回应现代公司发展的需要。因此,本章将探讨公司章程限制股份自由转让以及背后的逻辑关系,以完善我国的有关立法规定。

(一)域外相关法律实践及简评

由于各国的公司法具有较强的共通性,研究与借鉴域外公司法的规定与实践,有助于检讨和完善我国公司法在公司章程限制股份转让方面的规定。

1. 域外法律规定与实践简介

从域外的现实立法上来看,法律允许公司章程在某些情况下对股份转让进行限制,并对限制的方式、理由等进行了规定。

《美国示范公司法》第6.7条第2、3款规定:"对公司股份转让或注册的下列限制为本法所允许:(1)为了维护以来股东数量或身份的公司地位或状态;(2)为了继续享受联邦或州证券法规定的豁免;(3)其他任何合理目的。"

美国特拉华州是美国公司法最为发达的地区。《特拉华州普通公司法》第 159 条规定："公司股份应视为个人财产，可以根据第六编第一章第 8 条的规定转让。"第 202 条规定了证券转让与证券所有的限制，该条规定篇幅过长，本书择其精要进行介绍。其主要内容是"同意限制"和"禁止性限制"，同意限制是基于股份持有人的同意或义务的转让限制，禁止性限制包括为了保持税收优势或保持制定法或者规章上的优势，或与制定法或者规章保持一致，对证券转让或者转让登记的其他合法限制。限制股份转让需要有合理的目的。如在 Goldberg v United Parcel Serv.，一案中，法院认为对股份自由转让的限制必须要有合理的理由（must be for reasonable purpose）[1]。

1985 年《英国公司法》第 182 条规定："公司股东在公司的股份和其他利益属于股东的个人财产，并且可以依公司章程进行转让，但股份转让要符合《1963 年股份转让法》的规定。"2006 年《英国公司法》第 541 条规定："成员在公司中的股份或其他利益是动产（或者自苏格兰，个人财产），不具有不动产（或机场财产）的性质。"第 544 条规定："（1）任何成员在公司中的股份或其他利益，根据公司章程是可以转让的……"[2]

《德国股份法》第 68 条第 2 款规定："章程可以使转让受公司的同意，同意由董事会给予，章程可以规定据以拒绝同意的理由。"[3]但是章程限制股份自由转让必须公平合理。如果董事会在同等条件下同意了一个股东的出让要求，而拒绝了另一位股东，那么董事会就是滥用职权。相关的股东可以要求董事会批准其转让要求。[4]德国联邦最高法院审理过一个典型的案件，在一起案件中（BGH BB 1987 年，435），原告（女）已经负债累累，并且靠社会救济为生，她打算出让其持有的被告股份有限公司的记名股股票。一个第三者

---

〔1〕 Alan·R. Palmiter：Corportion：examples and Explanations，p.334，Aspen Publishers Awoiters Kluwer Company，2003，中信出版社 2003 年（影印本）。

〔2〕《2006 年英国公司法》，葛伟军译，法律出版社 2008 年版，第 344 页。

〔3〕《德国股份法、德国有限责任公司法、德国公司改组法、德国参与决定法》，杜景林、卢湛翻译，中国政法大学出版社 2000 年版，第 28 页。

〔4〕［德］托马斯·莱赛尔，吕迪格·法伊尔：《德国资合公司法》（第 3 版），高旭军、单晓光、刘晓海、方晓敏等译，法律出版社 2005 年版，第 123 页。

愿意以 350 000 马克的高价购买其股份,而本公司的一个股东仅仅出价 100 000 马克。由于让外部人收购不符合家族的利益,公司股东大会根据章程的规定作出决定,拒绝原告将股份转让给上述第三者。联邦最高法院在判决中判定,如果本公司的股东提供了一个合理的出价,欲出让股份的股东就可以将其持有的股份转让给本公司的股东;在这种情况下,让股份保留在家族中的利益高于股东欲高价出售的个人利益。所以,联邦最高法院指令州高等法院查清相关股份的价值。可见,德国的资合公司法允许章程限制股份转让,但是不许利用这种限制损害股东股份的价值。因此,滥用限制是不被允许的。

《法国商事公司法》第 274 条规定:"除继承、夫妻共有财产清算、向其配偶或直系尊亲属或直系卑亲属转让的情况外,公司章程可以作出规定,以任何名义向第三人转让股票应获得公司的许可。只有在根据法律或章程的规定股票全部采取记名形式的情况下,才可以作出此种规定。不向社会公开募集的公司,其章程规定将股份留给公司职工时,可制定上述第一款所禁止的许可条款。只有该条款的目的是避免使所指股份转让给不具有公司职工身份的人。任何违反章程中规定的许可条款进行的转让,无效。"

1995 年前实施的《韩国商法》第 335 条第 1 款规定:"股份的转让,不得以章程加以禁止或者限制。"1995 年修改后的《韩国商法》第 335 条规定:"股份可以转让给他人。但,股份的转让可以规定为需按照章程的规定获得董事会的承认。"[1] 对于限制的对象,虽然没有明文规定,但一般认为转让限制只有适用于记名股份。从无记名股份的属性来看,无记名股份仅凭持有的股票就可以证明其权利,因此不能限制该持有人。[2]

《日本商法典》第 204 条第 1 款规定:"股份可转让给他人,但并不妨碍可依章程规定转让股份须经董事会同意的意旨。"

《香港公司条例》第 65 条规定:"公司任何成员在公司所持的股

---

〔1〕 [韩] 李哲松:《韩国公司法》,吴日焕译,中国政法大学出版社 2000 年版,第 265 页。

〔2〕 [韩] 李哲松:《韩国公司法》,吴日焕译,中国政法大学出版社 2000 年版,第 265 页。

份或其他权益,均为非土地产业,可按公司章程细则所订立的方式转让,而不属于土地产业性质。"

《新加坡公司法》第 121 条规定:"公司股份或者其他股东权益是可转让的财产,可依据公司章程规定的方式转让,除了依据其性质不可转让的除外。"

禁止公司章程限制股份自由转让在立法上并不多见。除了韩国 1995 年以前的《韩国商法》之外,我国台湾地区"公司法"第 163 条规定:"公司股份之转让,不得以章程禁止或限制之。"

2. 域外法律规定简评

通过分析域外国家的公司法,可以发现以下特点:

(1) 多数国家的公司法明确规定每一家公司的股份都是个人财产,均具有可转让性。原则上股东拥有股份自由转让的权利。

(2) 许多国家的公司法规定公司股份的转让应当按照公司章程规定的方式转让,或者规定公司章程在某些情形下可以限制股份的转让,从而在法律上确定股份自由转让并非是绝对自由的,它也并非一项不可动摇的原则,而只是一种原则性的规定。在公司章程限制股份自由转让的有关规定方面,《美国示范公司法》和《特拉华州普通公司法》规定得较为详尽,其余国家和地区的规定则较为抽象。

(3) 公司章程对股份的限制,应当具有合理的目的。普通法的法定评判标准是它必须"没有不合理地限制或禁止流通性"。[1]在德国,如果章程规定得限制使股东根本不可能出让其股份,那么这种限制就没有法律效力。[2]

(4) 虽然有些国家和地区规定股份自由转让不受限制,然而公司章程可以限制股份自由转让似乎成为一种趋势。例如《韩国商法》经过修改,允许公司章程限制股份自由转让。韩国学者李哲松认为,这是对股份公司作为纯粹资本团体的股份公司本质论的重大修改。

---

〔1〕 [美] 罗伯特·W. 汉密尔顿:《美国公司法》,齐东详译,法律出版社 2008 年版,第 218 页。

〔2〕 [德] 托马斯·莱赛尔,吕迪格·法伊尔:《德国资合公司法》(第 3 版),高旭军等译,法律出版社 2005 年版,第 123 页。

大部分股份公司为非上市公司,而非上市公司大体上由少数的人员组成,与理论上所认识的那种股份公司在本质上是不同的,事实上大多以不次于人合公司的人际纽带关系为基础运营。因此,以理论上的股份公司为模型,绝对贯彻股份转让自由是非现实的。[1]

我国台湾地区的"公司法"禁止公司章程限制股份自由转让。1954年台上字七七一号判例谓:"股份公司股份转让……但股东之个性与公司之存续并无重大关系,故除公司法(旧)第一百六十条、一百六十一条之但书规定外,股东自可将其股份转让于他人。"[2] 柯芳枝先生在援引该案例时,也认为股份公司的个性与公司的存续之间无重大关系,股份公司的股份可以自由转让,公司章程不得在法律规定之外进行限制。但是学者对该款规定的周密性提出质疑,并以台湾地区"最高法院"认定股份转让之契约限制有效的判例为例,论证其缺陷所在,建议借鉴日本立法予以完善。[3] "凡公司,不愿股东之时常变易,均得以章程预设限制,或纯然禁止,或需得公司之同意,均无不可采行。而公司章程苟具此等明文,则股东皆当遵守,不然,即使实行转让其股份,而在法律仍无效力也。新'公司法'虽无'除章程别有订明外'之一语,亦自得以此解之也。"[4] 以上各国或地区的规定间接说明公司章程限制股份自由转让具有合理性。实际上,公司法允许公司章程限制股份转让具有一定的普遍性。

(二) 国内的学说、实践及简评

股份转让是股东将其所持有的公司的股份全部或部分转让给他人的法律行为。在没有法律规定的情况下,公司章程能否对这种法律行为进行限制尚不明确,而实践中出现的公司章程限制股份转让的案件又使之成为一个无法回避的问题。我国的学者和实务部门对此也进行了研究。对于这一问题,本书将相关的观点归纳梳理,并

---

[1] [韩]李哲松:《韩国公司法》,吴日焕译,中国政法大学出版社2000年版,第264页。
[2] 参见柯芳枝:《公司法论》,中国政法大学出版社2004年版,第180页。
[3] 刘连煜:《现代公司法》,新学林出版股份有限公司2006年版,第235~240页。
[4] 王效文:《中国公司法论》,中国方正出版社2004年版,第181页。

将其区分为否定说、肯定说和法院的观点:

(1) 否定说。这种观点否认公司章程可以在法律规定之外限制股份自由转让,并将股份自由转让作为公司法的一项原则。例如,有学者基于对现行公司法的理解,认为"股份自由转让原则应包括两层意思:一是股东转让股份只要不违反强行法律规定,就可以自由地进行,不受他人干涉;二是股东转让出资所涉及的是投资者之间的法律关系,公司章程不得规定对非在公司任职的股东禁止或限制股份转让"。[1]还有学者认为:"所谓股份转让自由原则,对于股份转让自由权,不得以章程禁止或限制,章程有此规定应属无效。"[2]否定说的理由主要有以下几个方面:一是股份公司的资合性特点。我国台湾地区学者柯芳枝认为:"股份有限公司是最典型的资合公司,以公司资产作为其信用基础,股东个人的信用好坏对公司而言则无关宏旨,股东之间的人身关系也较为松散,因此股份可以自由转让和流通。除法律有特别规定之外,公司不得以章程或其他方式对股份转让进行限制。"[3]二是股份公司有限责任的特点。如果限制股东股份自由转让,将使得投资者被锁定在公司里,对公司望而却步,严重影响公司制度在现代社会中发挥作用。正如新西兰著名公司法学者费勒所指出的,有限责任和股权的自由转让是联系在一起的。如果否定了股权的自由转让,也就破坏了有限责任原则。[4]三是保护中小股东的利益。在中小股东对公司政策不满时,可以通过转让股份的方式退出公司,而限制股份自由转让则可能损害中小股东的利益。

(2) 肯定说。部分学者赞成章程可以在法律规定之外限制股份转让,其主要理由如下:一是部分股份公司具有人合性的特点。有学者认为相当一部分有限公司是非上市公司,也存在人合性,因此,

---

[1] 王保树、崔勤之:《中国公司法原理》,社会科学文献出版社2006年版,第230页。

[2] 柯芳枝:《公司法论》,中国政法大学出版社2004年版,第184页。

[3] 赵旭东:《新公司法讲义》,人民法院出版社2005年版,第403页。

[4] 郭卫华:《股权纠纷新型典型案例与专题指导》,中国法制出版社2010年版,第101页。

非上市公司章程可以对记名的股票转让作出限制性的规定。[1]二是股东可以合意限制股份自由转让。"公司章程是全体股东的协议，如果公司章程规定了限制，这样的限制是有效的，因为它表明所有的股东都同意这样的限制。"[2]持肯定说的学者一般认为公司章程对股份转让的限制应当是有限的。如有学者认为未公开发行股份的股份公司可以通过公司章程限制公司股份的转让，但仅得限制股份转让对象，且该种限制不得导致股东的股份事实上无法转让，否则无效。[3]还有学者认为这种限制只适用于记名股东，而不适用于无记名股东；只适用于非上市股份，而不适用于上市股份。[4]

（3）法院的观点。[5]依据判决和公开的观点，人民法院对这一问题也持否定意见。如常州百货大楼股份有限公司与常州市信和信息咨询有限公司等股份转让纠纷一案中，一审法院认为：有限公司股份的依法自由转让是其基本要求。公司章程规定的对股份转让的限制，没有必要的正当理由，更无相应的补救措施。这种对股份让渡不合理的限制，除妨碍股份交易外，还必然影响股份转让价格。因此，章程对股份转让所作的限制性规定，违反股份转让的基本原则，变相剥夺了股东的股份转让权，应认定无效。二审法院认为：是否允许股份有限公司章程限制股份转让属于立法政策问题，如果法律允许章程设限，将会明确作出规定，否则不得以章程设限。股份有限公司属于资合公司，股份转让的自由度不仅直接影响公司自身利益和公司内部中小股东的利益，更关涉公司外部第三人的利益。除非公司章程本身提供了相应的救济手段，否则认可其效力将使得拟转让股份的股东丧失救济渠道，与股份有限公司的特征及立法精

---

〔1〕 王林清、顾东伟：《新公司法实施以来热点问题适用研究》，人民法院出版社2009年版，第347页。

〔2〕 施天涛：《公司法论》，法律出版社2006年版，第258页。

〔3〕 王林清、顾东伟：《新公司法实施以来热点问题适用研究》，人民法院出版社2009年版，第348页。

〔4〕 施天涛：《公司法论》，法律出版社2006年版，第258页。

〔5〕 虽然法院的观点和否定说相同，但是其所持的理由反映了实务部门对该问题的逻辑思路，和否定说的理由有较大区别，故本书将其与否定说并列。

神相违，故公司章程就股份转让所作的限制性规定应为无效。[1]上海市高级人民法院认为：中小股东很容易受到侵害，法律需要制定更多的强制性规定对中小股东予以保护。股份有限公司是资合性公司，股份自由流通是其生命，关涉公司和第三人的利益。如果公司章程对公司股份进行限制，则构成对股份公司资本制度的破坏，可能会对包括公司股东、债权人在内的利益相关者权益造成侵害。股份转让的规定属于法律的强制性规定，公司章程不能对股东自由转让股份的行为进行限制。[2]2018年7月山东省高级人民法院民二庭《关于审理公司纠纷案件若干问题的解答》对"如何认定公司章程中禁止或者严格限制股权（股份）转让条款的法律效力？"进行答复时认为："公司章程是一种具有契约属性的公司自治规则。公司章程不得与公司法的强制性规范及公司法的基本精神、原则相冲突，如有冲突，所制定的条款无效。……（2）股份有限公司章程不能限制或禁止股份转让。理由：关于股份有限公司的股份转让，《公司法》第137条规定"股东持有的股份可以依法转让"，没有规定公司章程可以对股份转让另行规定，因此股份有限公司章程不能限制股份转让。"

在股份公司的章程能否限制股份转让问题上，学者基于不同的理由提出了各自的观点。但笔者认为，上述认识并不妥当。下面对前述的观点和理由逐一评析：

（1）关于否定说。首先，关于股份公司资合性的特点。诚然，在股份公司中，股东与公司之存续无重大关系，但这只能说明股份自由转让具有合理性，并不能得出章程不能对其进行限制的结论。

---

[1] 参见"常州百货大楼股份有限公司诉常州市信和信息咨询有限公司等股份转让纠纷案"，载《江苏省高级人民法院参阅案例》2007年第9期，第7~21页。基本案情：常州百货公司在国营常州百货大楼的基础上改制成立于1993年4月27日。注册资金为5000万元，股份结构为：国家股2000万元，法人股2300万元，职工个人股700万元。《公司章程》第17条载明：一个法人股股东持有本公司的股份，原则上不得超本公司股份总额的5%，对于突破本条界限的法人股东，在获得公司股份总额5%以上时，必须经本公司同意。

[2] 参见张海棠主编：《公司法适用与审判实务》，中国法制出版社2009年版，第285页。

其次，关于公司有限责任的特点。我国法律允许章程在某些情况下限制股份转让，说明有限责任并不排斥章程限制股份自由转让。因此，学者以公司的有限责任特点来支持否定说并无说服力。最后，关于保护中小股东的利益。无论是学者还是法院，都担心章程限制股份转让可能会损害中小股东的利益。这种思维实质上是将章程可否限制股份转让的问题与利用限制股份转让的方式损害中小股东利益的问题混为一谈。如果大股东滥用股东权利，无论是采取限制股份转让的方式还是采取其他方式来损害中小股东的利益，都是非法无效的。而且，限制股份转让也并非是中小股东利益受损的症结所在，在大股东肆意侵害中小股东的情况下，即使对股份的转让毫无限制，中小股东的股份也无人问津，其利益照旧受到侵害。

（2）关于肯定说。其一，关于股份公司具有一定的人合性的理由。人合性并非股份公司的基本特点，即使闭锁型的股份公司，其基本特点仍然在于资合性。因此以人合性解释公司章程限制股份转让的合理性并不恰当。其二，关于股东合意限制股份转让的理由。现代公司法实行资本多数决，在限制股份转让的问题上，股东的意见未必一致。这种观点建立在股东同意自我设限的基础上，无法解释对于异议股东的股份能否限制转让，因而不具有周延性。

（3）法院的观点与否定说基本相同。但是法院在陈述其判决理由时，认为限制股份自由转让需要"正当理由"和"救济手段"，似乎表明如果存在正当理由和救济手段，公司章程限制股份转让就具有了正当性基础。虽然法院采纳了否定说的观点，但是判决的说理部分还是反映了法院在这一问题上的矛盾心态。法院似乎意识到如果章程限制股份自由转让是正当的，那么还是可以有效的，但是法院最终在这一问题上还是采取了含糊其辞的态度。另外，法院将股份自由转让作为公司法的一项原则，并无法律依据。另外，公司法也并非不允许章程限制股份转让，《公司法》第141条即允许公司章程对董监高持有的股份的转让进行限制。所以，法院的观点值得商榷。

（三）对章程限制股份转让的考量

在研究这一问题时，我国持否定说的学者看到了股份公司章程限制股份自由转让可能造成的危害，但是却忽略了限制股份转让存在的合理性。持肯定说的学者凭着直觉认为公司章程可以在某种程度上限制股份转让，但是也无法给出合理的解释以及背后的逻辑。股份自由转让与章程限制之间是公司法上的一对冲突的矛盾，这个冲突普遍存在于各国和地区的公司法。

1. 股份自由转让与章程限制之间的选择之困

各国普遍允许股份依法自由转让，并将此规定为股东的一项权利。股份的自由转让对公司及其股东具有重要的意义，并可促进公司制度的发展，开拓公司制度发挥作用的空间。股份自由转让使得公司在股东身份发生变化的情况下仍然可以毫不间断地开展贸易活动，并免遭常见于合伙、合作社或者其他互助组织中的成员退出投资而带来的困扰。反过来，股份的自由转让又提高了股份的流通性，有助于股东实现多元化的投资组合。[1]美国公司法学者罗伯特·克拉克教授将股份公司快速发展的原因归结为以下四个因素，即投资人的有限责任、投资人权益的自由转让、法人人格、集中管理。正是这四种功能发挥了积极作用，极大地促进了来自众多投资人的大量资金的有效集中，并使拥有众多股东和雇员的大型企业得以有效运转。[2]股份自由转让还有利于股份公司吸收投资，成立大型企业，完成中小企业没有实力完成的商业计划。

但是，公司章程是根据国家赋予的"公司自治立法权"而制定的，是在国家强制性规范的指导下订立的规定公司对内对外活动的自治法。一般来说，英美法国家的公司法基本上都承认采用公司章程或者股东的特别约定来限制封闭公司的股份转让行为。[3]限制股份自由转让有利于控制大股东的风险。股份公司的股东以其出资额或认缴的出资额为限对公司承担责任，大股东因出资额较大，其风险明显高于中小股东。为了控制大股东的风险，就需要维持股权结

---

〔1〕[美]亨利·汉斯曼等:《公司法剖析:比较与功能的视角》，刘俊海等译，北京大学出版社2007年版，第13页。

〔2〕[美]罗伯特·克拉克:《公司法则》，胡平等译，工商出版社1999年版，第2页。

〔3〕奚庆、王艳丽:"论公司章程对有限公司股份转让限制性规定的效力"，载《南京社会科学》2009年第12期。

构和控股股东的地位,对股份转让进行限制。股份自由转让无疑会增加大股东维护控制权的难度,因此需要限制股份转让以控制大股东的风险。限制股份自由转让还有利于维护管理层的稳定,减少管理成本,维护股权结构相对稳定的状态,避免股东之间为了争夺管理权而发生争斗,从而提高公司的效率。

股份自由转让与限制股份转让各具有一定的价值,同时又具有对立性的特点,一方之所长即为另一方之所短,各有利弊。这让人们在判断章程能否限制股份自由转让时,倍感困惑,同时也暗示着不假思索的支持股份自由转让或限制自由转让,可能存在不妥,应当寻找新的研究方法,权衡利弊、趋利避害地进行选择。

2. 对章程限制股份转让的经济分析

股份自由转让和限制股份转让都是对一种经济资源的安排,虽然两种安排各具价值,但在实际生活中,往往也只能选择其一。如果允许章程限制股份转让,则股东自由转让股份的价值就会受到损害,如果允许股份自由转让,则章程限制股份转让的价值也将受到损害。在科斯看来,这类问题在本质上具有相互性,"真正必须决策的问题是:是允许 A 损害 B,还是允许 B 损害 A?问题的关键在于避重就轻"。[1]如果不清楚股份自由转让与限制转让之间的价值和代价各是几何,就无法做到避重就轻,也很难在二者之间选择更有效率的安排。如果从权利的视角进行观察,该问题是一个在股东的股份自由转让权和公司限制股份自由转让的公司自治权之间如何界定和选择的问题。公司是商事组织,追求效率符合其商业理性,股东投资于公司,也具有逐利性。在对两种冲突的权利进行选择的时候,无论是公司还是股东,都要求更高效率和收益的权利安排。

根据科斯定理,如果交易成本(transaction costs)为零,无论法律结构如何,都会导致有效率的安排。在交易成本为零的情况下,无论是将股份自由转让权还是将公司限制股份转让的自治权界定为

---

[1] [美]罗纳德·科斯:"社会成本问题",龚柏华、张乃根译,载[美]科斯:《企业、市场与法律》,盛洪、陈郁译校,格致出版社、上海三联书店、上海人民出版社2009年版,第183页。

初始权利，通过市场交易，总能得到有效率的配置。但是交易成本为零的科斯世界在现实中并不存在，在交易费用为正的情况下，不同的初始权利配置，会影响资源配置的效率。股份公司的资合性的因素较强，人合性的因素较弱。在对初始权利配置的变更进行谈判时，改变初始权利配置的成本较高。如果在权利的初始配置上确立公司限制股份转让的自治权，那么通过谈判来改变这种初始权利配置的成本相当大，股东取得股份自由转让的权利就相当困难，在现实中无疑会造成股份无法自由转让的情况，影响股份公司制度在整体上发挥功能。因此，在权利的初始配置上，应当确定股东的股份自由转让的权利，这具有经济学上的合理性。

股份自由转让权是股权的一部分内容，具有财产权的性质，属于私有产权的范畴。私有产权具有"可分割、可分离、可转让的属性"，[1]因此，股东可以将其股份自由转让权用以交易。如果将公司法的相关规定作为强制性规定，不允许公司章程在法律规定以外限制股份转让，那就意味着股东不能将其股份自由转让权进行交易，章程限制股份转让就是侵权行为，但是这种结果未必是公司和股东之所需与所欲。如果限制股份转让增加的收益超过交易成本，那么限制股份自由转让权就是一种更有效率的安排。对公司与股东而言，通过谈判和交易，由股东让渡其股份自由转让权并获得收益，实现限制股份转让的权利安排，是明智之举。

法院在股份转让纠纷案件的过程中，试图衡量限制股份转让的危害，而且要求这种限制存在正当理由。然而法院仅仅衡量了限制股份自由转让可能带来的危害，并没有衡量限制股份转让会给公司带来怎样的收益和效率。科斯认为："在选择不同社会安排对付不同经济问题时，当然应在更广的标准上进行比较，同时还应当综合考虑各种安排对生活各方面影响的总效应如何。"[2]法院因缺乏对总

---

[1] [美] 阿门·阿尔钦："产权"，载罗卫东主编：《经济学基础文献选读》，浙江大学出版社2007年版，第251页。

[2] [美] 罗纳德·科斯："社会成本问题"，龚柏华、张乃根译，载[美] 科斯：《企业、市场与法律》，盛洪、陈郁译校，格致出版社、上海三联书店、上海人民出版社2009年版，第223页。

效应的衡量，因此无法真正权衡利弊，而且法院并不精于商业判断，本身就很难对哪种权利配置更有效率作出判断。因而法院应当尊重公司和股东在这方面的商业判断，交给公司和股东来确定采取何种形式的权利配置。对于这种初始的权利配置，法院似乎也不同意当事人通过谈判和交易进行变更，从而实现更有效率的安排。法院禁止公司章程对股份转让作出限制，只有在重新安排权利的交易本身造成显著的负外部性，即损害了第三人的利益或社会公共秩序时，这种处理结果才是正确的。法院在衡量时，其着眼点并非是为了提高资源配置的效率，而是陷于一种抽象的价值判断中，将本来应当由公司与股东自治空间里决定的事项进行了强制性的安排，体现了国家在公司法上的管制情结。"法院面临的首要问题不是由谁做什么，而是确定谁有权做什么。市场交易总是可能修改权利的初始界定。"[1]法律规定了股东的股份自由转让权，但是法律并不应禁止股东用此权利进行市场交易，即不能禁止股东将股份自由转让权让渡给公司。

　　股东与公司进行股份自由转让权的交易，并非必须经过每一个股东的同意才可进行。尽管公司合同理论甚为流行，但是"或许公司契约就如同'社会契约'一样，只不过是一套花言巧语的把戏而已。毕竟，投资人并没有就合同条款的内容，真正坐下来进行讨价还价"。"合同条款是由公司发起人、投资银行和管理层共同制定的，公司的规则变革也总是伴随着投票决策而不是全体一致同意。所以，与其我们把公司看成一整套合同，还不如把它看成一个共和政府。"[2]由于在谈判中存在敲竹杠、漫天要价等机会主义行为，"如果没有一个制度化的机制来决定合约条款，有关外在费用再分配的议价不会有效率"。[3]现代公司法实行资本多数决，通过股东大会这一机构

---

[1] [美]罗纳德·科斯："社会成本问题"，龚柏华、张乃根译，载[美]科斯：《企业、市场与法律》，盛洪、陈郁译校，格致出版社、上海三联书店、上海人民出版社2009年版，第195页。

[2] [美]弗兰克·伊斯特布鲁克、丹尼尔·费希尔：《公司法的经济结构》，张建伟、罗培新译，北京大学出版社2005年版，第17~18页。

[3] [美]罗伯特·库特："科斯的费用"，载[美]唐纳德·A.威特曼编：《法律经济学文献精选》，苏力等译，法律出版社2006年版，第22页。

及其议事规则，来克服股东的机会主义行为，实现股东与公司之间的合作。一般而言，既然一项限制股东进行股份转让的决议能为股东大会通过，应当认为这种限制是对股东有益的，因为股东毕竟有自己的利益在里面，一般不会作出损人不利己的决定。只要这些规定是按照合法有效的规则制定出来的，就应当认为这种限制规定是有效的，对每个股东均具有约束力。因此，章程可以对股份自由转让进行限制。

3. 限制股份自由转让的界限

股份自由转让权是股东的一项权利，如果限制股份自由转让的权利，应当给予股东相应的补偿。有学者总是担心公司章程限制股份转让会侵害中小股东的权利，这种担心并非多余。科斯在"牛谷之争"中就提出，如果初始权利的界定上确认农夫耕种土地的权利，那么养牛者要向农夫支付一笔费用以换取农夫同意放弃耕种土地。支付的数额取决于双方讨价还价的本领。[1] 遵循同样的思路，既然在初始权利的界定上确立了股东的股份自由转让权，那么公司为了让股东同意限制股份转让，就必须给予股东一定数量的利益。公司给予股东的利益并非是一笔现金，而是预期的收益，可能表现为红利的增加、股票价格的上涨等收益方式。无论是中小股东还是异议股东，都可以从中受益。如果股东预期不会得到收益，限制股份自由转让的条款一般不会在股东大会中通过。公司对股东的自由转让权并非是巧取豪夺，而是要以一定的预期利益进行换取。

股东是否得到补偿，确实是一个难以衡量的问题。如果交易成本过高，则影响到交易的实现。因此，在某些情况下，由于限制股份自由转让的交易成本过高，那么就不应限制股份转让。这就产生了章程限制股份自由转让的界限的问题。如果限制无记名股份的转让，则执行该合约的成本过高，甚至需要天价的监督合约履行的费用。这些体现在立法上，就是章程对股份的限制应当是合理的限制，

---

[1] [美] 罗纳德·科斯："社会成本问题"，龚柏华、张乃根译，载 [美] 科斯：《企业、市场与法律》，盛洪、陈郁译校，格致出版社、上海三联书店、上海人民出版社2009年版，第 183~186 页。

要受到交易成本的约束，体现在公司方面，意味着公司不能滥用限制股份自由转让的权利。章程能否限制股份转让以及在何种程度上限制股份转让，取决于交易成本，而非公司的人合性。

限制股份转让是一种寻求更高效率的工具。工具本身是不应受到否定的，真正应当否定的是对这一工具不正当利用的行为。若是股东利用这种方式来损害中小股东的利益，那么在法律上也早已有解决之道。《公司法》第20条规定："公司股东不得滥用股东权利损害公司或者其他股东的利益；不得滥用公司法人独立地位和股东有限责任损害公司债权人的利益。"《民法总则》中也规定恶意串通，损害第三人利益的民事行为无效。若公司和股东利用限制股份转让的方式损害他人利益，只需依照法律的规定处理即可，而不能因噎废食，将章程限制股份转让本身认定无效。

（四）完善我国相关立法的建议

通过前文的分析，我们可以发现域外一些公司法，如《美国特拉华州公司法》《英国公司法》，它们的科学之处在于：首先，这些公司法规定了股份属于股东的财产。既然股份是股东的财产，就意味着在初始权利的配置上赋予了公司股东的自由转让权。其次，它们允许公司章程限制股份的自由转让，以方便公司采取更富有效率的安排。如果初始权利配置是僵化固定的，那么就意味着，公司只能采取此种安排，而不能采取另外的权利配置模式，即使当限制股份自由转让的安排更有效率，维持公司控制权的稳定更有意义时，公司也没有采取这种安排的自由，而且还可能导致这种权利配置面临被宣布无效或被惩罚的结果。最后，为了防止限制股份自由转让侵害股东的权利，它们规定这种限制必须是合理的。

我国《公司法》第71条规定有限公司章程对股权转让另有规定的，从其规定。该规定赋予了有限公司章程限制股权转让的权力。这一安排符合法经济学的逻辑。然而，该条规定并不适用于股份公司股份转让的情形。因此，面对股份公司章程限制股份转让的情况，并不能当然适用《公司法》第71条的规定。从我国股份公司的现状来看，股份公司并非全部是上市公司，股份公司也确实存在限制股份自由转让以求得更高效率的要求，但其改变初始权利配置的交易成本并非总是极高。我国《公司法》第137条规定了股东自由转让股份的权利。从行文方式来看，《公司法》第141条似乎是对第137条规定的例外。因此按照通常的理解，只有在第141规定的情形下，公司章程才可以限制股份自由转让，在其他情形下不得限制股份自由转让。这是一个引人误解的结论。实际上《公司法》第141条"股份公司的章程可以对公司董事、监事、高级管理人员转让其所持有的本公司股份作出其他限制性规定"只是提供了一项"示范文本"，以节约各主体之间订立章程的成本。因此，《公司法》第141条并非是第137条的除外条款，而是一个示范条款，提示公司在此情形下可以以章程限制股份转让，这是一项任意性的规定。从逻辑上来讲，允许公司章程限制公司董事、监事、高级管理人员转让其所持有的本公司股份，并不意味着在其他情形下，公司章程不可以限制股份转让。《公司法》以第141条的规定否认公司章程限制股份自由转让的权利，实际上是否认了公司股东处分其股份自由转让权的权利，尽管这听起来有点拗口。这种对公司法的误解，实际上限制了公司和股东优化资源配置，并不妥当。

对于我国公司法的立法，应当借鉴域外成熟公司法的规定，明确规定公司股份应当按照公司章程规定的方式转让。我国《公司法》第137条的原文是"股东持有的股份可以依法转让"。任何民事行为均应依法进行，"依法转让"毋庸赘言，因此应当删除"依法"二字。《公司法》应当在第137条规定股份在原则上是可以自由转让的，但是公司章程可以对其进行合理的限制，以满足公司改进效率的需要。故借鉴域外公司法的做法，建议将《公司法》第137条修改如下："股东持有的股份属于股东财产，股东按公司章程的规定转让股份。公司章程不得对公司股份转让作出不合理的限制。章程可以对公司董事、监事、高级管理人员转让其所持有的本公司股份作出限制性规定。"第141条的相关内容并入第137条的规定，作为示范条款供股东在制定公司章程时参考。

股份自由转让权实际上是股东的初始权利。这种初始权利配置有利于股份公司制度在现代经济社会中发挥功能。但是，股东不仅享有股份自由转让的权利，而且还可以享有自由交易这一权利。法律应当允许公司和股东对权利重新安排以获得更高的效率，对此国家不应干预。对于章程限制股份转让这一法律未作规定的"空白领域"，并非是公司章程的禁区，而是公司和股东的权利交易领域。只有在法律不允许公司章程限制股份转让的情形下，章程限制股份转让才是无效的。

三、来自法律的限制

公司法对股权转让的直接限制一般是针对股份公司的股份，这些限制表现在各个方面，主要有以下限制：

1. 转让场所与方式的限制

《公司法》第138条规定："股东转让其股份，应当在依法设立的证券交易场所进行或者按照国务院规定的其他方式进行。"这一规定体现了较多的行政管理思维。

2. 发起人转让股份的时间限制

《公司法》第141条第1款规定："发起人持有的本公司股份，自公司成立之日起一年内不得转让。公司公开发行股份前已发行的股份，自公司股票在证券交易所上市交易之日起一年内不得转让。"该条款的目的是为了防止发起人利用设立公司谋取不当利益。

3. 董事、监事、高管转让股份的限制

《公司法》第141条第2款规定："公司董事、监事、高级管理人员应当向公司申报所持有的本公司的股份及其变动情况，在任职期间每年转让的股份不得超过其所持有本公司股份总数的百分之二十五；所持本公司股份自公司股票上市交易之日起一年内不得转让。上述人员离职后半年内，不得转让其所持有的本公司股份。公司章程可以对公司董事、监事、高级管理人员转让其所持有的本公司股份作出其他限制性规定。"其目的在于使董监高与公司的利益保持一致，防止他们利用公司上市的机会谋取不当利益。

4. 取得自己股份的限制

《公司法》第142条第1款规定："公司不得收购本公司股份。但是，有下列情形之一的除外……"该条第4款规定："公司不得接受本公司的股票作为质押权的标的。"

这些限制要么是为了维护公司的资本制度，要么是为了防止发起人或董监高损害公司或其他人的利益，要么是对股份转让进行行政管理。因为股份公司的规模通常比较大，所以有些股权转让限制的问题多由法律直接进行规制，有限公司的规模通常比较小，所以限制的问题多由章程规定。除了公司法之外，在一些金融、保险、期货、外资、国资等领域，也存在限制股权转让的规定，在此不再一一列举。

第二节 股权转让限制的规避

一、有限公司股东的规避

有限公司股东在进行股权转让的时候，规避同意权与章程的难度比较大，较为常见的是规避优先购买权的行为。规避优先购买权通常采用以下方式：

（一）化整为零

股东为了规避优先购买权，往往先以高价转让一部分股权给第三人，使第三人成为公司的股东，然后再以比较正常的价格将其余的股权转让给第三人，这样就规避了其他股东的优先购买权。例如，在吴某崎（一审原告、二审被上诉人）与吴某民（一审被告、二审上诉人）、吴某磊（原审第三人）确认合同无效纠纷一案。在该案中，泰伯公司股东吴某民向股东之外的吴某磊转让股权，2012年3月第一次转让1%的股权，价格15万元，2012年10月第二次转让59%的股权，实际价格62万元。2012年8月29日，泰伯公司章程变更，其中载明吴某民出资69.62万元，吴某磊出资1.18万元。2012年11月27日，无锡市江阴工商行政管理局出具《公司准予变更登记通知书》一份，载明：吴某民，认缴出资额69.62万元人民币，实缴出资额69.62万元人民币；吴某磊，认缴出资额1.18万元人民币，实缴出资额1.18万元人民币。现变更为：吴某磊，认缴出资额76.7万元人民币，实缴出资额76.7万元人民币。上述通知书同时载明泰伯公司章程已经在该局备案。

一审法院认为：第一，吴某民与吴某磊之间股权转让方式系排除吴某崎的优先购买权，且实际上导致吴某崎的同等条件下的优先购买权落空。前后两次转让时间仅相隔7个月，在公司资产没有发生显著变化的情形下，单价相差达14倍以上，不合常理。吴某民前后两次转让行为并非各自独立，具有承继性、整体性，即首次转让抬高价格，排除法律赋予其他股东同等条件下的优先购买权，受让人取得股东资格后，第二次完成剩余股权转让，两次转让行为相结合，目的在于规避公司法关于其他股东优先购买权的规定，从而导致吴某崎无法实际享有在同等条件下的优先购买权。第二，吴某民与吴某磊的两份股权转让协议系规避公司法关于股东优先购买权制度的行为。有限责任公司具有封闭性和人合性的特征，这种特征使股东相互建立一种信赖关系，并基于信赖关系，实现股东之间资金的联合，但当股东向非股东转让股权时，这一信赖关系将被打破，由此公司法赋予了在同等条件下其他股东的优先购买权；而当股权在公司股东内部转让时，不影响有限公司的封闭性和人合性，不涉及第三人和公共利益，公司法也没有设定限制性条件。按本案的操作方式，股东以高价转让象征份额（如1%）的股权，若其他股东同意购买则转让股权的股东可以获取高额利润（甚至可以以同样方式继续多次分割转让剩余股权），如果其他股东不购买则可以顺利使股东以外的第三人获得股东身份，继而排除其他股东的优先购买权，最终实现"股东内部"的股权的无限制转让。如果认可上述行为的合法性，公司法关于股东优先购买权的立法目的将会落空，有限公司的人合性、封闭性也无法维系。综上，民事活动应当遵循诚实信用原则，民事主体依法行使权利，不得恶意规避法律，侵犯第三人利益。吴某民与吴某磊之间的两份股权转让协议，虽然形式合法，但实质上系规避公司法关于股东优先购买权制度的规定，且实际导致吴某崎在同等条件下的优先购买权落空，属于"以合法形式掩盖非法目的"，当属无效。

二审法院改判了一审判决。二审法院认为：吴某民与吴某磊于2012年3月10日及2012年10月29日签订的两份股权转让协议均有效。理由为：首先，股东的优先购买权是为了保证有限责任公司的人合性,而对股东对外转让股权作了限制,但该权利并不优于股东对所持股权的自由处分,在不违反公司法关于优先购买权的规定的情形下,股东可以向其他股东以外的第三人转让股权。吴某民作为泰伯公司的股东,对其持有的股权有完全的排他权利,在不违反股东优先购买权的情况下,可以自主决定对外转让股权的对象、价款。吴某民与吴某磊于2012年3月10日及2012年10月29日签订的两份股权转让协议形式上符合公司法关于对外转让股权的规定。其次,关于该两份协议是否存在以合法的形式掩盖非法目的的情形。两份股权转让协议均未违反公司法关于股东优先购买权的规定,吴某明是在遵循公司法规定的情形下,自主处分所持的股权。如果法院认定该行为存在非法目的,是在牺牲转让股东财产自由处分权的前提下过分保护其他股东的优先购买权,系司法对股东意思自治的过分干涉。最后,吴某民与吴某磊所签订的股权转让协议具有独立性,吴某崎作为签订股权转让协议之外的第三人无权主张该两份协议无效,如果其认为该两份协议侵犯了其优先购买权,可以主张撤销该两份协议并在同等条件下受让股权。

江苏省高级人民法院再审认为:吴某民与吴某磊之间的涉案两份股权转让协议存在《合同法》第52条第(二)项规定的恶意串通损害第三人利益的情形,属于无效协议。吴某民和吴某磊在7个月的时间内以极其悬殊的价格前后两次转让股权,严重损害了吴某崎的利益。吴某民和吴某磊第一次转让1%的股权价格为15万元,第二次转让59%的股权实际价格62万元(以此测算第二次股权转让价格约为每1%价格1.05万元),在公司资产没有发生显著变化的情形下,价格相差达14倍以上,其目的在于规避公司法关于其他股东优先购买权的规定,从而导致吴某崎无法实际享有在同等条件下的优先购买权,即首次转让抬高价格,排除法律赋予其他股东同等条件下的优先购买权。如果认可上述行为的合法性,公司法关于股东优先购买权的立法目的将会落空。综上,民事活动应当遵循诚实信用的原则,民事主体依法行使权利,不得恶意规避法律,侵犯第三人利益。吴某民与吴某磊之间的两份股权转让协议,目的在于规避公司法关于股东优先购买权制度的规定,剥夺吴某崎在同等条件下的优先购买权,当属无效。[1]

一审法院与再审法院虽然判决结果相同,但是所援引的法律规定却不相同。一审法院认为涉案协议系以合法形式掩盖非法目的,再审法院认为属于恶意串通,损害第三人的利益。笔者个人认为这两种理由都能成立。

一个看上去并不复杂的案件,却经历一审、二审和再审程序,许多人直觉认为侵犯别人优先购买权的恶意行为,理所当然无效,对二审法院改判一审判决的行为,颇有微词。其实不然。对于侵犯他人优先购买权的股权转让合同效力,在实践中存在多种学说,甚至由"可撤销说"占据主流的位置。无论是最高院的判决,还是最高院民二庭编写的审判指导,均倾向于可撤销说。所以,二审法院改判本案的一审结果,虽然让人觉得不合理,但是也是有据可依的。二审法院根据"可撤销说"改变一审的判决,这是观点学说众多,却没有及时统一认识的结果。英美法系在处理这一问题上还是拥有优势。因为在英美法系遵循先例的制度之下,不仅可以获得法律适用的统一性,对法官的任意性也是一种良好的约束。对于侵犯优先购买权的合同的效力,笔者将在下文中予以探讨。此外,在再审程序中,法院认为两份股权转让协议的目的在于规避优先购买权制度,剥夺了其他股东的优先购买权,这种恶意串通的行为最终导致合同无效。

(二)表里不一

转让方与受让方公开拿出来的合同是阳合同,实际履行的合同是阴合同。阳合同的价格往往比较高,致使其他股东不愿购买,从而规避其他股东的优先购买权。本书将这种方式称之为表里不一。在表里不一的情形之下,股权转让协议多被判决无效。具体情况将在本章"阴阳合同"一节里介绍。

(三)转让代持

第三人为了规避其他股东的优先购买权,委托公司现有股东收购其他股东的股权,在现实中也不乏其例。上诉人桂某金(原审被

---

[1] 参见江苏省高级人民法院民事判决书[2015]苏商再提字第00068号民事判决书。

告)与被上诉人陈某真(原审原告)、原审被告袁某财、第三人曲靖百大集团有限责任公司(以下简称"百大公司")股权转让纠纷一案。陈某真、袁某财、桂某金均为第三人百大公司的股东,第三人百大公司制定了《公司章程》,在该章程中第18条规定:"未经股东大会同意,不得向股东以外的其他人转让出资。经股东同意转让的出资,在同等条件下,其他股东对该出资有优先购买权。"

一审法院认为:公司章程作为公司的根本准则,公司、股东均应当遵守。本案被告桂某金与被告袁某财签订《股权转让协议》,该协议属于股权转让合同,股权转让合同的当事人应当符合法律规定的股权转让的主体资格,股权转让合同签订不得违反法律、法规或者公司章程关于转让主体、受让主体的禁止性和限制性规定。而本案被告桂某金系代不具有公司股东身份的马某娣向被告袁某财收购股权,两被告签订的《股权转让协议》违反公司章程关于受让主体的禁止性规定,因此该协议无效。综上所述,依照《公司法》第20条第1款、《合同法》第52条第(五)项之规定,判决被告袁某财与被告桂某金签订的《股权转让协议》无效。

二审法院认为:上诉人桂某金、被上诉人陈某真、原审被告袁某财均为第三人百大公司的股东,《公司章程》第18条规定:"未经股东大会同意,不得向股东以外的其他人转让出资。经股东同意转让的出资,在同等条件下,其他股东对该出资有优先购买权。"上诉人桂某金与原审被告袁某财签订的《股权转让协议》,从形式上看系公司股东之间相互转让股份,但实质上是上诉人桂某金代股东之外的人以股东名义收购股权,对该事实有被上诉人陈某真在一审提交的录音资料、证人证言等证据予以证实;且百大公司也陈述公司上下均知道上诉人系代非股东收购股权,曲靖市麒麟区商务局在《信访告知书》中也对非股东委托上诉人收购股权的事实作出表述,告知被上诉人依法维权;上诉人桂某金收购股权的资金亦来自于委托其收购股权的不具有公司股东身份的案外人。故上诉人桂某金与原审被告袁某财签订的《股权转让协议》违反了《公司法》第71条的强制性规定及公司章程的相关规定,该《股权转让协议》无效。[1]

从一审法院援引的两条规定来看:《公司法》第20条第1款规定:"公司股东应当遵守法律、行政法规和公司章程,依法行使股东权利,不得滥用股东权利损害公司或者其他股东的利益;不得滥用公司法人独立地位和股东有限责任损害公司债权人的利益。"转让代持规避其他股东优先购买权的情形属于股东滥用权利,损害其他股东利益的行为,因而应当无效。另外,《合同法》第52条第(五)项规定:"有下列情形之一的,合同无效:……(五)违反法律、行政法规的强制性规定。"二审法院的理由是股权转让协议违反了法律强制性规定和公司章程的规定,因而无效。

无独有偶,四川也出现了类似的案件。在泸州鑫福矿业集团有限公司(以下简称"鑫福矿业公司")与葛某文等股权转让纠纷申请再审一案中,四川高院认为:鑫福矿业公司委托刘某安以其内江南光有限责任公司股东的身份收购该公司其他股东股权的行为,其用意为规避《公司法》第72条第2款、第3款规定:"股东向股东以外的人转让股权,应当经其他股东过半数同意。股东应就其股权转让事项书面通知其他股东征求同意,其他股东自接到书面通知之日起满三十日未答复的,视为同意转让。其他股东半数以上不同意转让的,不同意的股东应当购买该转让的股权;不购买的,视为同意转让。经股东同意转让的股权,在同等条件下,其他股东有优先购买权。"鑫福矿业公司的规避行为属于损害内江南光有限责任公司其他股东合法权益的行为,为恶意规避。刘某安受鑫福矿业公司委托收购股权的行为名义上为股东间股权转让行为,实为隐瞒王某玉等62人对外转让股权。因此,刘某安与王某玉等62人间的股权转让行为违反了《公司法》第72条的强制性规定,应属无效。[2]

与前一个案件比较,虽然两个案件里都是认定有关行为违反了法律强制性的规定而无效,但是前一个案件论证的是股权转让协议

---

[1] 参见云南省曲靖市中级人民法院[2016]云03民终365号民事判决书。
[2] 参见四川省高级人民法院[2013]川民申字第1771号民事裁定书。

无效，后一个案件里论证的是股权转让行为无效。两案的裁判思路还是存在明显的差异的。因此，律师在办理股权转让纠纷时，应注意股权转让行为与股权转让合同之间的区别。

对于转让代持，法院并没有考虑适用无效民事行为的转换，将无效的股权代持关系转换为投资关系。虽然股权代持是无效的，但是转换成一般的投资关系却应当是有效的。对于此类情况，建议当事人不要采取委托收购股权的方式进行处理，而应当采取投资的方式处理。例如，第三人可以约定向股东进行投资，股东以投资款去收购其他股东的股权，然后对于收益进行分配。这样的投资协议，应当是安全的，一般不会被法院认定为无效合同。采取投资的方式，与委托收购股权的经济效果一样，但是却可以获得合法性的评价。

二、股份公司股东的规避

股份公司的股东为了转让股权，也会有一些规避法律的行为。这些规避方式有些是合法的，有些是非法的，主要有以下几种：

（1）公司减资。《公司法》规定，发起人持有的本公司股份，自公司成立之日起1年内不得转让。有些发起人，利用控制股东大会的机会，在股东大会通过减资决议，由公司回购自己的股份，从而变相达到转让股份的效果。这种减资，属于滥用股东权的范围，应当无效。

（2）董监高股东通过员工持股计划规避股份转让限制。在具体操作的时候有两种方式：一种是表面上通过员工持股计划，由自己信任的员工代持自己的股份。在公司上市之后，员工持有的股份并不像董监高持有的股份那样被限制，所以可以及早在资本市场上套现。另一种是设立一个持股平台，多存在于有限合伙企业。通过持股平台，董监高间接持有公司的股份。在公司上市之后，这些董监高间接持有的股份并不像直接持有的股份那样受到限制，因此可以在某种程度上规避对董监高股份转让的限制，这种规避方式是合法有效的。

（3）董监高股东离职。根据《公司法》规定，上市公司董监高离职后半年内，不得转让其所持有的本公司股份。而任职期间，在公司上市内1年不能转让本公司股份，且每年转让的股份不得超过所持股份的25%。有些董监高为了尽早套现，就采取了离职的方法。在2015年股市牛市的时候，就曾掀起了一波董监高的离职潮。

三、新规对规避行为的影响

《公司法解释四》第21条第1款规定："有限责任公司的股东向股东以外的人转让股权，未就其股权转让事项征求其他股东意见，或者以欺诈、恶意串通等手段，损害其他股东优先购买权，其他股东主张按照同等条件购买该转让股权的，人民法院应当予以支持，但其他股东自知道或者应当知道行使优先购买权的同等条件之日起三十日内没有主张，或者自股权变更登记之日起超过一年的除外。"根据该规定，股东行使优先购买权应当在除斥期间之内。对于恶意损害其他股东优先权的行为，股东知道或应当知道的，除斥期间为30日，或者股权变更登记之日起1年。如果变更登记已经超过1年，也无法再适用30日的规定了。因为新规定出台的时间比较晚，所以本书选取的案例均没有适用《公司法解释四》的规定。根据新规定，若是超过了除斥期间，其他股东就不能再行使优先购买权，如果这样，转让方和受让方就成功地规避了优先购买权的法律规定。但若适用新规定，前述案例的判决结果或许就不同了。

第三节 转让限制与合同效力

股东转让股权受到多种限制，关于这些限制对股权转让合同效力的影响，学术界众说纷纭，实务界做法不一。

一、未履行股东同意手续的情形

（1）未生效说。2003年江苏省高级人民法院《关于审理适用公司法案件若干问题的意见（试行）》第62条第1款规定："有限责任公司股东向公司以外的人转让股权，未履行《公司法》第三十五条规定的同意手续的，应认定合同未生效。诉讼中，人民法院可以要求当事人在一定期限内征求其他股东的意见，期限届满后其他股东不作相反意思表示的，视为同意转让，可以认定合同有效。该期限内有其他股东表示以同等条件购买股权的，应认定合同无效，受让人只能要求出让人赔偿损失。"

（2）内部有效，外部不生效说。上海市高级人民法院《关于审理涉及公司诉讼案件若干问题的处理意见（一）》规定："（三）处理股权转让纠纷的相关问题……2. 未经同意转让股权且合同签订后公司其他股东也不认可的，股权转让合同对公司不产生效力，转让人应当向受让人承担违约责任。受让人明知股权交易未经公司其他股东同意而仍与转让人签订股权转让合同，公司其他股东不认可的，转让人不承担违约责任。经其他股东同意签订的股权转让合同生效后，公司应当办理有关股东登记的变更手续，受让人得以以股东身份向公司行使权利；公司不办理相关手续的，受让人可以公司为被告提起确权诉讼，不得向转让人主张撤销合同。"从行文推测，未履行股东同意程序，对公司不发生效力，但是在转让方和受让方之间产生效力。2008上海市高级人民法院民二庭《关于审理涉及有限责任公司股东优先购买权案件若干问题的意见》第10条规定："股东向股东以外的第三人转让股权，其他股东行使优先购买权或因不同意对外转让而购买拟转让股权的，转让股东与第三人签订的股权转让合同不能对抗公司和其他股东工商登记的公示效力，但该股权转让合同在出让股东与第三人之间仍然具有法律效力。"这更加明确了内部效力与外部效力分类的思路。

（3）可撤销说。重庆法院认为：根据公司法之规定，股东向股东以外的人转让股权，应当经其他股东过半数同意，并规定其他股东在同等条件下享有优先购买权，但该规定不是强制性规定，而是任意性规定。因此，主张股权转让行为因违反前述规定而无效的理由不能成立，其只能主张撤销股东的股权转让行为。[1]最高人民法

---

[1] 参见："侵犯股东同意权及优先购买权的股权转让协议不应被认定为无效，该股东可主张撤销该股权转让行为——李朗悦与吴景锋股权转让协议纠纷上诉案"，载《人民司法·案例》2011年第14期。

院民二庭编写的《公司案件审判指导》，也倾向于可撤销说。[1]

（4）并非无效说。浙江省高级人民法院民事审判第二庭《关于商事审判若干疑难问题解答》："问题7：有限责任公司股东优先购买权问题。有限责任公司股东向公司以外的人转让股权，未履行公司法第七十二条规定的同意手续，但其他股东也未表示异议，如果受让方主张合同无效，是否支持？（嘉兴南湖法院）答：有限责任公司具有人合性特征，一般认为，在股东向其他股东以外的人转让股权时，赋予其他股东异议权，但该权利并不是对拟转让股份的股东股权的限制，其与股东以外的受让人签订股权转让合同，只要该合同意思表示真实，不违反法律法规的禁止性规定，不宜以履行公司法第七十二条规定的同意手续为由认定股权转让合同无效。审判实践中要防止受让方主张股权转让合同无效逃避和转嫁商业风险。"

二、未保障其他股东优先购买权的情形

（1）无效说。江苏省高级人民法院《关于审理适用公司法案件若干问题的意见（试行）》第62条第1款规定："诉讼中，人民法院可以要求当事人在一定期限内征求其他股东的意见……该期限内有其他股东表示以同等条件购买股权的，应认定合同无效，受让人只能要求出让人赔偿损失。"上海市高级人民法院《关于审理涉及公司诉讼案件若干问题的处理意见（一）》规定："（三）处理股权转让纠纷的相关问题……3.股东以优先购买权被侵害提起确认转让无效诉讼的，应以转让方为被告，受让方为第三人。"

（2）可撤销说。江西省高级人民法院《关于审理公司纠纷案件若干问题的指导意见》第37条规定："股东经其他股东过半数同意转让股权，但未向其他股东告知转让价格等主要内容而非股东订立股权转让合同，或者股权实际转让价格低于告知其他股东的价格的，其他股东可以申请人民法院撤销股权转让合同。"山东省高级人民法院《关于审理公司纠纷案件若干问题的意见（试行）》第47条规

---

[1] 参见杜万华主编：《最高人民法院公司法司法解释（四）理解与适用》，人民法院出版社2017年版，第413页。

定:"股东经其他股东过半数同意转让股权,但未向其他股东告知转让价格等内容而与非股东订立股权转让合同,或者股权实际转让价格低于告知其他股东的价格的,其他股东可以申请人民法院撤销股权转让合同。"《江苏省高级人民法院关于审理适用公司法案件若干问题的意见(试行)》第62条第3款规定:"其他股东未能行使优先购买权的,可以申请撤销合同。"2010年8月16日起施行的最高人民法院《关于审理外商投资企业纠纷案件若干问题的规定(一)》第12条规定:"外商投资企业一方股东将股权全部或部分转让给股东之外的第三人,其他股东以该股权转让侵害了其优先购买权为由请求撤销股权转让合同的,人民法院应予支持。其他股东在知道或者应当知道股权转让合同签订之日起一年内未主张优先购买权的除外。前款规定的转让方、受让方以侵害其他股东优先购买权为由请求认定股权转让合同无效的,人民法院不予支持。"如果将外商投资企业的规定所包含的法理运用到一般的有限公司,结论仍然是可撤销说。

(3)有效说。江苏省高级人民法院《关于审理适用公司法案件若干问题的意见(试行)》第62条第3款规定:"其他股东未能行使优先购买权的,可以申请撤销合同。但其他股东追认转让合同,或者所转让的股权已经登记到受让人名下且受让人已实际行使股东权利的,股权转让合同有效。"上海市高级人民法院民二庭《关于审理涉及有限责任公司股东优先购买权案件若干问题的意见》第10条规定:"股东向股东以外的第三人转让股权,其他股东行使优先购买权或因不同意对外转让而购买拟转让股权的,转让股东与第三人签订的股权转让合同不能对抗公司和其他股东工商登记的公示效力,但该股权转让合同在出让股东与第三人之间仍然具有法律效力。"第11条规定:"其他股东要求行使优先购买权或因不同意对外转让而购买拟转让股权,其购买权成立的,转让股东与第三人签订的股权转让合同应视为履行不能,转让股东或第三人可以依据股权转让合同行使除继续履行合同以外的其他权利。"可见,如果没有其他无效的情形,损害股东同意权与优先购买权的股权转让合同,仍然具有对内效力。

（4）并非无效说。同前浙江省高级人民法院民事审判第二庭《关于商事审判若干疑难问题解答》中的规定。上海高院民二庭《关于审理涉及有限责任公司股东优先购买权案件若干问题的意见》第12条规定："股东向股东以外的第三人转让股权，其他股东行使优先购买权或因不同意对外转让而购买拟转让股权，其他股东或公司请求人民法院撤销股权转让合同或确认股权转让合同无效的，人民法院不予支持。"

三、基于程序视角的合同效力分析

关于股权转让合同的效力，除了有各个法院不同的规定和观点之外，也有学者之间观点的争议。在这一点上，笔者建议最高人民法院制定出一套统一规则，统一各个级别法院的司法尺度。目前的情况是，即使《公司法解释四》出台之后，这个问题仍然没有获得清晰的答案。《公司法解释四》第21条第2款规定："前款规定的其他股东仅提出确认股权转让合同及股权变动效力等请求，未同时主张按照同等条件购买转让股权的，人民法院不予支持，但其他股东非因自身原因导致无法行使优先购买权，请求损害赔偿的除外。"该规定回避了股权转让合同的效力，简洁明了，直指问题的核心：其他股东要不要行使优先购买权。如果其他股东不要行使优先购买权，则法院审理股权转让合同的效力以及股权变动的效力则无意义。如果其他股东要行使优先购买权，则可以在除斥期间内有条件地行使优先购买权，股权转让合同的效力对其他股东而言，并没有意义。这款规定坚持合同的相对性，避免了其他股东介入股权转让合同的效力之争，坚持了合同的相对性原则。就立法技术而言，该款规定还是比较成功与先进的，只是没有明确在不同情况下股权转让合同的效力。探讨股权转让合同的效力，其意义在于解决一旦股权转让受限转让人如何向第三人承担责任的问题。《公司法解释四》第21条第3款部分回应了这个问题，该款规定："股东以外的股权受让人，因股东行使优先购买权而不能实现合同目的的，可以依法请求转让股东承担相应民事责任。"从其表述来看，隐隐约约包含了倾向于认定股权转让合同有效的态度，因为这个条款隐含了认可和保护

"合同目的"的态度。一般而言,"合同目的"应当是有效合同的目的,才值得保护,但是这种推测不免牵强。《公司法解释四》第21条第3款中的责任性质,依然语焉不明。若是根据法理,如果股权转让合同有效,则转让人需要向第三人承担违约责任,如果股权转让合同无效,则应承担缔约过失责任。这两种责任的赔偿范围不完全相同。如果采取"可撤销说",承担过错赔偿责任。这里的"可撤销",与《合同法》中的"可撤销"合同不是同一回事,而是从侵权法的角度,认为侵害了其他股东的权利,所以其他股东可以撤销该合同,这是属于停止侵害的措施之一。

我们一直从合同法的角度,研究股权转让合同的效力,导致研究结论争议不断,至今也无法达成共识。如果换一种视角,从股权转让的程序来探索股权转让合同的效力,也许会有不同的见解。一般而言,如果股东与第三人磋商股权转让事宜,在股权转让合同签订之前转让人就让其他股东放弃优先购买权,同意股权转让,这种情况虽然存在,但是并不是普遍的现象,也不能要求转让人在事先就完成这些工作。

股权转让通常的过程如下:步骤一:当股东与第三人有转让意向之后,首先由第三人对公司和股权进行基本的调查了解,这种了解一方面是通过股东的告知,另一方面是通过自己的调查,甚至是委托专业人士进行尽职调查。在调查的过程中,第三人应当了解公司章程的内容,如果公司章程中有对股权转让的限制,应当认为第三人知道该限制。步骤二:股东与第三人商谈合同条款,确定价格、数量、支付方式、期限等内容并签订合同。在这份股权转让合同中,甚至会约定合同的生效条件与生效日期。步骤三:解决股权转让的限制问题。有章程规定的,要符合章程的规定,另外还需要征询其他股东是否同意以及其他股东是否行使优先购买权。在这个步骤中,是否能够解决各种转让限制,对于转让人与第三人而言,都是未知之数。例如,公司章程规定股权转让需要股东会决议通过,股东会决议能否通过,转让人与第三人都不得而知,其本身也没有过错。同样,其他股东是否同意转让,是否行使优先购买权,也面临相同的不可预测性。如果成功解决股权转让的限制,则可以进行步骤四,如果不能成功解决股权转让的限制，则转让方与第三人之间的股权转让就会遇到障碍。步骤四：转让方与第三人履行股权转让合同。

梳理股权转让的程序之后，回首考察股权转让合同的效力，在当事人出于善意的情况下，可对各种学说进行分析如下：

（1）无效说。我国对合同的无效采取的是自始无效、绝对无效、当然无效的观点，然则一旦解决股权转让的限制，例如，其他股东的事后追认及放弃权利，按照无效说，合同也无法继续履行了。

（2）有效说。一旦出现了股东行使优先购买权的情形，或者不符合公司章程的情形，则股权转让合同无法履行。有学者可能从股权转让合同与股权变动相互分离的角度出发，认为不影响合同的有效性。有学者认为，"先买权依法行使的效果，是在财产转让人与先买权人之间成立买卖合同，与转让人和第三人先前的买卖合同相比，这两份合同的内容相同，但会产生双重买卖"。[1]但是笔者认为，这种优先购买权和一般的双重买卖、一物二卖是完全不同的。在区分负担行为和处分行为的情况下，处分行为无效不影响负担行为的效力，相应地，股权转让行为无效，也并不影响股权转让合同的效力。所谓负担行为，"是指使一个人相对于另一个人（或另若干人）承担为或不为一定行为义务的法律行为。负担行为的首要义务是确立某种给付义务，即产生某种'债务关系'"。[2]可见，负担行为是设定义务，尤其是给付义务的行为。那么，我们可否将签订股权转让合同看作一个设定负担的行为？如果从古典合同的角度来看，这是没有问题的，但是从公司法对股权转让的程序性规定来看，这种认识缺少客观的合理性。转让人与第三人签订了股权转让协议，双方签订股权转让合同之后，均不确定股权转让合同能否履行，在此情况下，双方会给自己设定履行股权转让合同的义务吗？再进一步，如果由转让人承担违约责任，赔偿对方的实际损失和可得利益损失，对其是否公平？笔者认为他们的内心并不会给自己设定履行

---

[1] 常鹏翱：“论优先购买权的法律效力”，载《中外法学》2014年第2期。
[2] [德]卡尔·拉伦茨：《德国民法通论·下册》，王晓晔等译，法律出版社2009年版，第435~436页。

股权转让的义务，让股东承担违约责任也不公平合理。因此采取有效说，并不合适。股权转让合同签订之后，如果无特殊的声明或保证，转让方的义务只是推动解除股权转让的限制，而非保证股权转让合同履行。因此，如果其他股东不同意或行使优先购买权，转让人并不应承担违约责任。

（3）效力待定说。该学说认为经过股东的认可合同生效，未经追认或未放弃优先购买权，则合同不生效。实际上，从股权转让合同的程序而言，征求股东同意和询问股东是否行使优先购买权，本身就发生在转让方与第三人签订合同之后，如果不签订合同，谈何"不同意的股东应当购买"，谈何优先购买权。所以，强调事后的追认的效力待定学说违反了股权转让合同的一般程序。

（4）可撤销说。对于有限公司股权转让合同的效力，公司法专家刘俊海认为："此种合同有别于绝对有效合同，否则，其余股东的优先购买权势必落空。此种合同也有别于绝对无效合同，因为出让股东毕竟是享有股权的主体，其余股东也未必反对该合同。"[1]可撤销说的理由在学者看来，是因为其法律效果的不确定性。刘俊海教授的观点确实有道理。但是从表述上来说，我国对可撤销合同有明确的法律规定，可撤销说与法律上规定的可撤销合同的情形格格不入，未免陷入尴尬。从撤销的方式上来说，撤销需要经过人民法院或仲裁机构进行，而股东行使同意权或优先购买权，不可能普遍地通过法院或者仲裁机构进行，所以这种学说虽然实质上是合理的，但是形式上却受到质疑。法院眼中的"可撤销"与学者眼中的"可撤销"相去甚远，在法院看来，撤销的原因是因为侵害了其他股东的权利，所以根据侵权法予以撤销。但依照可撤销说，当事人应当承担过错责任。

（5）附生效条件说。对此学说，笔者持赞成观点。"只要股东表示要购买股权，第三人的预期就将落空"，[2]转让人与第三人签

---

〔1〕 刘俊海："论有限责任公司股权转让合同的效力"，载《暨南学报（社会科学版）》2012年第12期。

〔2〕 杜万华主编：《最高人民法院公司法司法解释（四）理解与适用》，人民法院出版社2017年版，第373页。

订股权转让协议之前,不需要满足法律规定的条件,实际上,也只有先签订合同,才能谈其他股东同意或优先购买等问题。除非转让方声明已经满足了转让条件,否则他无须因此而承担违约责任。

若采取"有效说",转让方承担违约责任;若采取"可撤销说",转让人承担过错赔偿责任;若采取其他学说,转让方应当承担缔约过失责任。缔约过失责任是一种过错责任。如果转让方没有过错,则不应当承担责任。可能有人要问:那些在谈判中的调查费用、律师费用、谈判成本,由谁来承担呢?笔者认为,对于在股权转让合同中谈判的成本,如果双方都没有过错,应当由各方自行承担。

四、法院的实践

法院的司法活动丰富多样,我们可以学习法院的实际做法,从而学习和研究法院的审理思路。

(一)并非无效说

上诉人孙某军(原审原告)与被上诉人刘某林(原审被告)股权转让合同纠纷一案。一审法院认为:关于优先购买权问题。孙某军将其持有的知众汇公司股权转让给刘某林,经过股东会决议同意,知众汇公司另一股东王某晖虽没有在股东会决议上签名,但其没有在股东会决议签名不代表其对股权转让不知晓或不同意,也不代表其一定反对案涉股权转让,亦不代表其会行使优先购买权,故案涉股份转让协议是否因侵害其他股东优先购买权而归于无效,在知众汇公司其他股东未提起主张之前,刘某林作为股权转让的受让方,无权提出此项抗辩。刘某林应当按照股份转让协议的约定,履行相关义务。二审法院维持了一审判决。[1]这个观点实际上还是将股权转让协议的效力区分为内部效力和外部效力,在外部第三人未提出无效或撤销的情况下,该协议对转让方和受让方依然具有约束力。

(二)可撤销说

上诉人马某雄、浙江万银汽车集团有限公司(以下简称"万银公司")与被上诉人浙江康桥汽车工贸集团股份有限公司(以下简

---

[1] 参见江苏省南京市中级人民法院[2016]苏01民终5705号民事判决书。

称"康桥公司")、原审被告浙江万国汽车有限公司(以下简称"万国公司")股权转让纠纷一案。

原审法院认为:第一,关于马某雄与万银公司在股权转让中是否存在侵犯康桥公司优先购买权行为的问题。根据案件审理查明的事实,马某雄与万银公司分别于2013年4月26日和2013年6月15日签订了四份股权转让协议,其中2013年4月26日的三份股权转让协议所涉标的系万国公司0.09%的股权,转让价格为270万元,与万国公司注册资本相比溢价达30倍;2013年6月15日股权转让协议所涉标的系万国公司71.242%的股权,转让价格为7124.2万元,与股权对应注册资本金额相同。结合马某雄与万国公司在庭审中的陈述,两次转让期间万国公司的经营状况并未发生重大变化,即对应的万国公司股权的实际价值并未发生明显变化,因此,尽管马某雄在签订2013年4月26日第一次股权转让协议前,已按万国公司章程规定在合理期限内告知其拟对外转让股权的事宜,但结合马某雄在2013年6月15日再次向万银公司转让股权的价格差异、数量等因素,应认定马某雄并未告知康桥公司其拟对外转让万国公司股权的真实数量、价格,其并未履行公司法规定的"有限责任公司股东向股东以外的人转让股权,股东应就其股权转让事项书面通知其他股东征求同意"的程序,构成对康桥公司优先购买权的侵犯。第二,关于本案所涉股权转让协议是否应撤销的问题。马某雄、万银公司之间规避康桥公司优先购买权,侵犯康桥公司对马某雄拟转让的万国公司股权的优先购买权,构成共同侵权。根据《侵权责任法》第8条、第15条之规定,二人以上共同实施侵权行为,造成他人损害的,应当承担连带责任。承担侵权责任的方式主要有:停止侵害、恢复原状、赔偿损失等。而优先购买权是股权的衍生权利,属于《侵权责任法》第2条规定的适用范围。本案股权转让协议不仅签订且已履行完毕,直接行使股东优先购买权在事实上已无法实现阻断股份转让的效力,此时应赋予优先购买权受侵害的股东以撤销权,以实现停止侵权行为的法律后果。据此,康桥公司主张撤销马某雄、万银公司之间签订的股权转让协议,符合《侵权责任法》的相关规定,有相应事实和法律依据,对康桥公司主张撤销马某雄与万银公司签订的四份关于万国公司71.332%股权的股权转让协议的诉请予以支持。第三，关于康桥公司是否有权主张以马某雄与万银公司达成的转让价格行使优先购买权，受让万国公司71.332%股权的问题。考虑到案涉万国公司71.332%股权的价值并未经评估，双方也未能就股权的实际价值进行有效举证等因素，对康桥公司主张以7394.2万元价格受让马某雄持有的万国公司71.332%股权的诉请不予支持，对康桥公司主张变更案涉万国公司股权工商登记至康桥公司名下的诉请亦不予支持。综上，根据《公司法》第72条、《侵权责任法》第2条、第8条、第15条之规定，判决：第一，撤销马某雄与万银公司于2013年4月26日签订的三份关于万国公司0.09%股权的《股权转让协议》；第二，撤销马某雄与万银公司于2013年6月15日签订的关于万国公司71.242%股权的《股权转让协议》；第三，驳回康桥公司的其他诉讼请求。

上诉意见为：案涉四份股权转让协议不具有可撤销性。第一，康桥公司没有合同撤销权，一审判决对此完全错误认定。按照《合同法》第54条的规定，只有合同当事人一方才有权提起合同撤销之诉，但康桥公司并不是案涉四份股权转让协议的合同当事人，所以康桥公司所提起的撤销之诉直接违反了《合同法》第54条的规定。作为非合同当事人，康桥公司对案涉四份股权转让协议没有撤销权。第二，康桥公司并未举证证明案涉股权转让合同存在可撤销情形。根据最高人民法院《关于适用〈中华人民共和国民事诉讼法〉的解释》第91条规定和《合同法》第54条规定，康桥公司如果要撤销涉案的四份股权转让协议，必须举证证明案涉四份合同符合上述重大误解、订立时显失公平或者存在以欺诈、胁迫、乘人之危违背真实意思而签订涉案合同的情形，但纵观康桥公司所提供的全部证据，康桥公司无法证明本案存在《合同法》第54条所列之任何一种情形。

答辩意见为：①本案乃是侵犯优先购买权的纠纷，系侵权纠纷。本案股权转让协议是否可以撤销，应当以《侵权责任法》的规定进行探讨才是正确、合适的。②股东优先购买权，是股权的衍生权利，属于《侵权责任法》的适用范围。而《侵权责任法》规定承担侵权责任的方式主要为：停止侵害、恢复原状等。本案中上诉人通过签订、履行股权转让协议侵犯被上诉人优先购买权，为了实现停止侵害的法律效果，就必须通过撤销该股权转让协议的手段来达到，否则无法实现停止侵害、恢复原状的目的。简而言之，撤销股权转让协议是实现停止侵害、恢复原状的具体方式和手段。所以根据《侵权责任法》停止侵害、恢复原状的规定，本案的股权转让协议完全具备可撤销性。③为了进一步说明本案股权转让协议的可撤销性，被上诉人就可撤销性问题补充说明以下内容：侵犯优先购买权，股权转让协议的效力可以分两种情况：其一，只签订股权转让协议，而未实际履行的，则权利人可直接向法院主张优先购买权，直接产生阻断股份转让给第三人的效力，至于转让人和受让人之间则按《合同法》规定相互追究责任。其二，当股权转让协议不仅签订，而且已履行完毕的情况下，直接行使优先购买权在事实上已无法实现阻断股份转让的效力。此时应当赋予受侵犯优先权股东撤销权，任何享有法定优先购买权的股东均可以请求法院撤销该合同，合同撤销后，因股份转让基础丧失，已转让股份应当返还，再由优先权股东按原转让协议规定的同等条件优先受让，而转让人与非股东第三人间则按合同法规定相互间承担合同被撤销后的民事责任。④实践中，关于股权转让协议应当被撤销的问题，实际已成通说，无论是学理学说，还是审判指导，甚至是司法解释上都无一例外地认可了优先购买权人可以撤销违法转让的股权转让协议。

二审法院认为：《公司法》第71条规定："有限责任公司的股东之间可以相互转让其全部或者部分股权。股东向股东以外的人转让股权，应当经其他股东过半数同意。股东应就其股权转让事项书面通知其他股东征求同意，其他股东自接到书面通知之日起满三十日未答复的，视为同意转让……经股东同意转让的股权，在同等条件下，其他股东有优先购买权。"该条款对股东之间股权的转让以及股东向股东以外的人转让股权作了明确规定，同时对股东的优先购买权的保护作出了规定，即在同等条件下，其他股东有优先购买权。本案现有证据表明，马某雄与万银公司于2013年4月26日签订三份股权转让协议，马某雄将其持有的万国公司0.09%的股权以270

万元的价格转让给万银公司，办理工商变更登记手续后，同年6月15日，双方再次签订股权转让协议，马某雄又将其持有的万国公司71.24%的股权以7124.2万元的价格转让给万银公司。马某雄与万银公司抗辩，前后两次股权转让分别是股东向股东以外的第三人的转让和股东内部之间的转让，是相互独立的股权转让行为，2013年4月26日第一次股权转让时已经充分保障了康桥公司的优先购买权，2013年6月20日第二次股权转让时因万银公司的身份已经发生变化，该次股权转让系股东内部之间的转让，故康桥公司不享有优先购买权。审查马某雄与万银公司前后两次转让股权的行为可以确认，马某雄先以畸高的价格转让了少量万国公司的股权给万银公司，在万银公司成为万国公司的股东之后，短期之内又以远远低于前次交易的价格转让了其余大量万国公司的股权给万银公司，前后两次股权转让价格、数量存在显著差异。综观本案事实，本案前后两次股权转让存有密切关联，系一个完整的交易行为，不应因马某雄分割出售股权的方式而简单割裂。该两次交易均发生在相同主体之间，转让时间相近，且转让标的均系马某雄持有的万国公司的股权，股权转让人与受让人事先对于拟转让的股权总数量以及总价格应当知晓。马某雄在签订2013年4月26日第一次的股权转让协议前，虽向康桥公司告知了拟对外转让股权的事宜，但隐瞒了股权转让的真实数量及价格，存在不完全披露相关信息的情形，造成了以溢价达30倍（与万国公司注册资本相比）的价格购买万国公司0.09%的股权，显然有违合理投资价值的表象。该股权转让人实际是以阻碍其他股东行使优先购买权条件之"同等条件"的实现，来达到其排除其他股东行使优先购买权之目的，系恶意侵害其他股东优先购买权的行为。康桥公司据此要求撤销马某雄与万银公司之间的股权转让协议，应予支持。马某雄与万银公司的上诉理由均不能成立，故对其上诉请求不予支持。原审法院认定事实清楚，实体处理正确，程序合法。二审法院驳回上诉，维持原判。[1]

之所以对本案判决书的内容大幅引用，就是为了让读者了解法

---

[1] 参见浙江省杭州市中级人民法院［2015］浙杭商终第1247号民事判决书。

院对于"可撤销说"的理解，避免读者将其与合同法中的"可撤销合同"相互混淆。

（三）无效说

原告蒋某衡与被告衡阳县山宝泥矿有限公司（以下简称"山宝公司"）、林某华、傅某威、黄某财股权转让纠纷一案。林某华、蒋某衡为山宝公司股东，林某华占有公司85%的股权，蒋某衡占有公司15%的股权。山宝公司章程第7章第27条规定："股东转让出资由股东会讨论通过。股东向股东以外的人转让出资时，必须经全体股东过半数同意。"2013年5月25日，林某华欲转让自己占有公司85%的股权，与被告傅某威、黄某财协商，双方签订了一份《股份转让协议》，主要内容：林某华将自己所拥有的山宝公司85%的股份转让给黄某财、傅某威，黄某财占公司股份65%，傅某威占公司20%。由黄某财、傅某威支付林某华股份价款323万元。在林某华未办理工商部门股权变更登记手续之前，林某华出具委托书授予傅某威全权处理山宝公司相关事务。2013年11月26日，原告蒋某衡得知被告林某华转让公司股份给被告黄某财、傅某威后，即向被告林某华提出书面异议。2015年4月27日，原告蒋某衡提起诉讼，请求法院确认2013年5月25日林某华与黄某财、傅某威所签订的股权转让协议无效，并要求行使法定的优先购买权。

一审法院认为：本案是一起有限责任公司股东向股东以外的人转让股权引起的股权转让纠纷。人合性是有限责任公司区别于股份有限公司的主要特征之一，人合性对股东构成提出了严格要求。山宝公司公司章程第7章第27条规定："股东转让出资由股东会讨论通过。"本案中，林某华作为公司股东，应按照法律规定行使股东权利，亦应遵守公司章程的相关规定，履行股权转让时所附加的义务。被告林某华在向股东以外的黄某财、傅某威转让股权时，既未按照《公司法》规定书面通知原告蒋某衡，亦违反公司章程，未召开股东会就股权转让事宜进行讨论，即与被告黄某财、傅某威签订《股份转让协议》，鉴于有限责任公司兼具人合性和资合性，被告违法转让股权时，必然改变公司股东的成分和公司的封闭性，动摇有限责任公司存在的基础，严重侵害了原告蒋某衡的同意权和优先购买权。

被告林某华与黄某财、傅某威签订《股权转让协议》后，还委托傅某威全权管理公司，并签订授权委托书，以委托之名行转让之实，未将转让事宜告知原告，三被告的行为构成恶意串通。我国《合同法》第52条规定，恶意串通，损害第三人利益的，合同无效。[1]

（四）有效说

上诉人辽阳天俊矿业有限公司（以下简称"天俊公司"）、常某与被上诉人温某源、原审被告辽阳县万凯峰矿业有限责任公司、原审第三人辽宁弘宇矿业有限公司股权转让纠纷一案。最高人民法院认为：虽然《公司法》对股东向股东以外的人转让股权作出了限制并赋予其他股东享有优先购买权，但此并非股权转让协议生效之前提。本案《转让协议书》不存在违反法律法规效力性强制性规定的情形，况且，天俊公司至少于本案诉讼开始时已然知晓该股权转让事宜，而其既未主张优先购买权，亦未主张撤销该《转让协议书》，因而《转让协议书》合法有效。[2]

最高人民法院在判词中传达了这样一个信息：对于没有保障其他股东优先购买权的股权转让合同，应当可以撤销。在其他股权主张撤销之前，股权转让合同是有效的。

第四节　阴阳合同

在股权转让的过程中，经常出现阴阳合同（黑白合同）的现象。因为股权转让合同需要在工商管理部门进行备案，公开的合同为阳合同或白合同。另外一些限于当事人内部掌握的股权转让合同为阴合同或黑合同。

一、阴阳合同的原因和效力

（一）阴阳合同产生的原因

阴阳合同在实践中出现，主要有以下四种原因：一是为了规避

---

[1] 参见湖南省衡阳县人民法院［2015］蒸民二初字第225号民事判决书。
[2] 参见中华人民共和国最高人民法院［2016］最高法民终806号民事判决书。

国家税收。一般情况下，企业所得税为 25%，个人所得税为 20%，如果按照实际成交价格交税，可能会产生高额的税收。因此，当事人会以较低的成交价格在工商管理部门备案。二是规避其他股东的优先购买权。其他股东在同等条件下有优先购买的权利，为了转让给特定的受让人，所以就以虚高的价格签订一份股权转让合同，以阻止其他股东购买股权。三是当事人单纯是为了省事。这个原因也许在一些人的眼里匪夷所思，但是确实存在。有些人在签订股权转让合同之后，该公司在工商管理部门备案的合同都是同一模板，为了贪图方便，就以先前备案的合同模板签订一份股权转让合同用于备案。备案的合同内容与当事人实际所签订的合同内容有较大出入。四是为了便于办理工商备案。某公司在进行公司整体转让时，将公司的全部资产，包括一些证照，转让给受让方，约定价格为 300 万元。此后全体股东又与受让人签订了股权转让协议，约定股权转让款总计为 200 万元，200 万元恰好为股东的出资额。当时全体股东与受让人均明确，股权转让协议只是用于工商局备案，实际上不需要支付 200 万元股权转让款。在阴阳合同里，虽然阳合同是工商备案的合同，但是其仅起到公示的作用，其效力并不高于阴合同。阳合同并非当事人的真实意思，如果按照阳合同，很可能出现极为不公平的后果，因此应当按照阴合同确定当事人的权利义务关系。

（二）阴阳合同的效力

为规避税收订立的合同，阳合同的价格比较低，通常以出资额或者以净资产为基础确定的价格。实际上以净资产作为股权价格的基础是明显不合理的，尤其是对于一些轻资产的公司。一般认为，这种为逃税而签订的合同，损害了国家的税收制度，依据《合同法》第 52 条第（二）项规定："有下列情形之一的，合同无效：……（二）恶意串通，损害国家、集体或者第三人利益"，应当是无效合同。同时《民法总则》第 146 条规定："行为人与相对人以虚假的意思表示实施的民事法律行为无效。以虚假的意思表示隐藏的民事法律行为的效力，依照有关法律规定处理。"阳合同即为当事人虚伪通谋的结果，按照《民法总则》的规定，应当属于无效的合同。关于阴合同的效力，《民法总则》第 11 条规定："其他法律对民事关系有特别规定的，依照其规定。"《合同法》为特别法，《民法总则》为一般法。因此，一般情况下，认定合同的效力应当根据合同法的特别规定。但是合同法里并没有规定虚伪通谋行为，所以应当适用《民法总则》中关于虚伪通谋的规定来认定阳合同的效力。《民法总则》自2017年10月1日起施行，所以目前实际案例中运用虚伪通谋理论的较少。在《民法总则》出台之前，阳合同仍被法院认定无效。如李某与陈某、王某股权转让纠纷一案，二审法院认为："但陈某、王某于2008年6月13日签订的并在工商部门备案的股权转让协议中股权转让价格条款并非陈某、王某的真实意思表示，应属无效。"[1]再如上诉人朱某杰与被上诉人高某、唐某馀股权转让纠纷一案，一审法院认为：第一，双方于2011年11月8日签订的《股权转让补充合同》及用于工商登记备案的两份《股权转让合同》是双方真实意思的表示，不违反法律法规强制性规定，合法有效。第二，……因达到约定解除合同的条件，高某、唐某馀主张解除合同返还已付股权转让款2700万元的主张符合双方合同约定，应予支持。二审法院认为：当事人就案涉大西沟公司的股权转让事宜，先后签订了2011年11月8日的《股权转让合同》《股权转让补充合同》和两份用于工商备案的《股权转让协议》，以及2011年12月16日的《股权转让补充说明》等系列文件。就前述协议文本之间的相互关系来看，首先，在朱某杰与高某、唐某馀分别签订的用于工商登记机关备案登记的《股权转让协议》中，将股权转让价款约定为66万元和33万元，掩盖了双方股权交易价格实际为2800万元的真实情况，该《股权转让协议》与《股权转让补充合同》构成"阴阳合同"的关系，依法应当认定该《股权转让协议》系双方通谋实施的虚伪意思表示，为无效合同。故原审判决关于解除《股权转让协议》的处理方法，在法律适用方面存在瑕疵，本应予以纠正，但考虑到双方当事人在二审中并未就此提出异议，且该法律适用瑕疵并不影响本案当事人所应承担的法律责任，不再予以纠正。[2]一审

---

[1] 参见杭州市中级人民法院［2011］浙杭商终字第139号民事判决书。
[2] 参见中华人民共和国最高人民法院［2016］最高法民终字7号民事判决书。

判决将阴阳合同都认定为合法有效的合同。二审判决于2016年11月28日作出，当时《民法总则》尚未通过，但是法院仍然灵活运用了虚伪通谋理论，将阳合同认定为无效合同。

阴合同作为当事人真实意思的表示，一般为有效合同。如原告四川京龙建设集团有限公司诉被告简阳三岔湖旅游快速通道投资有限公司、刘某良、深圳市合众万家房地产投资顾问有限公司、深圳市鼎泰嘉业房地产投资管理有限公司、呼和浩特市华仁世纪房地产开发有限责任公司股权确认纠纷一案。一审法院认为：在本案的股权转让过程中，出现了"阴阳合同"的问题，"阳合同"是为办理工商变更登记、逃避股权转让纳税而签订，不是合同当事人的真实意思表示，符合《合同法》第52条第（二）项关于"有下列情形之一的，合同无效：……（二）恶意串通，损害国家、集体或者第三人利益"的规定。因此，这些"阳合同"均为无效，合同当事人根据这些无效的"阳合同"所进行的一系列有关行为也应予纠正。这些"阴合同"是当事人的真实意思表示，不违反法律、行政法规的强制性规定，依照《合同法解释二》第15条关于"出卖人就同一标的物订立多重买卖合同，合同均不具有合同法第五十二条规定的无效情形，买受人因不能按照合同约定取得标的物所有权，请求追究出卖人违约责任的，人民法院应予支持"的规定，这些"阴合同"均合法有效。[1]

二、阴阳合同的甄别方法

（一）考察股权的合理价格及情理

再审申请人大东公司与被申请人兴泰公司股权转让纠纷一案。浙江省高院再审认为："5月12日协议未反映股权的真实价值，系双方当事人为办理工商登记变更手续的需要而签订，不能作为确定股权转让价格的依据。在股权转让中股权转让价格不乏溢价或折价转让的情形，但股权转让价格与股权实际价值相当仍是实践中当事人确定股权转让价格的通常做法。兴泰公司称5月12日协议系为办理

---

[1] 参见四川省高级人民法院［2011］川民初字第3号民事判决书。

工商登记变更手续所需，较符合情理，亦符合当事人的交易习惯。"[1]这种方法认定阴阳合同，对法官的社会经验的要求比较高，需要法官在存在多份合同的情况下，判断工商备案合同的真实性与合理性，如果其价格不合理，而其他合同的价格合理，则可以认定工商备案的合同是阳合同，并非当事人的真实意思表示。

（二）根据法院调查的情况确定

法院根据调查的事实确定阴阳合同。上诉人邓某某等与被上诉人王某某等确认股权转让合同解除纠纷一案。二审中法院查明双方当事人既签订了资产转让协议，又签订了股权转让协议。双方均认可案涉股权转让协议依附于资产转让协议书，且后者所涉的转让总款，既包含资产转让价款，亦涵盖股权转让对价。股权转让协议仅是为了工商登记备案之需另行制作。二审法院认为："考察缔约主体的真意，股权转让协议载明的股权转让对价并非双方真实意思表示，仅系双方为完成工商登记备案手续而已。实际上股权转让的对价被资产转让协议的总价所涵盖，股权转让系零对价，故转让方不能以此作为受让方不履行付款义务的依据。"[2]对于股权转让中的价格条款，虽然约定了具体的数字，但是由于不需要支付，实际是双方的虚伪通谋行为，应为无效。

（三）在刑事案件中发现阴阳合同

上诉人姜某松与被上诉人李某柱、原审被告蔡某铭、茆某琪、原审第三人新世纪医疗投资管理有限公司股权转让纠纷一案。2009年7月25日，蔡某铭、姜某松商定蔡某铭愿意以最低270万元的价格转让其股权，然而蔡某铭在同一天给股东李某柱的通知中，却告知转让价格为450万元，蔡某铭、姜某松还商量按照450万元的价格通知其他股东，避免其他股东按照实际转让价格行使优先购买权。为了制造按照450万元转让股权的表象，2009年8月25日，蔡某铭与名义受让人茆某琪签订转让价格为450万元的协议，但是蔡某铭与实际受让人姜某松在公安笔录中均承认实际转让价格是270万元，

---

[1] 参见浙江省高级人民法院［2013］浙商提字第65号判决书。
[2] 参见江苏省常州市中级人民法院［2018］苏04民终818号民事判决书。

蔡某铭多收的180万元只是在账面上走一个过场。

一审法院认为：蔡某铭、姜某松恶意串通，侵害了李某柱的优先购买权。蔡某铭与实际受让人姜某松恶意串通，制造以450万元转让股权的表象，隐瞒270万元的真实交易价格，损害了李某柱的优先购买权，因此蔡某铭与名义受让人茆某琪2009年8月25日签订的股权转让协议无效。二审法院也持相同的观点。[1]该案在刑事诉讼程序中，因当事人交代问题而发现阴阳合同的事实。

（四）因当事人产生矛盾而发现阴阳合同

招某枝诉招某泉解散及清算公司纠纷一案。招某枝与招某泉系金利达公司的股东，分别持股45%、55%。2004年9月15日，招某泉愿意将55%的股权以1350万元的价格转让给冯某妹并签订合同，金利达公司对此召开股东会，表示同意。2004年12月15日，招某泉与冯某妹签订《股份转让合同》，约定55%股权的价格为27.5万元，而非1350万元。此后，冯某妹支付了27.5万元股权转让款。招某枝以侵犯其股东优先购买权为由起诉确认招某泉转让股权无效，并要求解散公司。一审法院认为："同等条件"是行使优先购买权的实质性要求，是指转让方对其他股东和对第三人转让条件的相同，不区别对待。在条件相同的前提下，其他股东处于优先于股东之外的第三人购买的地位。本案中，被告招某泉通知以1350万元价格把其股份转让给冯某妹。但股权转让合同中约定以27.5万元的价格转让其股权，冯某妹实际支付股权转让款27.5万元。由此可见，招某泉转让股权给冯某妹的价格远低于其告知招某枝的价格。该行为直接剥夺了招某枝在同等条件下的股东优先购买权，违反了公司法的强制性规定，故该股权转让合同应认定为无效，不发生股权转让的效力。[2]这件事情的真相之所以出现，是因为当事人之间发生了矛盾。

---

[1] 参见江苏省高级人民法院［2014］苏商外终字第0012号民事判决书。
[2] 参见广东省广州市中级人民法院［2004］穗中法民三初字第270号民事判决书。

少法律明文规定的情况下，法院认为用于工商备案的合同并非当事人的真实意思，这并无不妥。至于解除合同，返还股权，也是法院通常的做法。

这个判决在法学界引起了广泛的反响。但是，法学家的评论往往集中于合同法的层面，即是否恢复原状、原状是否存在、损失如何赔偿等。这些专家学者的意见，缺少从公司法的角度对股权转让合同解除后的法律后果进行分析。若从公司法的角度进行分析，股权转让合同解除后，如果返还股权，可能意味着原股东以新的股东身份进入公司。对于一个已经离开的合作伙伴，其他股东是否又愿意重新接纳他？这样的返还股权，和股权转让有多少区别呢？如果不允许返还股权，由受让方承担赔偿责任，则又会出现强制执行、拍卖股权等情形，虽然符合法理，却是成本高昂。这个案件，加之工作中涉及股权转让合同解除的实际案件，使笔者开始思考解除股权转让合同的问题。

一、法院对解除合同的基本态度

返还股权存在法律上的障碍。对于股权转让合同解除后，要不要返还股权的问题，实际上法院也经常处于两难之中。如果判决返还股权，一方面，现在的股权与转让时的股权并非同一回事，尤其是股权转让时间较久之后，公司的财务状况、管理状况、其他股东、股权的价值，都可能发生很大的变化，所谓的"恢复原状"很可能造成不公平的后果。另外，在返还股权之后，当事人重新恢复了股东身份，对于去而又回的股东，其他股东是否愿意接纳，尤其是其他股东也有变化的情况下，人合性如何维护，这些都是难题。如果判决解除股权转让合同后不"恢复原状"，一方面与合同法的规定似乎不符，另外一方面也会造成采取其他替代责任的困难。例如，不返还股权而采取赔偿损失的方法，则转让人的损失与受让人所获得的利益都难以计算。针对这两个难题，法院现实的选择就是将复杂问题简单化处理，这在实践中有两种表现：一是不轻易解除股权转让合同；二是采取返还股权的简单化"恢复原状"。这也是法院的两种基本的态度。恢复原状只是合同解除后的选项之一，并不是必然要恢复原状，但是法院在处理股权转让纠纷时，一旦解除股权转让合同，往往将恢复原状作为唯一选项，又因为担心无法恢复原状，致使法院从严把握股权转让合同的解除条件，增加了股权转让合同的解除难度。

实际上，笔者不仅不否定这两种态度，反而是认可法院的这两种态度的，因为这两种态度都是务实的态度。从科斯法律经济学的角度上来讲，科斯在论证政府管制时提出"还有一种选择是，对问题置之不理。由于解决实际问题时，政府管理机制主导的规则，涉及的成本通常相当的惊人（若该成本被视为政府涉入此类干预行为时所有可能影响那么就更为可观），毫无疑问往往都出现政府规制有害行为得不偿失。"[1]如果法院在解决股权转让合同解除的问题时，去查明一方是不是根本违约，股权在转让期间价值增减几何，守约方的损失是多少，公司股东是否愿意接纳原股东等，成本将高得惊人，出现得不偿失的后果。因此，法院应当将这些问题置之不理，要么直接判令返还股权，要么不予解除合同，不去考虑股权价值的增减及守约方的损失等问题。如果懂得了法经济学，对法院的做法就会有深刻的理解。当然，如果当事人的股权转让合同上明确而清晰地约定了解除权的行使条件、损失计算方法，就可以消弭这些成本，问题就容易解决了。

二、解除合同考虑的具体因素

司法实践中对于股权转让合同，轻易不予以解除，这种态度体现在众多的判决之中。如果没有较大的把握，一般不宜提出解除股权转让合同的要求。法院在是否解除股权转让合同时，通常考虑以下具体因素：

（1）股权转让的时间。例如，李某福与李某中股权转让纠纷一案。一审法院认为：关于股权转让协议能否解除问题。在双方合同未约定一方不履行合同义务，另一方有权解除股权转让协议的情况

---

[1] [美] 罗纳德·科斯："企业的性质"，陈郁译，罗卫东主编：《经济学基础文献选读》，浙江大学出版社 2007 年版，第 197 页。

下，考虑到前述股权、股东发生较大变化，以及从签订转让协议至今已超过3年多时间，对李某中要求解除协议的诉讼请求，不以支持，依法应予驳回。二审法院维持了一审判决。[1]

（2）维护交易的稳定与公司的现状。例如，原告周某鉴与被告梁某成、第三人梁某聪股权转让纠纷一案。一审法院认为："从涉讼转让协议的实际履行看，涉讼协议于2003年3月1日签订后，双方已到工商行政管理部门办理了公司股东的变更登记，且之后公司的股东亦再次发生了变更，被告亦已支付了10万元的股权转让款。虽然被告尚欠原告20万元股权转让款，但其行为不构成根本违约，故从公平合理原则及维护交易稳定原则出发，本院对原告要求解除股份转让协议的主张，不予支持。关于被告尚欠原告的股份转让款20万元问题，原告可另案主张其债权。"[2]原告邓某某等诉被告王某某等股权转让纠纷一案，一审法院认为："双方股权转让协议合法有效，而且办理了股权变更登记，受让人已经实际参与公司经营管理多年，从维护交易安全的角度考虑，股权转让的解除对公司的经营管理等诸多方面会产生严重不利影响。"[3]上诉人上海绿洲花园置业有限公司（以下简称"绿洲公司"）与被上诉人霍尔果斯锐鸿股权投资有限公司（以下简称"锐鸿公司"）、海口世纪海港城置业有限公司（以下简称"世纪公司"）、海口绿创置业有限公司（以下简称"绿创公司"）股权转让纠纷一案，一审法院认为："股权转让合同一旦履行，不仅在转让双方间发生对价的对待给付，买方亦有可能参与公司经营管理，改变公司经营理念、经营方针和经营路线，甚至会从根本上颠覆公司原有经营与财务状况，股权转让合同如若随意解除，必然影响双方及公司相关者的利益，并且与公司章程相冲突。"[4]

（3）解除股权转让合同的法律适用特殊性。例如原告邓某某等诉被告王某某等股权转让纠纷一案。一审法院认为："1. 本案所涉

---

[1] 参见山东省高级人民法院民事判决书［2014］鲁商终字第93号民事判决书。
[2] 参见广东省佛山市南海区人民法院［2012］佛南法民二重字第3号民事判决书。
[3] 参见江苏省常州市金坛区人民法院［2017］苏0482民初3409号民事判决书。
[4] 参见最高人民法院［2017］民终919号民事判决书。

的标的物是公司股权，公司股权的转让不同于一般的买卖合同，因此原告不能简单适用《合同法》中关于合同解除权的规定行使解除权；2. 即使被告存在未支付股权转让款的行为，原告也应当首先选择要求被告支付股权转让款，而不是解除合同。"[1]上诉人绿洲公司与被上诉人锐鸿公司、世纪公司、绿创公司股权转让纠纷一案，二审法院认为：解除股权转让合同除应依据法律的明确规定外，还应考虑股权转让合同的特点。尤其在股权已经变更登记，受让方已经支付大部分款项且已经实际控制目标公司的情况下，解除股权转让合同应结合合同的履行情况、违约方的过错程度以及股权转让合同目的能否实现等因素予以综合判断。[2]

在强调解除股权转让合同适用法律的特殊性方面，申请人周某海与被申请人汤某龙股权转让合同纠纷一案是一个典型的案例。该案经历了一审、二审和再审，法院重点论述该案在法律适用上不同于一般的买卖合同，更能体现出法院对于解除股权转让合同的态度。但是从裁判文书的说理部分来看，该案的说理并不充分、准确。

基本案情：2013年4月3日，汤某龙与周某海签订《股权转让协议》，约定周某海将其持有的某有限公司6.35%股权转让给汤某龙。同日，双方签订《股权转让资金分期付款协议》，约定股权转让款合计710万元，在一年内付清，其中2013年4月3日先付150万元，2013年8月2日付150万元，2013年12月2日付200万元，2014年4月2日付210万元，此协议一式两份，双方签字生效，永不反悔。协议签订后，汤某龙于2013年4月3日向周某海转账支付150万元。2013年10月11日，周某海以公证方式向汤某龙送达《关于解除协议的通知》，通知上记载：周某海根据《合同法》第94条、第96条的规定，解除双方签订的《股权转让资金分期付款协议》，双方未履行的义务将不再履行。2013年10月12日，汤某龙向周某海转账支付150万元。2013年10月24日，周某海向汤某龙发出《通知函》，告知因双方签订的《股权转让资金分期付款协议》

---

[1] 参见江苏省常州市金坛区人民法院[2017]苏0482民初3409号民事判决书。
[2] 参见最高人民法院[2017]民终919号民事判决书。

已经解除，周某海将退还汤某龙已支付的股权转让款 300 万元。同日，周某海向汤某龙转账支付 300 万元。2013 年 11 月 7 日，工商行政管理部门受理将周某海持有的某公司 6.35%股权转让给汤某龙这一事项。案涉股权已变更登记至汤某龙名下。

一审法院认为：《股权转让资金分期付款协议》约定了明确的支付期限和支付方式，汤某龙未按《股权转让资金分期付款协议》约定的期限支付第二笔股权转让款 150 万元，迟延时间长达 2 个月，其逾期付款的行为是酿成本案纠纷的主要原因，构成根本违约，应当承担相应的违约责任。由于《股权转让资金分期付款协议》约定的款项系分期支付，根据《合同法》第 174 条"法律对其他有偿合同有规定的，依照其规定；没有规定的，参照买卖合同的有关规定"，参照《合同法》第 167 条"分期付款的买受人未支付到期价款的金额达到全部价款的 1/5 的，出卖人可以要求买受人支付全部价款或者解除合同"，汤某龙未支付的到期款项 150 万元已经超过全部价款 710 万元的五分之一，周某海有权解除合同。自周某海 2013 年 10 月 11 日向汤某龙发出《关于解除协议的通知》时，《股权转让资金分期付款协议》已经解除。

二审法院认为：《合同法》第 167 条"分期付款的买受人未支付到期价款的金额达到全部价款的五分之一的，出卖人可以要求买受人支付全部价款或解除合同"之规定，系关于买卖合同分期付款的内容，其最根本的特征是标的物先行交付，即在出卖人交付货物，买受人实际控制货物后，出卖人收回款项的风险加大，法律赋予出卖人在一定情形下规避风险的措施，包括解除合同和要求一次性支付货款，立法宗旨在于平衡出卖人、买受人之间的利益。本案《股权转让资金分期付款协议》不具备分期付款买卖合同中关于标的物先行交付的基本特征，故本案《股权转让资金分期付款协议》不适用《合同法》第 167 关于买卖合同分期付款的规定。原审判决参照《合同法》第 167 条的规定，判定案涉合同解除，属适用法律不当。二审法院改判确认周某海解除《股权转让资金分期付款协议》的行为无效。[1]

后周某海申请再审,再审法院认为:从《合同法》第167条的内容来看,该条规定一般适用于经营者和消费者之间,标的物交付与价款实现在时间上相互分离,买受人以较小的成本取得标的物,以分次方式支付余款,因此出卖人在价款回收上存在一定的风险。一般的消费者如果到期应支付的价款超过了总价款的1/5,可能存在价款回收的风险。本案中买卖的股权即使在工商部门办理了股权过户变更登记手续,股权的价值仍然存在于目标公司。周某海不存在价款回收的风险。从诚实信用的角度看,由于双方在股权转让合同上载明"此协议一式两份,双方签字生效,永不反悔",周某海即使依据《合同法》第167条的规定,也应当首先选择要求汤某龙支付全部价款,而不是解除合同。二审法院关于周某海无权依据该条规定解除合同的理由并无不当。[2]

从该案的说理来看,法院的说理并不严密。二审法院认为分期付款买卖最根本的特征是标的物先行交付,这个说法并不准确。分期付款买卖的"根本特征在于买受人在接受标的物后不是一次性支付价款,而是将价款分成若干份,分不同日期支付"。[3]分期付款买卖并不要求在先行交付标的物后再付款,只是要求在接受标的物后不是一次性付款。另外,股权转让也并不需要一个交付行为。该案中,股权工商变更登记手续是在分期付款的过程中实现的,因而可以参照《合同法》第167条的规定,所以二审法院的说理并不恰当。

再审法院的说理部分同样存在问题。首先,分期付款买卖普遍存在于经营者与消费者之间,"法律对于分期付款买卖的特别规定,其性质为基于公共利益的立法,鉴于其目的是对消费者权益的保护

---

[1] 参见四川省高级人民法院[2014]川民终字第432号民事判决书。
[2] 参见中华人民共和国最高人民法院[2015]民申字第2532号民事裁定书。
[3] "中华人民共和国合同法释义(第167条)",载 http://www.34law.com/lawfg/twsy/11/print_3911.shtml 2018年5月18日最后访问。

和救济,这些法律规定都被设定为强制性规定或者半强制性规定"。[1]但是我国《合同法》第167条与国外充满消费者保护精神的分期付款买卖的规定不可同日而语,其精神与宗旨与保护消费者的精神背道而驰。第167条本来应当保护消费者,即购买方的利益,但是实际规定却是保护出卖方即经营者的利益。因此,再审法院将第167条中的分期付款买卖作为经营者与消费者之间的买卖,在理念和导向上是不恰当的。其次,即使该条款规范经营者与消费者之间的法律关系,也不排除该条款可以适用于一般的买卖合同。最后,再审法院从诚实信用的角度出来,将"此协议一式两份,双方签字生效,永不反悔"的条款理解为不得解除合同的约定,这种理解也不恰当,"永不反悔"是一种宣示性的条款,并非是放弃合同解除权。在符合法定解除条件的情况下,仍然可以解除合同。综上,再审法院说理的严密程度仍然有所欠缺。

对于这个有影响力的案件,其说理不严密,并不代表其结论不能成立。建立在不成功的说理基础上的结论,背后就是态度决定一切。这个案例实际上反映了法院不轻易解除股权转让合同的态度。

(4)股权的不可返还性。例如上诉人绿洲公司与被上诉人锐鸿公司、世纪公司、绿创公司股权转让纠纷一案。一审法院认为:"锐鸿公司持有的世纪公司股权的价值及股权结构均已发生较大变化,故案涉股权客观上已经无法返还。"二审法院也认为:"与2015年11月19日案涉股权过户时相比,锐鸿公司持有的世纪公司股权的价值及股权结构均已发生较大变化,案涉股权客观上已经无法返还。"[2]

对于律师而言,对于股权转让合同,在没有很大把握的情况下,不应轻易提出解除股权转让合同的要求。在设计股权转让合同时,如果代表转让方,一定要明确而严谨地约定合同解除权的行使条件。如果没有约定解除权,法定解除权的行使难度将会很大。

---

[1] 姚欢庆:"《合同法》第167条规范宗旨之错位及补救",载《浙江社会科学》2007年第2期。

[2] 参见最高人民法院[2017]民终919号民事判决书。

三、解除合同的通知期限

合同的解除权属于形成权,在合同解除的条件成就之后,可以凭借解除权人的单方意思解除合同。由于解除权的行使会引起双方权利义务的重大变化,如果解除权人迟迟不行使,将损害民事法律关系的确定性。因此,解除权人应当在合理的期限内行使解除权,如果超出了这个合理期限,权利人将丧失解除权。

《合同法》对解除权行使的期限进行了规定。《合同法》第95条规定:"法律规定或者当事人约定解除权行使期限,期限届满当事人不行使的,该权利消灭。法律没有规定或者当事人没有约定解除权行使期限,经对方催告后在合理期限内不行使的,该权利消灭。"第96条规定:"当事人一方依照本法第九十三条第二款、第九十四条的规定主张解除合同的,应当通知对方。合同自通知到达对方时解除。对方有异议的,可以请求人民法院或者仲裁机构确认解除合同的效力。法律、行政法规规定解除合同应当办理批准、登记等手续的,依照其规定。"《合同法解释二》第24条规定:"当事人对于合同解除持有异议的,应在解除合同通知到达之日起三个月内向法院起诉的,否则法院不予支持。"第95条的规定存在漏洞。在法律没有规定或者当事人没有约定解除权行使期限的情况下,它规定经对方催告后在合理期限内不行使的,该权利消灭,但是却没有规定如果对方不催告,解除权人应当在怎样的期限内行使解除权。对于解除权的期限,本书对法院的实际做法进行了类型化的分析:

1. 认定超过合理期限,但是没有对合理期限作出界定

杜某君与夏某萍股权转让合同纠纷一案。一审法院认为:根据《合同法》第95条之规定精神,合同解除的权利属于形成权,虽然现行法律没有明确规定该项权利的行使期限,但为维护交易安全和稳定经济秩序,该权利应当在一定合理期间内行使,并且由于这一权利的行使属于典型的商事行为,对于合理期间的认定应当比通常的民事行为更加严格。本案双方当事人在合同中没有约定合同解除权期限,杜某君从2009年6月23日股权转让变更登记手续办理后至2013年5月没有行使解除权,在近4年期间内未行使合同解除

权，显然超过合理期限，不利于维护交易安全和稳定经济秩序。[1]

2. 合理期限原则上不超过1年

研光通商株式会社（以下简称"研光会社"）与新乡市恒科科技发展有限公司股权转让纠纷一案。一审法院认为：根据《合同法》第95条的规定："法律规定或者当事人约定解除权行使期限，期限届满当事人不行使的，该权利消灭。法律没有规定或者当事人没有约定解除权行使期限，经对方催告后在合理期限内不行使的，该权利消灭。"我国法律没有对股权收购合同解除权的行使期限作出具体规定，当事人也没有对解除权的行使期限进行约定。2013年12月15日，原告研光会社变更诉讼请求要求解除双方在《股权收购合同》中的权利义务关系，并没有超过1年的期限，故原告研光会社行使解除权符合法律规定。[2]上诉人金某相与被上诉人徐某华、祝某平、王某冬、鲍某、徐某良、张某波股权转让合同纠纷一案。一审法院认为：合同解除权为形成权，可凭单方意志实现，该权利的行使会引起合同关系的重大变化，如果享有解除权的当事人长期不行使解除的权利，也会使合同关系长期处于不确定状态，影响交易双方权利的享有和义务的履行，故其行使应在合理期限内，且该期间为除斥期间。期限届满，当事人不行使权利的，该权利消灭。参照最高人民法院《关于审理商品房买卖合同纠纷案件适用法律若干问题的解释》第15条第2款的规定，本案中1年的行使期限较为合理。二审法院维持了一审判决。[3]

3. 法律没有明确限制

周口市财政局与北京天成伟业投资担保有限公司（以下简称"天成伟业公司"）、河南裕周铁路发展有限公司股权转让纠纷申请再审一案。再审法院认为：《合同法》第95条规定："法律规定或者当事人约定解除权行使期限，期限届满当事人不行使的，该权利消灭。法律没有规定或者当事人没有约定解除权行使期限，经对方催

---

[1] 参见安徽省高级人民法院［2013］皖民二初字第00017号民事判决书。
[2] 参见河南省新乡市中级人民法院［2015］新中民三初字第20号民事判决书。
[3] 参见浙江省嘉兴市中级人民法院［2015］浙嘉商终字第344号民事判决书。

告后在合理期限内不行使的，该权利消灭。"周口市财政局与天成伟业公司在签订《股权转让协议》时，未约定合同解除权的行使期限，法律对此亦无明确规定。在此情形下，天成伟业公司主张周口市财政局的解除权已于 2006 年 8 月 24 日消灭，缺少法律依据。[1]

关于合理期限，普遍的做法是以 1 年为限。最高人民法院《关于审理商品房买卖合同纠纷案件适用法律若干问题的解释》第 15 条规定："法律没有规定或者当事人没有约定，经对方当事人催告后，解除权行使的合理期限为三个月。对方当事人没有催告的，解除权应当在解除权发生之日起一年内行使；逾期不行使的，解除权消灭。"许多法院在考虑这个问题的时候，受到以上条款的影响，将商品房买卖的规定扩大适用到股权转让之中。无论如何，作为形成权，解除权应当在一定的期限内行使。因此一旦出现了解除合同的事由，不宜久拖不决。解除合同，很多人以为要去法院进行诉讼，对此视为畏途，实际上，解除合同并不一定需要去法院进行诉讼解决。正确的做法是在解除合同的条件成就时，向对方发函，通知对方解除合同。如果对方对此有异议，对方应当在 3 个月内向法院起诉。当然，如果解除合同的条件不成就，即使通知对方解除合同，也不发生解除合同的法律后果。许多人忽略这个规定，采取起诉的方式解除合同，费时费力费钱，结果还未必理想，实在令人扼腕叹息。

四、解除合同的法律后果

对于复杂的股权转让合同，往往包含一系列合同，例如，框架协议、补充协议、付款协议、战略合作协议等。法院在解除时，应将这些合同作为一个整体进行解除。如果个别协议具有独立性，也可以个别解除，仍然维持其他协议的效力。股权转让合同解除之后，如果股权已经变动到受让方，绝大多数法院判决返还股权。

在股权合同解除之后，一般的处理方式是恢复原状、赔偿损失。例如真功夫股东潘某海与蔡某标股权转让纠纷一案。一审法院判令：自判决发生法律效力之日起 10 日内，潘某海向蔡某标返还股权转让

---

[1] 参见中华人民共和国最高人民法院［2017］最高法民申 686 号民事裁定书。

款 7520 万元，二审法院增加了利息部分，判令潘某海应向蔡某标返还股权转让款 7520 万元，并按照中国人民银行同期人民币流动资金贷款利率计付利息。[1] 上诉人吴某亮、刘某生与被上诉人王某强及原审被告门源县金鼎矿业有限公司（以下简称"金鼎公司"）、原审第三人曾某股权转让纠纷一案，法院判令：吴某亮在判决生效后 30 日内返还王某强股权转让款 1000 万元、赔偿损失 3 151 303.75 元；王某强在判决生效后 30 日内返还吴某亮案涉金鼎公司 30%的股权。二审法院对赔偿损失的数额进行了改判。[2] 上诉人李某与被上诉人张某俊、胡某胜、太原泽源科技有限公司股权转让合同纠纷一案，一审判决："……二、被告（反诉原告）李某于判决生效后 10 日内将山西经作蓖麻科技有限公司 60%的股权返还给原告（反诉被告）三、确认被告（反诉原告）李某支付的 240 万元保证金作为违约金，不予退回，归原告（反诉被告）。"二审维持原判。[3] 除了判决返还股权，还有法院判决公司在判决生效之日其一定时间内办理工商变更登记。

关于解除股权转让合同的效果，《合同法》第 97 条规定："合同解除后，尚未履行的，终止履行；已经履行的，根据履行情况和合同性质，当事人可以要求恢复原状、采取其他补救措施，并有权要求赔偿损失。"股权转让合同解除的后果，原则上是恢复原状，但是恢复原状并非唯一的选项，还应当考虑合同的性质以及能否恢复原状。有很多理由认为股权转让之后，无法恢复原状。精确地讲，确实无法恢复原状，但是对于股权转让期限较短，公司和股东状况变化很小的情形，也可以大致的恢复原状。如果法院的工作做得更细致一点，还可以由法院或当事人去征求其他股东的意见，看看其他股东是否同意接纳原股东，这对于维护公司的人合性是有帮助的。

在解除股权转让合同的情况下，转让人一般都能取回股权。但是在有些情况下，解除合同的难度极大，取回股权恐怕需要采取迂

---

[1] 参见广东省高级人民法院［2015］粤高法民四终字第 96 号民事判决书。
[2] 参见中华人民共和国最高人民法院［2016］最高法民终 90 号民事判决书。
[3] 参见山西省高级人民法院［2014］晋民终字第 293 号民事判决书。

回战术了。在现实中遇到这样一个情况：原来的股东特别想取回股权，一开始的诉讼策略是以对方未足额支付股权转让款为由而要求解除股权转让合同，返还股权。由于股权已经转让了多年，部分股权已经转让给第三人（但是第三人未支付股权转让款），返还股权实际上已经不可能了。所以此案经历起诉、撤诉、再起诉、一审、二审、申请再审，当事人也进行了邮寄送达解除函，公告送达解除函等各种操作，最后都徒劳无果。法院驳回了当事人要求确认股权转让合同解除的诉讼请求。其实，如果当事人要求对方支付股权转让款及违约金，并代位行使对第三人的权利，在诉讼中保全公司的股权，一旦胜诉进入执行程序，则有望执行公司的股权。当事人在拍卖程序中将股权拍下来，即可以通过间接方式重获公司的股权。这就是暗度陈仓。

律师在股权转让服务中需要注意以下事项：

首先，对于重要的股权转让，律师应当与税务师、会计师互相配合。在进行财务和税务尽职调查之后，制定税务筹划方案、债务处理方案，然后互相沟通，优化股权转让的方案。对于一般的股权转让，首先应当解决股权转让的限制问题，最好先征求其他股东的同意及放弃优先购买权，对照公司章程和其他法律的要求，再协商股权转让合同。

其次，在股权转让合同中，应明确约定违约责任和赔偿损失的计算方法。由于股权转让的损失计算困难，如果不在合同中进行约定的话，索赔的难度会很大。对于因为优先购买权等限制原因，导致股权转让不能进行的，尤其要约定清楚赔偿责任。因为股权转让合同的效力问题仍然存在多种观点，所以股权转让合同除了约定违约责任之外，还应约定合同不生效、无效、被撤销、不成立等情形下的损失计算方法，以便在不同情况下快捷地解决双方之间的争议。

最后，对于股权转让合同，双方应明确约定解除权的行使条件和行使期限以及解除的后果，以避免法院的不同观点给处理结果带来不确定性。

第七章 CHAPTER7
股权对赌

第一节 股权对赌的作用与风险

对赌（Valuation Adjustment Mechanism，VAM），直译为"估值调整机制"，在我国被翻译成"对赌"，对赌是投资方与融资方在达成并购（或者融资）协议时，对未来不确定的情况进行的约定。如果约定的条件出现，表明对公司的估值偏低，融资方可以行使某些权利；如果约定的条件不出现，表明公司的估值偏高，则由投资方行使某些权利。对赌也许不是一种好的翻译。每一个概念都会在人的意识中产生理性和非理性的联想和印记。概念是思维的基本工具，对赌这个词语不可避免地让人们将它与古老的赌博联系在一起，更容易让人对它有负面的印象。对赌这个带有自黑色彩的概念被投资界的人普遍接受，不能不说是投资者精明之光中的一个黑点。当人们倾向于将对赌与负面事物联系在一起之后，当对赌行为违反法律规定时，它的法律后果可能更趋严厉。如果当初翻译为"风险调整"或"公平调整"，则在人们的非理性的意识里，可能会认为这更接近情势变更、商业风险，从而在更大的程度上接受这个事物。

对赌在投资界和企业界里越来越多。在中国这个金融市场和金融规制不够规范和成熟的时代，对于对赌而言，既是最好的时代，也是最坏的时代。摩根士丹利等机构投资蒙牛乳业有限公司是对赌的经典之作，让各方均成为赢家。国人的风险偏好较高，即使在娱乐圈，也存在对赌协议。例如，在《战狼Ⅱ》发行时，发行方支付

1.4亿人民币购买《战狼2》的发行权，并承诺8亿元的票房。如果达不到8亿元的票房，则发行方予以补偿到8亿元。只有票房超过8亿元，发行方才能盈利。后来票房非常成功，双方皆大欢喜。但是并非所有的对赌都会取得双赢，张兰与鼎晖的对赌、小马奔腾与建银文化的对赌，都是失败的案例。本书所讲的股权对赌，是指以股权为筹码的对赌，不包括《战狼Ⅱ》中的非股权投资性质的对赌。投资领域中的对赌大多是股权对赌。

一、股权对赌的作用

（一）促进资本与企业的结合

股权对赌缓解了投资面临的信息不对称的问题。当投资方打算向企业投资时，他们对于企业的了解程度，即便进行了各种调查，也远不如融资方的股东、经营者。投资方存在明显的信息劣势。融资方向投资方提供的信息，其可靠性和客观性都不强，极可能美化公司的状况。在这种信息不对称之下，为了促成投资，对赌协议也就应运而生了。具体而言，即设定一个目标，如果能达到这个目标，说明公司确有其值，投资方需要付出更多的代价，去补偿融资方。如果达不到目标，说明公司并未有如此高的价值，因此融资方应当补偿投资方。这在某种程度上解决了投资时面临的信息不对称的问题，部分解决了投资方的后顾之忧，促进资本投资于企业。

股权对赌还提供了一种解决企业估值问题的方式。融资企业的价值难以估量，其股票往往缺少公开市场，无法通过市场确定其公允价格。对于多数公司，运用净资产值的评估方法，并不恰当。双方对公司估值的分歧，很可能会让投资谈判陷入僵局，而双方都没有办法说服对方，这可能会抹杀双方确有必要的合作机会。为了解决这个问题，对赌提供了这样一种方法：先干起来，根据结果评估公司的估值，进而重新分配各方的利益。这种方法可以弥合双方的估值差异，促进交易。正如学者所说："对赌协议的贡献在于将交易双方不能达成一致的不确定性事件暂时搁置，留待该不确定性消失后，双方再重新结算。因为这种结构性安排，使得达成股权交易的可能性大增,从总体上增加了社会福利。"[1]

从以上两点内容来看,一方面对赌协议解决了双方信息不对称的问题,另一方面搁置了企业估值的争议,促成了投资的进行。在某些情况下,能创造出财富大爆发的效应,各方都可能从对赌中收益,这与赌博中的零和博弈有着本质的区别。

(二)激励经营者

一般情况下,投资方并不参与目标公司的经营管理,对赌协议中设计的业绩目标需要经营者去努力完成,投资者只提供资本。对赌的业绩目标一般都是诱人的,例如,公司上市,净利润达到一定数额等。一旦实现以上目标,经营者得到的收益也是极其丰厚的。在蒙牛与摩根士丹利的对赌中,由于完成了业绩目标,蒙牛的管理团队获得了数十亿元的股票。相反,如果业绩不达标,经营者也要直接或间接付出一定的代价。两相权衡之下,会给经营者带来充分的激励,促使经营者实现目标,促进公司的巨大发展。

二、股权对赌的风险

我国有很多股权对赌失败的案例,企业家应当从这些失败案例中吸取教训,避免发生巨大的错误。

(一)对赌目标不合理

目前国内股权对赌协议的目标比较单一,一般以企业上市、净利润等作为指标。如果对赌目标不合理,企业将面对巨大的压力。在这种压力模式下,管理层可能采取孤注一掷的高风险策略,最终将企业彻底推往困境。

对赌目标单一,可能造成企业管理层的短期行为,对于企业的长期发展产生不利的后果。也可能造成投资方的短期行为,投资方对公司提出过高的要求,在盈利后急于退出公司。

(二)企业文化冲突

在股权对赌中,企业文化冲突的表现形式也是多样的。在多个企业价值目标之间,管理层和普通员工都会面临选择困难。我国企

---

[1] 彭冰:"'对赌协议'第一案分析",载《北京仲裁》2013年第81辑。

业家一般不太重视企业文化的冲突问题。如果股权对赌目标与企业的文化相互冲突，目标将受到严重的阻碍。例如，一个强调稳健经营的企业，如果突然设定一个爆发式增长才能实现的目标；一个讲长远发展的公司，遇到一个较高的短期目标，都会在员工心智之中造成混乱。因此，在许多对赌目标设定之时，企业应当考虑现有的企业文化，在目标设定之后，适时调整企业文化。伴随着企业文化的调整，不可避免地要调整管理层和公司的治理结构。在张兰与鼎辉的对赌之中，俏江南本来是要打造餐饮业的高端形象和舒适的就餐环境。因此在这种企业文化之下，就需要培养人才，提高管理水平，注定不可能快速复制遍地开花，但是在签订对赌协议之后，俏江南急于实现上市的目标，计划两年开设20家门店。这种扩张模式与自己的企业文化在本质上存在着冲突。

（三）资金压力下的城下之盟

签订对赌协议的时候，如果融资方面临强大的资金压力，则很容易心存侥幸，接受苛刻的对赌条款。所谓资本的盛宴，都是嗜血的贪婪。投资方不是来做慈善的，其通常使用的对赌文本，都是经过律师和专业人士反复推敲的，积累了投资基金多年的经验与教训。融资方在专业的投资方面前，其实属于弱势群体。如果在资金压力下接受苛刻的条款，很容易输得一塌糊涂。

（四）控制权与品牌的流失

股权对赌时，公司原来的股东失去控制权的现象比比皆是。张兰与鼎辉对赌失败后，丧失了大部分股权，成了小股东；永乐电器和摩根士丹利、鼎辉对赌失败后，原始股东也失去了控制权；太子奶公司对赌后，也是如此。控制权失去后，品牌很可能也会随之失去。品牌在市场竞争中处于非常重要的位置，在对赌失败后失去品牌，意味着失去市场份额，其市场份额往往被国外的强势品牌所占据。在外资股权私募基金与国内企业对赌时，此现象更应引起警惕。

（五）IPO过会风险

《首次公开发行股票并上市管理办法》第12条规定："发行人最近3年内主营业务和董事、高级管理人员没有发生重大变化，实际控制人没有发生变更。"第 13 条规定:"发行人的股权清晰,控股股东和受控股股东、实际控制人支配的股东持有的发行人股份不存在重大权属纠纷。"如果存在对赌协议,公司的实际控制人、控股股东、董事及高管,都存在较大的变数。万一对赌失败,通常导致股权结构和公司控股股东的变化,上市时间对赌、股权对赌协议、业绩对赌协议、董事会一票否决权安排、优先受偿权等五类 PE 对赌协议,都是 IPO(首次公开募股,下同)审核的禁区,[1]在公司上市之前,必须完成清理工作。小马奔腾在 2013 年末因为没有清理对赌协议,未能上市,导致对赌失败。隆鑫动力因为 2011 年 3 月与投资方废除对赌协议,从而成功 IPO。目前,证监会依然严格要求 IPO 不得有对赌协议。

第二节 解决股权对赌纠纷的方式选择

一、法院对股权对赌协议效力的观点

对赌第一案"海富投资案",早已被广泛关注与评论。对于一审、二审的判词,本书不再赘述,主要评论一下最高人民法院再审该案的判词。

案情简介:2007 年苏州工业园区海富投资有限公司(以下简称"海富公司")与甘肃众星锌业有限公司(以下简称"众星公司")、香港迪亚有限公司(以下简称"迪亚公司")、陆某共同签订了《增资协议书》,其中海富公司为投资人、迪亚公司为众星公司的股东、陆某为众星公司的总经理。《增资协议书》约定:众星公司注册资本为 384 万美元,迪亚公司占投资的 100%。各方同意海富公司以现金 2000 万元人民币对众星公司进行增资,占众星公司增资后注册资本的 3.85%,迪亚公司占 96.15%。第二项业绩目标条款约定众星公司 2008 年净利润不低于 3000 万元人民币。如果众星公司

---

[1] 参见投行小兵:"案例研习(46):对赌协议解决之道",载 http://blog.sina.com.cn/s/blog_4ae7d4ff0100qvy7.html,2018 年 7 月 4 日最后访问。

2008年实际净利润完不成3000万元，海富公司有权要求众星公司予以补偿，如果众星公司未能履行补偿义务，海富公司有权要求迪亚公司履行补偿义务。第四项股权回购条款约定如果至2010年10月20日，由于众星公司的原因造成无法完成上市，则海富公司有权在任一时刻要求迪亚公司回购届时海富公司持有之众星公司的全部股权。之后，海富公司依约于2007年11月2日缴存众星公司银行账户人民币2000万元，其中新增注册资本114.7717万元，资本公积金1885.2283万元。另据工商年检报告登记记载，众星公司2008年度生产经营利润总额26 858.13元，净利润26 858.13元。众星公司后更名为甘肃世恒有色资源利用有限公司（以下简称"世恒公司"）。海富公司向法院提起诉讼，请求判令世恒公司、迪亚公司、陆某向其支付补偿款1998.2095万元。该案经历了兰州市中级人民法院一审、甘肃省高级人民法院二审及最高人民法院再审三个阶段。

一审法院认为：对赌协议无效。《增资协议书》系双方真实意思表示，但第7条第（二）项内容即世恒公司2008年实际净利润完不成3000万元，海富公司有权要求世恒公司补偿的约定，不符合《中外合资经营企业法》第8条关于企业利润根据合营各方注册资本的比例进行分配的规定，同时，该条规定与《公司章程》的有关条款不一致，也损害公司利益及公司债权人的利益，不符合《公司法》第20条第1款的规定。

二审法院认为：四方当事人就世恒公司2008年实际净利润完不成3000万元，海富公司有权要求世恒公司及迪亚公司以一定方式予以补偿的约定，违反了投资领域风险共担的原则，使得海富公司作为投资者不论世恒公司经营业绩如何，均能取得约定收益而不承担任何风险。参照最高人民法院《关于审理联营合同纠纷案件若干问题的解答》第4条第（二）项关于"企业法人、事业法人作为联营一方向联营体投资，但不参加共同经营，也不承担联营的风险责任，不论盈亏均按期收回本息，或者按期收取固定利润的，是明为联营，实为借贷，违反了有关金融法规，应当确认合同无效"之规定，《增资协议书》第7条第（二）项部分该约定内容，因违反《合同法》第52条第（五）项之规定应认定无效。海富公司除已计入世恒公司注册资本的114.771万元外，其余1885.2283万元资金性质名为投资，实为借贷。二审法院判决对赌协议无效但应返还投资资金。

最高人民法院再审认为：对赌协议部分有效。海富公司作为企业法人，向世恒公司投资后与迪亚公司合资经营，故世恒公司为合资企业。世恒公司、海富公司、迪亚公司、陆某在《增资协议书》中约定，如果世恒公司实际净利润低于3000万元，则海富公司有权从世恒公司处获得补偿，并约定了计算公式。这一约定使得海富公司的投资可以取得相对固定的收益，该收益脱离了世恒公司的经营业绩，损害了公司利益和公司债权人利益，一审法院、二审法院根据《公司法》第20条和《中外合资经营企业法》第8条的规定认定《增资协议书》中的这部分条款无效是正确的。但二审法院认定海富公司18 852 283元的投资名为联营实为借贷，并判决世恒公司和迪亚公司向海富公司返还该笔投资款，没有法律依据，应予以纠正。但是，在《增资协议书》中，迪亚公司对于海富公司的补偿承诺并不损害公司及公司债权人的利益，不违反法律法规的禁止性规定，是当事人的真实意思表示，是有效的。迪亚公司对海富公司承诺了众星公司2008年的净利润目标并约定了补偿金额的计算方法。在众星公司2008年的利润未达到约定目标的情况下，迪亚公司应当依约应海富公司的请求对其进行补偿。[1]

最高人民法院的判决引起了广泛的反响，并很快形成了一个统一认识：投资方与目标公司的对赌条款是无效的，和股东的对赌条款是有效的。

一审法院的判决和最高院的判决有相同的部分，二审法院的观点"名为联营，实为借贷"，因2015年发布的最高人民法院《关于审理民间借贷案件适用法律若干问题的规定》允许企业之间的民间借贷，已经失去了讨论的意义。最高院的观点，仔细推敲起来，仍有问题。关于投资方与目标公司之间的对赌条款，最高院认为"损害了公司利益和公司债权人利益"，因而无效。对于公司的利益是否受到损害，很难得出结论，而债权人的利益是否受到损害，也不得

---

[1] 参见最高人民法院［2012］民提字第11号民事判决书。

而知。目标公司有没有债权人，在履行对赌协议后，还有没有偿债能力，均不知晓。所以最高人民法院认定"损害了公司利益和公司债权人利益"，只能是在抽象的层面上，至于现实的层面上，该结论着实牵强。对于股东之间的对赌，最高人民法院认为："迪亚公司对于海富公司的补偿承诺并不损害公司及公司债权人的利益，不违反法律法规的禁止性规定，是当事人的真实意思表示，是有效的。"遵循最高院先前的思路，如果迪亚公司对投资方进行了补偿，是不是也损害了迪亚公司的利益和迪亚公司债权人的利益？是不是也应当无效呢？

判词背后，隐藏着理念与制度方面的问题。在我国，资本作为维护债权人利益的手段的观念，虽然在被削弱，但是仍顽强地存在，因此损害资本制度，就和损害债权人的利益之间画上了等号。实际上，资本制度无法担当维护债权人利益的重任。例如，公司向第三人提供担保，公司对其他的债权人举债等行为，都会损害债权人的利益，但是都是"合法损害"，资本制度无法解决这些问题，也无法保障公司的偿债能力。这种公司资本信用的理念背后，还隐藏了一种判断：股东没有合法理由，不得从公司处取回财产。投资方作为公司股东，没有经过分红程序，便从公司处获得巨额的补偿，这在现有的资本制度下确实是无法接受的。毕竟，公司只是拟制的人，公司股东在很大程度上可以操纵公司的行为。出于这一担忧，法院目前不会认可投资方与目标公司之间对赌条款的效力。

最高人民法院的判决起到了广泛的示范作用。在江苏，上诉人裴某松与被上诉人张某斌、原审被告江苏佳宇资源利用股份有限公司（原名连云港佳宇电子科技有限公司，以下简称"佳宇公司"）股权转让合同纠纷一案在处理上遵循了最高院的思路。2010年4月初，张某斌（甲方）与佳宇公司（乙方）、裴某松（丙方）签订《佳宇公司股权转让协议》一份，约定甲方自愿出资成为乙方新股东；甲方付款500万元给丙方，作为入股乙方并占有乙方1.1111%股权的股权转让款等内容。同日，三方签订《佳宇公司股权转让协议之补充协议》（以下简称《补充协议》）一份，约定："1. 盈利保证。乙、丙方承诺，乙方2010年经会计师事务所审计审定后的税后净利润不低于 8000 万元。如乙方未达到承诺的净利润水平，丙方对甲方进行现金补偿。2. 回购。在甲方投资乙方三年后（即投资 36 个月后），如果乙方仍未上市，则在上述期限期满后甲方可将其所持有的乙方股份转让给第三方，但不得将该股份转让给同业或相近行业或乙方的竞争对手。在相同价格条件下，丙方或丙方指定的第三方有优先受让该部分股份的权利。甲方亦可要求乙方按照原投资额加上每年按照 15% 的利息（单利）计算的投资收益回购该等股权（具体计息时间按甲方资金实际到账日起计算，扣除甲方从乙方获得的分红），乙方应在甲方提出该回购要求后六个月内完成该等股权回购。当乙方回购这部分股权出现障碍时，则由丙方在甲方提出回购要求的六个月内按上述价格受让该等股权并将相应款项支付给甲方，或者由丙方指定第三方在上述期限内按上述价格向甲方收购这部分股权。"上述协议签订后，张某斌支付 500 万元股权转让款；裴某松将其持有的佳宇公司 1.1111% 的股权转让给张某斌并办理了工商变更登记。2013 年 4 月 12 日，张某斌要求佳宇公司及裴某松按原投资额（即 500 万元）加上每年 15% 的利息回购股权。张某斌投资佳宇公司后，佳宇公司未进行分红。佳宇公司至本案一审诉讼时未上市。

一审法院认为：张某斌与佳宇公司、裴某松订立的股权转让协议及补充协议系当事人真实意思表示，基于公司股本不变原则，公司仅能在特定情形下才能回购本公司的股权而并不能仅凭股东与公司之间的约定回购股权，故上述协议中有关佳宇公司与张某斌约定回购其股权的条款对佳宇公司无约束力，上述协议的其余内容不违反法律、行政法规的强制性规定，合法有效。当事人应当按照约定全面履行自己的义务。本案中，张某斌已按约定价格受让裴某松在佳宇公司的 1.1111% 股权，佳宇公司未能在约定的投资 36 个月后上市，张某斌于 2013 年 4 月 12 日按协议约定向佳宇公司和裴某松要求回购股权后，佳宇公司未在 6 个月内完成股权回购，则张某斌有权按照协议的约定要求裴某松回购股权，裴某松应给付张某斌股权回购款 500 万元，并按约定赔偿张某斌利息损失。

二审庭审中，裴某松明确仅就原审审理程序问题提出上诉，对于原审判决的实体处理不提出上诉。二审法院维持了一审判决。[1]

在山东，对约定目标公司回购股份的对赌协议条款，也因相同的原因被认定无效。如天津硅谷天堂合盈股权投资基金合伙企业（以下简称"天津硅谷天堂"）与曹某波、山东瀚霖生物技术有限公司（以下简称"瀚霖公司"）合伙协议纠纷一案。目标公司瀚霖公司及其控股股东曹某波与投资方天津硅谷天堂签订《增资协议》，约定了对赌条款：若达不成对赌目标，投资方有权要求瀚霖公司或曹某波回购其全部或者部分股权。其后对赌目标没有实现，天津硅谷天堂要求瀚霖公司及曹某波履行股权回购义务。法院认为：涉案《增资协议》是合同当事人真实意思表示，但协议中关于瀚霖公司回购股份的条款约定因违反《公司法》强制性规定而无效，其他条款不违反公司法规定，应为有效。故协议约定曹某波购买股权条件成就，应予支持；而瀚霖公司回购股权违反《公司法》规定，不予支持。[2] 可见，山东高院在股权回购方面，同样遵循投资方与目标公司的对赌条款无效，与股东之间的对赌条款有效的规则。

二、仲裁机构对股权对赌协议效力的观点

仲裁机构认定股权对赌协议的效力相对宽松，表明了与法院不一样的立场。现介绍一个有代表性的案例，案情如下：2011年3月，基金A、自然人B作为投资者，与目标公司C及其唯一的股东D签订了《增资协议》。《增资协议》约定：A向C增资1000万元（20万元计入注册资本，其余计入资本公积），B向C增资200万元（5万元计入注册资本，其余计入资本公积）；增资完成后，C的注册资本由175万元增至200万元，其中，A、B、D分别持股持10%、2.5%、87.5%。

《增资协议》约定了业绩承诺条款和股权回购条款。第一，C在2011年度、2012年度、2013年度的税后净利润分别不低于1000万元、1500万元、2000万元，若净利润低于上述标准，则C、D对A、

---

[1] 参见江苏省高级人民法院［2014］苏商终字第0359号民事判决书。
[2] 参见山东省高级人民法院［2014］鲁商初字第25号民事判决书。

B进行现金补偿（补偿方式为：补偿金额＝投资总额×每年未完成净利润÷承诺净利润）。第二，当C任何一年净利润低于业绩承诺标准的80%或在2011年底前未取得特定的某业务的代理权，D有义务按20%的年收益率受让A和B持有的C的股权，C对受让义务承担无限连带责任，股权回购价格为拟回购股份所对应之实际投资额×（1+20%×自出资完成之日起至回购之日止的天数÷365）。

经审计，C在2011年的净利润为800万元，2012年1至6月份净利润为-300万元。因审计资料不全面，审计机构出具了无法表示意见的《审计报告》。2012年12月，C和D根据《增资协议》中约定的仲裁条款，率先向中国国际经济贸易仲裁委员会提起仲裁，请求确认业绩承诺条款和股权回购条款为无效条款。A和B接到仲裁通知后，亦向贸仲提起仲裁，要求C和D根据《增资协议》的约定进行业绩补偿和股权回购。

仲裁机构不仅认定投资方与股东之间的对赌条款合法有效，还认定投资者与目标公司之间的对赌条款合法有效。仲裁机构认为：第一，现金补偿条款合法有效，C及其大股东D均应支付现金补偿。投资者对C的估值依赖于原始股东D对公司预期经营状况的承诺，C及其股东D自愿与投资者签订业绩承诺条款，不存在欺诈或胁迫的非法目的。同时，投资者签订业绩承诺条款意在预防投资风险并且激励和约束C及其原始股东D的行为，对赌协议符合平等自愿、权义对等、公平合理、诚实信用的契约精神。因此，投资者与C及D之间的现金补偿条款均合法有效。现对赌的业绩目标没有完成，C及其D均应支付现金补偿。第二，股权回购条款合法有效，C的大股东D回购投资者的股权。股权回购条款和业绩承诺条款性质相同，其功能及作用是一致的，是投资者溢价增资的前提与基础，也是股东D得到投资者信赖的保障，同时也同样是一种契约性保护手段和利益激励与责任约束机制，符合平等自愿、权义对等、公平合理、诚实信用的契约精神，应认定为合法有效。原始股东D应当按照要求回购投资者手中的股权。仲裁机构还认为：增资后投资方不仅没有成为融资方的大股东，而且其投入的大部分资金是计入融资方的公积金而非注册资本中，为降低投资方的风险，平衡双方的利益，双方约定补偿条款合情合理，且增资后，C 的经营管理权仍在 D 手中，承诺条款的存在有利于避免 D 滥用经营者地位，损害投资方的利益。因此，涉案补偿协议，符合平等自愿和诚实信用原则。股份受让条款与补偿条款在功能上是相近的，且是投资方采取"二元式"增资行动的对价和筹码，同样符合平等自愿和诚信原则。[1]

仲裁机构对于股东与公司之间的股权对赌条款，无论是股权回购条款还是现金补偿条款，根据目前所了解的情况，是普遍认可其效力的。笔者也倾向于在某些条件下可以认可股东与目标公司之间对赌协议是有效的。然而仲裁机构的说理部分，仍然不能让人满意。如果说最高法院执之一端，过多地考虑了抽象意义上的股权对赌的危害性，那么仲裁机构则走上了另外一个极端，完全没有考虑对赌行为的负外部性，甚至对股权对赌协议可能损害他人利益的问题避而不谈，其理由也是抽象的平等自愿和诚信原则，存在向一般条款规避之嫌。

笔者认为以禁止股东与目标公司对赌的方式来维护债权人的利益，完全是行不通的。公司在出现对外债务之后，可以重新举债，可以对外担保，"有权"实施侵权行为对外赔偿，"有权"亏损，这些都是损害公司债权人利益的行为，为何不同样禁止？因此，只要不是滥用权利或其他违法行为，公司作为独立主体与股东之间的股权对赌协议应当合法有效。有人认为股东影响公司的意志，因此可能损害其他主体的利益。实际上，股东与目标公司之间的对赌，就是关联交易。正常的关联交易应当受到保护，正常的对赌亦复如是。在现有的理念与制度之下，股东与目标公司之间的股权对赌协议仍然有履行的空间，不宜认定股权对赌协议无效。如果认为目标公司与股东之间的对赌协议无效，目标公司想通过减资来回购股份的可能性也被抹杀了。在此，还应当区分处分行为与负担行为。股权对赌协议只是负担行为，而非处分行为，如果在履行对赌协议中遇到

---

[1] 参见李怡聪："投资者和目标公司之间对赌协议效力的研究"，南京大学 2016 年硕士学位论文，第 11~13 页。陈朝毅："'对赌协议'法律效力问题分析及制度构建"，中国政法大学 2016 年博士学位论文。

障碍，只需要承担违约责任即可，并不需要认定对赌协议无效。例如，在股权回购时，需要履行减资手续，如果不能履行减资手续，则存在不能回购的违约情形。同样，在履行现金补偿时，只要不致使公司进入破产状态，侵犯其他债权人的利益，即应当认定有效。当然，有人可能担心目标公司与股东之间的对赌会损害小股东的利益，这则是另外一个损害赔偿的问题了，并不能导致对赌协议无效。

三、选择解决纠纷方式的方法

在签订对赌协议时，可以根据需要选择诉讼还是仲裁作为解决纠纷的方式。如果意图股东与目标公司之间的对赌协议有效，则选择仲裁，如果意图对赌协议无效，则选择由法院处理。根据目前了解的情况，只有极少数法院曾支持目标公司承担对赌责任。在目前的资本制度之下，法院依然会继续采取非常谨慎的态度，不会轻易认可目标公司与股东之间的对赌协议的效力，而仲裁机构则恰恰相反。这种有趣的现象，也正是研究法律的魅力以及研究股权对赌问题的切入点。

第八章 CHAPTER8
夫妻股权

第一节 夫妻公司的人格问题

一、夫妻公司的独立人格

所谓夫妻公司,是指公司股东是夫妻二人的有限公司。夫妻公司具有以下特点:第一,在夫妻公司里,股东之间存在特殊的身份关系。第二,股权所包含的财产内容,有可能属于夫妻共同财产。如果出资时是以夫妻共同财产出资,则其财产内容应当属于夫妻共同财产。如果夫妻股东在出资的时候以个人财产出资,则股权应当是夫妻个人财产,但是即便如此,其股权的收益仍应属于夫妻共同财产。

从形式上来说,夫妻公司有两名股东,具有完整的治理结构,其独立人格不应当存在问题。但是,由于股东之间特殊的身份关系或者财产内容方面的原因,某些法院倾向于将夫妻公司作为一人公司处理。所谓一人公司,即只有一个股东的有限责任公司,又称一人有限责任公司。由于一人公司缺乏完善的治理结构,没有股东会及股东之间的相互制衡,因此我国《公司法》对一人公司作了特殊的规定。《公司法》第63条规定:"一人有限责任公司的股东不能证明公司财产独立于股东自己财产的,应当对公司债务承担连带责任。"但是《公司法》给一人公司提供了证明公司财产独立于股东财产的途径,即在第62条规定:"一人有限责任公司应当在每一会计年度终了时编制财务会计报告,并经会计师事务所审计。"从现有的规定来看,公司法推定一人公司与股东之间财产混同,如无相反证据,一人公司的股东就要承担连带责任,无法享受有限责任的庇护。

对于夫妻公司,如果因为存在夫妻关系而倾向于将其作为一人公司看待,在众多场合下否认一人公司的独立人格,将造成公司独立人格否认的扩大化。如果夫妻公司的独立人格存疑,那么同样,兄弟公司、父子公司,乃至家族企业,其独立人格都将受到质疑。好朋友开办的公司,其人格也有被质疑的理由。这将动摇现代公司法的基础。部分法院从股权的夫妻共有方面,认定夫妻公司为实质上的一人公司。其主要理由是:"我国实行的是夫妻财产共有制,在夫妻关系存续期间,双方所得的财产和持有的财产在没有特殊约定的情况下都将视为夫妻共同财产。公司表面上虽系两个股东出资成立,但出资时两股东系夫妻关系,出资时的财产应视为夫妻共同财产。以夫妻共同财产出资,根据民法中的共有理论,形成的是夫妻共同股权,收益亦是夫妻共同所有。因此,夫妻公司出资财产为单一来源,收益的归属为单一流向,股权为共同持股的单一股权,完全符合一人公司的实质要件。"[1]如果从财产来源的角度将夫妻公司作为一人公司,则违背了一人公司推定财产混同的基本法理。一人公司是因为在人员组成、治理结构和监督机制上存在特殊性,才推定财产混同,而不是因为财产来源而推定财产混同。

然而,仍有许多法院将夫妻公司作为一人公司处理,其说理也围绕财产来源进行。例如,原告江苏国源建设工程有限公司(以下简称"国源公司")与被告江苏汇通新材料有限公司(以下简称"汇通公司")、江苏连富化工有限公司(以下简称"连富公司")、翟某文、金某凤建设工程施工合同纠纷一案。汇通公司为一人公司,连富公司为其股东,翟某文为汇通公司执行董事及法定代表人。连富公司是由翟某文、金某凤设立的有限责任公司,此二人为夫妻关

---

[1] 参见王诚:"'夫妻公司'债务能否追加夫妻双方为被执行人?",载 http://nczy.chinacourt.org/article/detail/2011/11/id/1200318.shtml,2018 年 7 月 1 日最后访问。

系。翟某文任连富公司的执行董事及法定代表人,金某凤为连富公司的监事。连富公司设立时,翟某文、金某凤并未对其投入的财产进行分割和明确。

关于翟某文、金某凤的责任,一审法院认为:连富公司虽非一人公司,但连富公司是由翟某文、金某凤共同出资设立的。翟某文、金某凤二人为夫妻关系,其在出资时应当提交财产分割的书面证明或者协议,并以各自投入的财产作为责任财产,承担相应责任。但翟某文、金某凤设立连富公司时并未对夫妻财产进行分割,其投入公司的财产实为家庭成员的共同财产,其出资体是单一的。连富公司名为两名股东设立的有限责任公司,实为一人公司。作为实质上的一人公司,连富公司负有证明公司财产与股东财产相互独立的举证责任。本案中,连富公司并未提交相应证据,其也未能在每一会计年度终了时编制财务会计报告,并由会计师事务所审计。连富公司补交的审计报告同样为庭前制作,不具有客观性,也未能反映公司的实际财务情况。原告要求翟某文、金某凤对连富公司债务,承担连带给付责任,符合我国法律规定,予以支持。一审依据《公司法》第63条、第64条判令被告翟某文、被告金某凤对被告汇通公司所欠的工程款、利息损失及律师费承担连带给付责任。[1]

原国家工商行政管理局《关于公司登记管理中几个具体问题的答复意见》(工商企字[1995]第303号)第5条规定:"家庭成员共同出资设立有限责任公司,必须以各自拥有的财产作为注册资本并各自承担相应的责任。登记时需提交财产分割的书面证明或协议。"该《意见》生效于1995年11月28日,1998年2月1日因《公司登记管理若干问题的规定》的实施而被废止,但1998年开始实施的《公司登记管理若干问题的规定》(2006年度止)第23条保留了相关的内容,仅仅变动了部分标点符号。该条规定:"家庭成员共同出资设立有限责任公司,必须以各自拥有的财产作为注册资本,并各自承担相应的责任,登记时需要提交财产分割的书面证明或者协议。"该《规定》于2006年6月23日废止,此后再无类似规定。

---

[1] 参见江苏省海安县人民法院[2017]苏0621民初1588号民事判决书。

经过核实，连富公司于 2007 年 5 月 18 日设立。虽然法院没有明确援引相关规定，但是实际上却几乎原封不动地将相关规定列在本院认为部分，这显然不合适。法院将连富公司作为实质性的一人公司处理，并不合适，江苏省高级人民法院《关于当前商事审判若干问题的解答（二）》对此有明确的规定。

再如原告山东经信纬商贸有限公司（以下简称"山东经信纬公司"）与被告济南云川农业科技有限公司（以下简称"济南云川公司"）、焦某、李某借款合同纠纷一案。济南云川公司股东为李某、焦某，两人是夫妻关系。济南云川公司与其股东焦某、李某之间存在大量交易往来。关于焦某、李某的责任，一审法院认为：根据原国家工商行政管理总局《公司登记管理若干问题的规定》第 23 条"家庭成员共同出资设立有限责任公司，必须以各自的财产作为注册资本，并各自承担相应的责任，登记时需要提交财产分割的书面证明或者协议"的规定，焦某、李某系夫妻关系，在设立济南云川公司时，未向工商登记部门提交分割财产的证明。该公司出资人的财产为夫妻共同财产，其出资体是单一的，实质为一人公司。且焦某、李某与济南云川公司存在大量交易往来，焦某、李某未能提供证据证明公司财产独立于焦某与李某的夫妻共同财产，焦某、李某夫妻共同财产与济南云川公司存在财产混同。依据《公司法》第 63 条规定，李某、焦某对济南云川公司债务承担连带清偿责任。[1]

经核实，济南云川公司成立于 2015 年 12 月 9 日，《公司登记管理若干问题的规定》于 2006 年废止。一审法院援引了一个失效的法律规定。本案与前一个案件的不同之处在于济南云川公司与其股东焦某、李某之间存在大量交易往来。如果法院从这个线索入手，调查公司与夫妻股东之间是否存在财产混同，则判决理由将会更有说服力，而不应采纳实质一人公司的观点。

即使公司注册于 2006 年 6 月 23 日之前，当时《公司登记管理若干问题的规定》尚未废止，法院也不应当因为夫妻在登记时没有提交财产分割声明或者协议而将夫妻公司作为实质上的一人公司。

---

〔1〕 参见山东省济南市长清区人民法院〔2017〕鲁 0113 民初 1165 号民事判决书。

例如彭某静与梁某平、王某山河北金海岸房地产开发有限公司（以下简称"金海岸公司"）股权转让侵权纠纷一案。金海岸公司设立于2005年1月27日。设立时的股东为彭某静、梁某平，两人系夫妻关系。关于金海岸公司法人人格的认定问题，河北高院认为：我国《公司法》对股东之间并没有身份上的限制，夫妻双方共同投资设立有限责任公司并不违反法律禁止性规定。国家工商行政管理局公布的《公司登记管理若干问题的规定》第23条规定："家庭成员共同出资设立有限责任公司，必须以各自拥有的财产作为注册资本，并各自承担相应的责任，登记时需要提交财产分割的书面证明或者协议。"因此，夫妻可以共同出资设立有限责任公司。实际上，以未分割的夫妻共同共有财产出资设立公司并不必然构成对公司法人财产独立性的损害，只是设立公司的需要，满足的是登记部门的要求。其在工商登记中显示的投资比例并不是对夫妻共同共有财产做出的改变和分割，也并不能当然地将工商登记中载明的投资比例简单地等同于夫妻之间的财产约定。所以彭某静和梁某平用未分割的夫妻共同共有财产出资成立金海岸公司，符合公司法的规定，金海岸公司具备独立法人人格。由于当事人未对金海岸公司的独立人格问题上诉，所以二审法院对该部分内容没有审理。[1]

一人公司的财产混同推定，推定的内容是公司与股东之间的财产混同，而与股东之间的财产关系无关，股东之间的财产关系也并不影响夫妻公司的独立人格。一人公司中推定财产混同的原因在于一人公司治理结构方面的特殊性。夫妻公司在治理结构方面并不存在问题，甚至因为这种特殊的人身关系，会使公司的治理更加和谐，减少公司的管理成本。在夫妻公司中，夫妻股东的财产关系，并不影响股东行使股权，也不会导致股权的内容含糊不清。即使其中一方不参与公司事务，看起来只有一个股东在负责公司的事务，但是这并不能表明在未来或者关键的时候另一方不参与公司管理事务，也不能否认夫妻公司实际存在完整的治理结构。

---

〔1〕 参见中华人民共和国最高人民法院〔2007〕民二终字第219号民事判决书。

二、夫妻公司人格否认的特殊性

许多法院在处理夫妻公司财产混同的问题时发现，债权人举证的难度小于普通的有限公司。例如：江苏省高级人民法院《关于当前商事审判若干问题的解答（二）》第8问的内容为："夫妻设立的有限责任公司，能否直接认定为一人有限责任公司？答：《中华人民共和国公司法》第五十八条第二款规定：'一人有限责任公司，是指只有一个自然人股东或者一个法人股东有限责任公司。'夫妻共同设立的有限责任公司在形式上属于两人设立的有限责任公司，不宜直接认定为一人有限责任公司，从而适用《中华人民共和国公司法》第六十三条关于一人有限责任公司股东与公司财产混同举证责任倒置的规定。债权人能够提出足以引起法官对夫妻财产与公司财产存在混同嫌疑的初步证据的，夫妻股东应当就公司财产独立性承担举证责任，不能举证证明的，依据《中华人民共和国公司法》第二十条第三款的规定，夫妻股东应当对公司债务承担连带责任。"

在对待夫妻公司财产混同的问题上，由债权人提出初步证据，然后举证责任转移到夫妻股东，由夫妻股东证明财产的独立性。这种举证责任的分配，使债权人的举证难度要弱于证明一般的有限公司的财产混同。对于一般的有限公司，根据"谁主张，谁举证"的规则，如果债权人要证明股东与公司的财产混同，不仅要提出初步的证据，而且要证明公司与股东的财产混同达到了严重的程度，这致使财产混同在实际操作中存在举证难的问题。在司法实务中，财产混同的主张被法院支持的比较少，债权人的证据主要来自于刑事案件的侦查和财务审计中偶然的发现。此外，外部的债权人很难获得财产混同的证据。可见，夫妻公司较一般的公司而言，在财产混同方面更容易被人格否认，致使夫妻股东对公司债务承担连带责任。对于人格否认的其他情形，如公司形骸化、公司资本明显不足等方面，夫妻公司与其他公司应无二致。

申诉人林某、陈某娇与被申诉人汕头市川辉百货有限公司（以下简称"川辉公司"），原审被告汕头市大众购物中心有限公司（以下简称"大众公司"）买卖合同纠纷一案，就体现了夫妻公司财产混同方面的特殊性。

基本案情：1996年4月27日，林某租赁南墩总公司厂房G座，并按约定向南墩总公司交付押金。1996年5月3日，林某和陈某娇登记结婚。1996年5月13日，林某、陈某娇作为股东，以南墩总公司厂房G座为住所投资设立了大众公司，注册资金50万元。林某为法定代表人、执行董事、总司理，陈某娇为董事；公司设立后，由大众公司向南墩总公司支付房租。2010年林某由大众公司作连带责任保证，两次向工行龙湖支行贷款640万元，并以个人财产作为抵押。2010年9月大众公司向东里信用社贷款1060万元，林某、陈某娇为之提供连带责任保证，并提供房产抵押。因大众公司没有履行还款责任，东里信用社向澄海区人民法院起诉，澄海区人民法院已判决大众公司偿还贷款本金及利息，林某、陈某娇承担连带保证责任并以房产承担抵押担保责任。2011年3月23日，林某承诺在6个月内出售大众公司的营业用房，在偿还银行贷款本息后，剩余价款全部用于偿还尚欠的供货商货款。上述营业用房的所有权人为林某，此前作为大众公司的营业场所，由大众公司向林某支付房租。大众公司对结欠川辉公司货款808 515.70元的事实没有异议。二审和再审庭审中，法院责成林某、陈某娇在7天内向法院提交大众公司的财务账册等材料，以便进一步查清事实或委托专业机构进行审计，但林某、陈某娇不予提交。

一审法院认为：大众公司是依法登记设立的企业法人，虽然林某、陈某娇是大众公司仅有的两个股东，且是夫妻关系，但二人作为股东设立大众公司并不违背法律、法规的禁止性规定。川辉公司主张大众公司是一人公司，林某、陈某娇投资设立公司时必须提供夫妻财产分割证明，没有事实和法律依据，不予采用；虽然大众公司负有巨额债务，但川辉公司没有证据证实林某、陈某娇通过抽逃注册资金或解散大众公司或宣布大众公司破产，以达到逃废大众公司巨额债务之不当目的。虽然大众公司租赁林某的房产作为住所和营业场所并支付房租，但是川辉公司没有证据证实林某借收取房租而侵犯大众公司的财产，法律、行政法规也没有规定公司不能承租公司股东房产作为住所和营业场所。因而以此主张林某与大众公司财产混同，没有事实和法律根据，不予采用。虽然存在大众公司作为林某向银行贷款的连带责任保证人的事实，但该贷款设置有抵押物，按照《担保法》的规定，大众公司仅在物的担保之外承担保证责任，川辉公司没有证据证实大众公司代林某偿还贷款，因而以此主张大众公司与林某、陈某娇财产混同，没有事实根据，不予采信。

二审法院认为：第一，关于大众公司是否为一人公司的问题。大众公司是由林某、陈某娇夫妻设立的有限责任公司，并不是只有一个自然人股东的公司。川辉公司主张大众公司系一人公司，没有法律根据。第二，本案川辉公司已举证证实林某、陈某娇滥用公司法人独立人格和股东有限责任，严重损害公司债权人利益，而林某、陈某娇未能提供证据予以辩驳，故林某、陈某娇应对大众公司的债务承担连带偿还责任。原因有：①公司与股东借款时互相提供担保，所以股东财产和公司财产混同。②大众公司利用林某自己租赁的房产及自己名下房产作为经营场地，诉讼中又未能提供大众公司支付房租的证据，存在股东财产和公司财产混同的情形。③在川辉公司已经初步举证证实林某、陈某娇与大众公司存在股东财产和公司财产混同的情形下，林某、陈某娇拒不提交大众公司的账册等证据，所以可以推定川辉公司提出的大众公司与林某、陈某娇存在公司财产和股东财产混同的主张成立。综上所述，公司独立人格和股东有限责任是以公司财产和股东财产相分离为前提的。本案大众公司与林某、陈某娇存在公司财产和股东财产混同的情形，故大众公司没有拥有独立的财产，不具有独立的人格。

广东省人民检察院抗诉认为：第一，大众公司为林某自己贷款进行担保的行动有可能损害大众公司利益，从而可能损害债权人的利益。但在查明的林某向工行龙湖支行两次贷款的640万元贷款合同中，林某提供了其名下不动产作为担保，而且该抵押物的价值超过贷款担保总额，故大众公司对林某个人贷款的担保仅仅是信用担保，这种担保行为不足以对大众公司财产或利益造成损害，当然也不足以造成对公司债权人利益的损害，因此也就不能适用法人人格否认制度。第二，川辉公司也没有提供相关证据证实林某、陈某娇存在有如抽逃资金、转移大众公司财产等逃避公司债务，损害债权人利益的行为或事实。综上，本案不应适用法人人格否认制度。

再审法院认为：林某、陈某娇在经营大众公司期间，将本应独立于法人财产之外的个人财产和大众公司财产混同，即便在2011年3月23日宣布大众公司停业时，林某依然承诺在出售其个人名下的房产，偿还银行贷款本息后，剩余价款将全部用于偿还大众公司尚欠供货商的货款，该行为系混同股东财产和公司法人财产的行为。再审法院在二审直至再审期间，要求林某、陈某娇提交大众公司经营过程中的财务账册等，以查明该公司资金进出情形及巨额亏损如何形成的问题，但林某、陈某娇拒绝提交。依据最高人民法院《关于民事诉讼证据的若干规定》第75条规定："有证据证明一方当事人持有证据无正当理由拒不提供，如果对方当事人主张该证据的内容不利于证据持有人，可以推定该主张成立。"川辉公司在已经初步举证证实林某、陈某娇与大众公司存在股东财产和公司财产混同的情形下，林某、陈某娇拒不提交大众公司的账册等证据，由此可认定川辉公司提出的大众公司与林某、陈某娇存在公司财产和股东财产混同的主张成立。[1]

从该案来看，笔者的直觉是：因为大众公司是夫妻公司，所以该案件在适用人格否认制度方面，比一般的案件更为宽松。从该案的具体情况来看，林某租赁房屋作为公司的注册地址，完全是正常的行为。在我国，公司注册登记时提供房屋租赁合同，这份租赁合同常常以股东的名义签订，也可以以设立中的公司的名义签订，然后由公司使用并支付房租。从借款时的互相担保来看，林某借款时自己提供了抵押物，而且抵押物的价值超过了借款总额，不会对大众公司造成实质上的损害。至于大众公司租用林某的房子，则属于关联交易，关联交易本身并不违法，如果利用关联交易侵害公司的利益则属于违法行为。最后，林某出售自己的房子为公司还债，也不应当被认为财产混同，因为财产的权属关系非常明确，况且，此举不仅没有损害债权人的利益，而且还有利于债权人。严格地讲，适用人格否认制度有下列要件：①公司已正当取得了法人人格；

---

[1] 参见广东省汕头市中级人民法院[2013]汕中法审监民再字第1号民事判决书。

②公司的股东滥用了公司人格；③公司人格的滥用损害了债权人的正当权益或者社会公共利益；④公司人格否认是一种对公司法人人格的个案否认。林某有可能损害债权人利益的行为，只可能是林某将自己的房子出租给大众公司，进行利益转移。林某出售自己的房子为大众公司偿债，则根本不属于损害债权人利益的行为。

　　该案件中，只有关联交易可能损害债权人的利益，虽然关联交易不排除公司法人人格否认制度的适用，但是关联交易一般适用《公司法》第21条："公司的控股股东、实际控制人、董事、监事、高级管理人员不得利用其关联关系损害公司利益。违反前款规定，给公司造成损失的，应当承担赔偿责任"的规定。其后果一般不是人格否认。法院要求公司股东提供财务账簿，以证明股东与公司财产相互分离的情况，较为少见。因为在适用法人人格否认制度方面，法律并无在一般案件中适用举证责任倒置的规定。从该案的实践来看，法院没有将夫妻公司作为一人公司处理，尊重了公司的独立人格。但是在具体适用法律的时候，法院一旦在内心确定公司财务不规范，可能损害债权人的利益的时候，即采取了举证责任倒置，由股东来证明公司与股东财产的相互独立，这一点与江苏省高院的规定不谋而合。因此，在司法实践中，法院在认定夫妻公司财产混同方面较为宽松。在一般的案件中，如果遇到本案的情况，认定财产混同的可能性比较小，而本案中大众公司作为夫妻公司，因受到更多的质疑，所以最终适用了法人人格否认制度。

第二节　夫妻股权转让诉讼实务问题

　　夫妻股权转让，涉及公司法、合同法、民法和婚姻法的相关规定。在处理这些纠纷的时候，法院展现了民法思维与商法思维的差异，在适用法律规定的时候，也采取了不同的方法，呈现出生动的画面。针对夫妻股权转让纠纷，思路不同，效果各异。这种差异也为办理案件提供了技巧。

　　关于股权能否成为夫妻共同财产，虽然在学术界存在争议，但是从最高人民法院的司法解释以及法院的判决来看，股权可以成为夫妻共同财产，这在实务界也已经成为共识。从法律规定上来讲，《婚姻法解释二》第15条规定："夫妻双方分割共同财产中的股票、债券、投资基金份额等有价证券以及未上市股份有限公司股份时，协商不成或者按市价分配有困难的，人民法院可以根据数量按比例分配。"虽然这是一个关于离婚时夫妻共同财产分割的规定，但是也很清楚地表明股份公司的股票、股份可以成为夫妻共同财产。至于有限公司的股权，《婚姻法解释二》第16条规定："人民法院审理离婚案件，涉及分割夫妻共同财产中以一方名义在有限责任公司的出资额，另一方不是该公司股东的，按以下情形分别处理……"这里使用出资额而不使用股权的概念，是因为受到了1993年《公司法》的影响。1993年《公司法》第4条规定："公司股东作为出资者按投入公司的资本额享有所有者的资产受益、重大决策和选择管理者等权利。公司享有由股东投资形成的全部法人财产权，依法享有民事权利，承担民事责任。公司中的国有资产所有权属于国家。"当时对股权的性质认识尚不准确，而《婚姻法解释二》于2003年出台时，1993年《公司法》尚未修订，因此《婚姻法解释二》也亦步亦趋地使用了"出资额"这个概念，究其实质，应为股权。从各级法院的做法来看，股份、股权作为夫妻共同财产，在各级法院均无障碍。

一、法院审理夫妻共有股权转让的司法实践与评析

对于夫妻共有股权，如果夫妻一方未经对方同意就进行转让，则容易在夫妻之间或与第三人之间引发纠纷。对于这些纠纷，法院处理的思维与逻辑并不一致，展现出丰富多彩的审判实践和审判逻辑。本章所讲的股权转让，包含了股权赠与行为。下面对法院的思维和逻辑分别阐述之。

（一）两种法律思维及评析

法院在处理夫妻共有股权转让的时候，基于对股权性质不同的侧重以及商事行为与民事行为的区别，在审理此类案件的时候，遵循了两种不同的法律逻辑。为了更好区别，本书称之为民法思维和商法思维。这种分类只代表区别，并不代表高下对错。一些股权转

让纠纷经历了一审、二审甚至再审程序，各级法院的思维有时并不一致。在对案例分类的时候，本书根据案件的已知最终结果进行分类。有些案件的二审法院采取的是商法思维，但是一审法院采取的是民法思维，那么就归入商法思维的案例范围。

1. 民法思维

这种思维从民法的规定出发，衡量股权转让合同和股权转让行为的效力问题。现介绍以下案例：

案例一：张某与刘甲、刘乙股权转让纠纷案。一审法院与二审法院分别运用了无权处分的法律规定和恶意串通，损害第三人利益的法律规定，而不是从公司法的规定来考虑这个案件，均属于民法思维。虽然二审法院认定700万股票属于夫妻一方个人财产，但是二审法院援引的是恶意串通，损害第三人利益的法律规定，因此700万股票无论是个人财产还是夫妻共有财产，均不影响案件的处理结果。在我国的司法实践中，普遍认为善意取得应当符合"以合理的价格转让"这一要件，因此在赠与的场合，接受赠与的一方无法通过善意取得制度来获得股权。具体案情如下：

张某与刘甲系夫妻关系，刘甲与刘乙系兄弟关系，在张某与刘甲夫妻关系存续期间，刘甲与刘乙共同创办了一家公司，后该公司成功在美国纳斯达克上市。双方夫妻感情恶化，刘甲于2009年提起离婚诉讼，后被法院一审判决驳回诉讼请求，双方均未上诉。离婚诉讼期间，张某得知刘甲将自己名下的700万股发起人记名股权全部无偿转让给了同为公司发起人的刘乙。张某提起股权转让无效纠纷之诉。

一审法院认为：该700万股股票系张某与刘甲的夫妻共同财产。根据《婚姻法》第17条的规定，夫妻对共同所有的财产，有平等的处理权。《民通意见》第89条规定，共同共有人对共有财产享有共同的权利，承担共同的义务。在共同共有关系存续期间，部分共有人擅自处分共有财产的一般认定为无效。但第三人善意、有偿取得该项财产的应当维护第三人的合法权益。本案中，刘甲未经张某的同意，将诉争股票赠与给弟弟刘乙构成无权处分，受赠人刘乙获得诉争股票未支付对价，不属于善意第三人。所以，虽然原告诉请的是确认股权转让行为无效，但实际诉请的是要求确认本案股票赠与合同无效，予以支持。

二审法院即最高人民法院认为：本案是第三人请求确认无效的赠与合同纠纷，刘甲在夫妻关系存续期间，未经妻子张某的同意将其持有的美国公司700万股股票赠与其弟弟刘乙，根据《婚姻法司法解释（三）》第5条的规定："夫妻一方个人财产在婚后产生的收益，除孳息和自然增值外，应认定为夫妻共同财产。"夫妻一方在婚姻关系存续期间，利用婚前个人财产投资产生的收益，应属于夫妻共同财产，通过股权置换方式实现企业境外上市，属于投资经营行为，由此产生的收益不属于自然增值或孳息。因此，刘甲婚前持有的国内股权在借壳上市过程中取得的溢价与上市后的增值均属于夫妻共同财产，即妻子张某对诉争股票享有相应的收益权。刘甲向其弟弟刘乙无偿转让诉争股票，刘乙作为刘甲的弟弟，应当知道张某与刘甲之间存在夫妻关系，二者在刘甲起诉离婚前无偿赠与受赠诉争股票，恶意串通损害了张某对涉案股票依法享有的收益权。根据《合同法》第52条第（二）项的规定，恶意串通，损害第三人利益的合同无效。二审法院因而维持了一审判决。[1]

案例二：沈某红与叶某雷、叶某波、刘某阳股权转让纠纷一案。本案一审运用了商法的思维。二审也许认为如果运用商法思维，不考虑受让人的特殊身份，会出现明显不合理的结果，所以运用了民法思维。具体案情如下：

沈某红与叶某雷于2003年7月10日登记结婚，近来因夫妻关系紧张而提起离婚诉讼，但至今尚未解除婚姻关系。叶某波系叶某雷胞弟，刘某阳系叶某波妻子。2012年10月12日，叶某雷将其所持有的台州市仁和宝家居用品有限公司（以下简称"仁和宝公司"）50%的股权按注册资金50万元的价格分别以40万元价格转让给被告叶某波40%的股权，以10万元价格转让给被告刘某阳10%的股权，双方签订了股权转让协议并办理工商过户登记手续，并于次日约定，被告叶某波、刘某阳尚需支付叶某雷夫妻共同向银行的

---

[1] 参见最高人民法院［2013］民二终字第40号民事判决书。

借款。

一审法院审理认为：①从主观目的性上看，转让双方并非恶意。②从转让行为的合法性上看，股权转让的价格应当是对价转让。被告之间的股权转让经其他股东同意，程序合法，且已支付合理对价，故应认定为合法有效。

二审法院认为：仁和宝公司的股权在转让之前属于夫妻共同财产。夫妻共有属于共同共有，如果没有特别约定，对共同共有财产的处分须征得全体共同共有人的同意。《合同法》第51条规定"无处分权的人处分他人财产，经权利人追认或者无处分权的人订立合同后取得处分权的，该合同有效。"但叶某雷至今未取得涉案股权的单独处分权。另外，叶某波、刘某阳对仁和宝公司的股权取得也不构成善意取得，理由是：本案股权受让人叶某波、刘某阳系叶某雷的弟弟及弟媳，其没有理由不知道本案股权转让期间叶某雷与沈某红夫妻感情恶化的事实，在此情形下，其对沈某红是否同意转让不但有注意义务，而且有实质审查义务，应当询问沈某红本人对股权转让的意见，而其二人不尽此注意与审查义务，不应当认为其二人具有主观善意。综上，原审法院认定事实基本清楚，但适用法律有误，判处不当，应当予以纠正。依照《民事诉讼法》第170条第1款第（二）项，《婚姻法》第17条，《民法通则》第78条第1款、第2款，《民通意见》第八十九条之规定，改判叶某雷与叶某波、刘某阳于2012年10月12日签订的《股权转让协议》以及叶某雷与叶某波、刘某阳于2012年10月13日签订的《协议书》中关于仁和宝公司股权转让的条款无效。[1]

案例三：邓某芳与郭某平、田某股权转让纠纷案。在该案件一审中，一审法院在说理部分运用了无权处分的学说，但是援引的《合同法》第52条第2款的内容，则是恶意串通，损害第三人利益。二审法院认定的事实与一审不同，认定属于股权激励，故而股权转让有效。再审法院的理由则是无权处分。一审与再审法院均运用了民法思维。具体案情如下：

---

[1] 参见浙江省台州市中级人民法院［2013］浙台商终字第642号民事判决书

第八章　夫妻股权

邓某芳与郭某平系夫妻关系，两人于2001年9月28日登记结婚。深圳市吉泰田科技有限公司（以下简称"深圳吉泰田公司"）为有限责任公司，法定代表人为郭某平，股东原为郭某平（90%）和邓某芳（10%）。田某系深圳吉泰田公司员工，2012年2月入职，请假单显示其为业务员；工作证显示其为副总经理。2012年10月19日，深圳吉泰田公司的股东变更为郭某平（70%）、邓某芳（10%）和田某（20%）。龙南吉泰田公司系一人公司，于2010年7月9日成立，注册资本为100万元，法定代表人为郭某平。郭某平于2012年9月18日向田某出具一份《承诺书》，内容为"郭某平保证一辈子对田某好。如果本人中途出现违背田某的道德底线（在别的女人身上花钱，移情别恋，对田某有虐待及动手打人行为，伤害田某），田某有权利中途撤走她应有的股份所有价值的权利。郭某平承诺给田某每年分红10%的干股"。2012年10月1日，龙南吉泰田公司（甲方）与田某（乙方）签订了一份《股份合作补充协议书》，约定由甲方对乙方进行股权激励，将郭某平名下15%的股权作为股权激励转让到田某名下。

一审法院认为：该股权所有权的变动应认定为郭某平对田某的赠与。郭某平向田某赠与的股权虽登记在郭某平名下，但实际上是邓某芳与郭某平夫妻共同所有的财产，郭某平的该赠与行为属无权处分，郭某平将价值高达数十万元的夫妻共有财产赠与给他人，损害了其配偶的利益，按照合同法第51条、第52条第（二）项的规定，该赠与应属无效。遂判决郭某平将龙南吉泰田公司15%的股权转让给田某的行为无效。

二审法院认定《股份合作补充协议书》约定的田某"因为业务能力、管理能力比较出众"，"作为管理人员引进"具备客观事实基础。田某据此主张其获得龙南吉泰田公司的股份体现的是该公司的员工激励机制，符合情理。在无相反证据证实的情况下，该《股份合作补充协议书》应认定为郭某平与田某的真实意思表示，不违反法律和行政法规的强制性规定，对此予以确认。

再审法院认为：田某因为公司激励机制而取得15%的股权的证据不足，其属于无偿取得15%的股权，不构成公司法意义上的股权转让，而是基于郭某平的赠与行为所取得。因此，本案不适用《公司法》的相关规定。本案郭某平将15%龙南吉泰田公司的股权赠与田某的行为，无疑是对夫妻共同共有财产的处理，触及夫妻共同财产的收益权，根据《婚姻法》及《合同法》的相关规定，上述处分行为需得到邓某芳的同意或追认，否则损害了邓某芳的利益。现未有证据证明郭某平将15%龙南吉泰田公司的股权赠与田某得到了邓某芳的同意或追认，故郭某平的赠与行为无效。[1]

在这个案例中，有一个问题让笔者感到困惑：谁向法庭提交了《承诺书》？如果这份《承诺书》是真实的，那么它应当在田某手上，田某应当不会主动提交这份《承诺书》。如果它是由邓某芳或郭某平提交的，则其真实性让人怀疑。对于这种涉及特殊社会关系的案件，法院一直都比较敏感。

案例四： 黄某与梁甲、梁乙股权转让纠纷案。在本案件中，法院的理由即是无权处分，梁乙本身不是善意第三人，所以不适用善意取得。本案没有运用恶意串通，损害第三人利益的规定。具体案情如下：

梁甲与黄某于1979年登记结婚，1980年生育儿子梁乙。2002年梁甲与陆某共同出资设立佛山市勇盈木业有限责任公司（以下简称"勇盈木业公司"），其中梁甲出资45万元，占注册资本的90%。2004年，梁甲与梁乙签订《股权转让协议》，将其持有的勇盈木业公司90%的股权全部转让给梁乙。2008年，梁甲与黄某签订《协议书》，对共同拥有的财产进行分割处理，其中第5条约定，勇盈木业公司厂房的使用权、公司的股权等由梁甲黄某各占50%。后梁甲与黄某因离婚纠纷诉至法院。黄某要求确认《股权转让协议》无效。法院经审理认为，涉案股权的取得在夫妻关系存续期间，属于夫妻共同财产。夫妻共有属于共同共有，如果没有特别约定，对共同共有财产的处分须征得全体共同共有人的同意。梁甲没有举证证明其转让股权得到了黄某的同意，2008年与黄某对夫妻共同财产进行分割时也未提及此事，因此存在主观恶意。而梁乙作为二人的儿子，对二人的财产及感情状况应当知晓，无法成为善意第三人，

---

[1] 参见广东省高级人民法院［2016］粤民再310号民事判决书。

故梁甲将股权转让给梁乙的行为应属无效。[1]

2. 商法思维

在审判实践中,也有部分法院采取商法思维,依照《公司法》的股权转让规定,而不考虑适用民法与婚姻法的规定。

案例五: 陈某仪与吴某等股权转让纠纷案。在该案件中一审法院援引的是《公司法》的规定,属于商法思维。二审法院一方面适用了公司法的规定,运用了商法思维,同时也许是主观上为了自圆其说,并没有深究股权转让的价格是否合理,而是直接认定受让方属于善意取得。二审法院一方面运用了商法思维,其后又掺杂了部分民法思维。笔者认为吴某的哥哥属于善意取得,显得牵强,其民法思维并不成立,因此仍将本案归入商法思维的范围。同时也可以看出,在运用民法思维的时候,不可避免地要涉及对受让人主观状态的认定,无论是认定善意还是恶意,都会给法官很大的自由裁量权,同时也意味着认定标准的模糊性。另外,法院似乎也没有去认定男方吴某以出资额的价格转让股权是否真的损害了另一方的合法权益,而是认为可能损害了女方的权益,要求女方另外主张自己的权利。本案中对于吴某以出资额的价格转让股权,该价格是否为合理价格,吴某的哥哥可否善意取得,尚且存疑。但是法院给陈某仪另行要求赔偿损失的救济途径,这在大方向上是正确的。具体案情如下:

陈某仪与吴某在婚后发生纠纷,双方及家人就子女抚养权、财产分割商谈过三次。在这三次谈话中,陈某仪都进行了录音。吴某的哥哥也参与了商谈。因为协商不成,在准备诉讼时,女方发现男方将绝大部分部分股权以出资额的价格转让给了其哥哥。这些股权本身的出资额很少,但是估值近7亿。换言之,在夫妻关系存续期间,股权增值巨大。陈某仪发现吴某转移股权的问题后,立即向法院提起诉讼,诉请相关股权转让行为无效,并申请查封了相关股权。其理由主要如下:①吴某所转让的股权,属于吴某与陈某仪的夫妻共同财产,吴某转让股权的行为严重侵害了夫妻共同财产权益。②吴某转移股权的行为,是在陈某仪邮件告知其不要做出有损双方

---

[1] 参见广东省广州市中级人民法院[2013]穗中法民二终字第1240号民事判决书。

夫妻共同财产之事后，恶意转让共同共有财产的行为，属于无权处分。③吴某的哥哥以出资额的极低价格受让吴某的股权，恶意十分明显，显然不适用善意取得。该案一审法院以本案诉争的股权转让合同关系，由《公司法》调整，诉争公司的股权转让程序符合《公司法》关于股权转让的规定及该公司章程的规定为由，判定该股权转让合法、有效。二审法院在判决中适用了《公司法》与《合同法》的相关规定，认定吴某擅自转让股权，为无权处分，但吴某的哥哥获得股权，并支付了相应的对价款，属于善意取得，从而认定该股权转让行为有效。二审法院在判决认为：男方"擅自处分夫妻共有财产""男方转让股权时并未征得女方的同意，在客观上可能会造成女方的损失，故女方可另案要求男方进行赔偿"，"男方在与女方夫妻关系存续期间单方转让涉案股权，系擅自转移夫妻共同财产，女方也可就此造成的损失在双方离婚诉讼中提出相应主张"。[1]

案例六：艾某、张某田与刘某平及第三人王某、武某雄、张某珍、折某刚等股权转让纠纷案。一审法院运用的是民法思维，为了论证其观点，甚至适用了家事代理权这样明显不适当的制度。一审法院认定刘某平有"有理由相信两份股权转让协议系艾某、张某田夫妇的共同意思表示"的"理由"，也是刘某平支付股权转让款、变更工商登记等事实，其实这些事实都是发生在合同签订之后，无法作为刘某平在订立合同时"有理由相信"的依据。二审法院则干脆利落，毫不拖泥带水，直接认定股权转让应适用《公司法》的规定，并明确排除了对《民通意见》和《婚姻法解释二》中相关条款的适用。最高院法官在本案中体现了极高的业务水平，作出了非常经典的判决。具体案情如下：

艾某、张某田系夫妻关系。2011年10月26日，张某田与刘某平签订一份《协议》，约定：张某田自愿将其在榆林市榆阳区常乐工贸有限责任公司（以下简称"工贸公司"）的原始股份额660万元以13 200万元转让刘某平等内容。该《协议》第六条约定："本协

---

[1] 参见吴为义："法院认定配偶单方擅自转让股权后的法律责任追究与维权"，载http://blog.sina.com.cn/s/blog_66057ecb0102wx0m.html，2017年11月24日最后访问。

议签订后应诚实守信，不得违约，不得解除，不得主张无效。"同年12月16日，双方签订一份《股权转让协议》，约定：张某田自愿将其在工贸公司的500万元原始股份转让给刘某平，转让价款为18 960万元。该协议第6条的约定与2011年10月26日《协议》第6条的约定相同。上述两份股权转让协议签订后，刘某平共向张某田付款7600万元。张某田按刘某平的要求，将其在工贸公司的股权进行了变更。2011年12月26日，张某田将7600万元付款全部退回刘某平。2012年5月23日，艾某、张某田向陕西省高级人民法院提起诉讼，请求判令：①确认张某田与刘某平签订的股权转让协议无效；②刘某平返还张某田在工贸公司持有的54.93%的股权。

陕西省高级人民法院审理后认为：本案争议的焦点是股东张某田转让股权是否应当经其妻艾某同意。依据我国《公司法》第72条[1]与最高人民法院《婚姻法解释（二）》第16条[2]的规定，股东转让股权必须征得过半数股东的同意，并非必须征得其配偶的同意。

---

[1]《公司法》第72条的规定为："股东向股东以外的人转让股权，应当经其他股东过半数同意。股东应就其股权转让事项书面通知其他股东征求同意，其他股东自接到书面通知之日起满三十日未答复的，视为同意转让。其他股东半数以上不同意转让的，不同意的股东应当购买该转让股权；不购买的视为同意转让。"最高人民法院《婚姻法解释（二）》第16条的规定为："人民法院审理离婚案件，涉及分割夫妻共同财产中以一方名义在有限责任公司的出资额，另一方不是该公司股东的按以下情形分别处理：（一）夫妻双方协商一致将出资额部分或者全部转让给该股东的配偶，过半数股东同意，其他股东明确表示放弃优先购买权的，该股东的配偶可以成为该公司的股东；（二）夫妻双方就出资额转让份额和转让价格等事项协商一致后，过半数股东不同意转让，但愿意以同等价格购买该出资额的，人民法院可以对转让出资所得财产进行分割。过半数股东不同意转让，也不愿意以同等价格购买该出资额的，视为同意转让，该股东的配偶可以成为该公司股东。用于证明前款规定的过半数股东同意的证据，可以是股东会决议，也可以是当事人通过其他合法途径取得的股东的书面声明材料。"

[2] 最高人民法院《婚姻法解释二》第16条的规定为："人民法院审理离婚案件，涉及分割夫妻共同财产中以一方名义在有限责任公司的出资额，另一方不是该公司股东的按以下情形分别处理：（一）夫妻双方协商一致将出资额部分或者全部转让给该股东的配偶，过半数股东同意，其他股东明确表示放弃优先购买权的，该股东的配偶可以成为该公司的股东；（二）夫妻双方就出资额转让份额和转让价格等事项协商一致后，过半数股东不同意转让，但愿意以同等价格购买该出资额的，人民法院可以对转让出资所得财产进行分割。过半数股东不同意转让，也不愿意以同等价格购买该出资额的，视为同意转让，该股东的配偶可以成为该公司股东。用于证明前款规定的过半数股东同意的证据，可以是股东会决议，也可以是当事人通过其他合法途径取得的股东的书面声明材料。"

上述法律规定，体现了有限责任公司人合性的法律特征。虽然股权的本质为财产权，但我国《公司法》第4条规定："公司股东依法享有资产收益、参与重大决策和选择管理者等权利。"据此，股权既包括资产收益权，也包括参与重大决策和选择管理者的权利。所以，股权并非单纯的财产权，应为综合性的民事权利。我国现行法律和行政法规没有关于配偶一方转让其在公司的股权须经另一方配偶同意的规定。从本案股权转让的事实看，张某田转让其在工贸公司1160万元的出资给刘某平，获得了3260万元的对价；工贸公司的法定代表人由张某田变更为刘某平，并在工商部门进行了变更登记，艾某应当知道其夫张某田转让股权的事实。

《民通意见》第89条[1]规定了在共同共有关系存续期间，部分共有人擅自处分共有财产的，一般认定无效。但该条"但书"又规定："第三人善意、有偿取得该财产，应当维护第三人的合法权益，对其他共有人的损失，由擅自处分共有财产的人赔偿。"根据最高人民法院《婚姻法解释一》第17条第1款第（二）项[2]规定的立法本意，因夫妻之间存在着特殊的身份关系，故夫妻之间相互享有家事代理权。在本案中，两份股权转让协议的原始出资额为1160万元，但转让价款为32 160万元，是原始出资额的27.7倍，且刘某平已按约支付了7600万元的价款，并进行了工商变更登记，刘某平有理由相信两份股权转让协议系艾某、张某田夫妇的共同意思表示，也足以证明刘某平受让该股权符合善意取得的法律规定，且两份股权转让协议并不存在我国《合同法》第52条规定的情形。综上，艾某、张某田夫妇主张股权转让协议无效的理由依法不能成立。依据

---

[1] 最高人民法院《关于贯彻执行〈中华人民共和国民法通则〉若干问题的意见（试行）》第89条规定：共同共有人对共有财产享有共同的权利，承担共同的义务。在共同共有关系存续期间，部分共有人擅自处分共有财产的，一般认定无效。但第三人善意、有偿取得该财产的，应当维护第三人的合法权益，对其他共有人的损失，由擅自处分共有财产的人赔偿。

[2] 最高人民法院《关于适用〈中华人民共和国婚姻法〉若干问题的解释（一）》第17条第1款第（二）项规定："夫或妻非因日常生活需要对夫妻共同财产做重要处理决定，夫妻应当平等协商取得一致意见。他人有理由相信其为夫妻双方共同意思表示的，另一方不得以不同意或不知道为由对抗善意第三人。"

《公司法》第4条、第72条、《婚姻法解释一》第17条、《婚姻法解释二》第16条、《民通意见》第89条的规定，判决驳回艾某、张某田的诉讼请求。

最高人民法院对原审法院查明的事实予以确认。最高人民法院认为：在双方当事人之间形成的是股权转让合同法律关系，本案案由亦确定为股权转让纠纷。故对本案的处理应当适用我国《合同法》《公司法》的相关调整股权转让交易的法律规范，而不应适用调整婚姻及其财产关系的法律规定。股权作为一项特殊的财产权，除其具有的财产权益内容外，还具有与股东个人的社会属性及其特质、品格密不可分的人格权、身份权等内容。如无特别约定，对于自然人股东而言，股权仍属于商法规范内的私权范畴，其各项具体权能应由股东本人独立行使，不受他人干涉。在股权流转方面，我国《公司法》确认的合法转让主体也是股东本人，而不是其所在的家庭。本案中，张某田因转让其持有的工贸公司的股权事宜，与刘某平签订了股权转让协议，双方从事该项民事交易活动，其民事主体适格，意思表示真实、明确，协议内容不违反我国《合同法》《公司法》的强制性规定，该股权转让协议应认定有效。原审判决认定事实清楚，关于本案股权转让协议效力的认定正确，但其引用《民通意见》《婚姻法解释一》《婚姻法解释二》的相关规定作为判决依据属适用法律不当。[1]

3. 对两种思维的评析

法院在采取民法思维与商法思维的时候，往往有其现实的考虑。首先，考虑股权的现状，即是否已经转让和办理了变更登记。其次，考虑判决结果的合理性与可接受性。例如，当股权向亲属转移的时候，形式上是合法的商事行为，实际上可能存在损害配偶权益的内幕，虽然没有证据证明其恶意串通，但是仍然会受到强烈的质疑，如果维护股权转让的有效性，很可能会出现实质不公平的现象，因此，法院更倾向于从民法思维的角度来处理这类问题，这恰恰抓住了问题的本质。即使有些法院在此类情况下判决受让人善意取得，

---

[1] 参见中华人民共和国最高人民法院［2014］民二终字第48号民事判决书。

仍然赋予了配偶一方主张损害赔偿的权利，这也是为了实现实质公正的而进行的一种努力。

一方向亲友转让股权，毕竟是少数现象，大部分场合下，股权转让是一种商事行为。作为夫妻共同财产的股权，在正常转让的时候，是否应当赋予配偶同意的权利，还是可以由股东自行决定，成为一个现实的问题。

笼统而言，股权可以作为夫妻共有财产，但是即使作为夫妻共有股权的共有人，非股东一方也无法行使某些权利，例如知情权、表决权、分红权。从权利配置的角度来讲，是否应当配置给配偶一方转让股权的同意权，这个问题的现实意义超过抽象讨论股权是否可以作为夫妻共同财产。

本书认为没有必要赋予配偶一方同意的权利。股权登记是公示的，而一个人的婚姻状况，则并非容易查询。婚姻状况本应公示，不属于个人隐私，但是从《婚姻法》的规定来看，我国夫妻结婚，只需要进行婚姻登记，并不需要进行公示。从婚姻登记情况的查询来看，《婚姻登记档案管理办法》第15条[1]第（五）项规定如下："婚姻登记档案的利用应当遵守下列规定：……（五）其他单位、组织和个人要求查阅婚姻登记档案的，婚姻登记档案保管部门在确认其利用目的合理的情况下，经主管领导审核，可以利用"，该项规定提供了一般主体对他人婚姻状况的查询途径，受让方利用此途径还是比较麻烦。受让方获得转让方婚姻情况的另外的一种途径就是

---

[1]《婚姻登记档案管理办法》第15条规定："婚姻登记档案的利用应当遵守下列规定：（一）婚姻登记档案保管部门应当建立档案利用制度，明确办理程序，维护当事人的合法权益；（二）婚姻登记机关可以利用本机关移交的婚姻登记档案；（三）婚姻当事人持有合法身份证件，可以查阅本人的婚姻登记档案；婚姻当事人因故不能亲自前往查阅的，可以办理授权委托书，委托他人代为办理，委托书应当经公证机关公证；（四）人民法院、人民检察院、公安和安全部门为确认当事人的婚姻关系，持单位介绍信可以查阅婚姻登记档案；律师及其他诉讼代理人在诉讼过程中，持受理案件的法院出具的证明材料及本人有效证件可以查阅与诉讼有关的婚姻登记档案；（五）其他单位、组织和个人要求查阅婚姻登记档案的，婚姻登记档案保管部门在确认其利用目的合理的情况下，经主管领导审核，可以利用；（六）利用婚姻登记档案的单位、组织和个人，不得公开婚姻登记档案的内容，不得损害婚姻登记当事人的合法权益；（七）婚姻登记档案不得外借，仅限于当场查阅；复印的婚姻登记档案需加盖婚姻登记档案保管部门的印章方为有效。"

第八章　夫妻股权

由股东本人提供其婚姻状况的证明并进行核实。这些都增加了交易的成本。如果要求作为夫妻共同财产的股权转让需要配偶的同意，那么受让人为了避免风险，将会普遍的要求股东的配偶在合同上签字。这就混淆了商事行为和民事行为的界限。如果这样，中国证券市场上的交易绝大多数都无法进行，股票交易将出现普遍违法的现象。这也违背社会常识。如果要求受让方首先查证转让方的婚姻状况，然后处于"善意"的状态，才能取得交易的股权，实则是妨害了交易的进行，因此不建议赋予配偶同意权。

司法实践中仍然存在套用民法的思维与逻辑审理商事案件的现象，这并不适宜。股权转让是典型的商事行为，应适用商法的思维和逻辑。交易的便捷是商法的重要价值取向。在股权转让中，如果将股东转让股权作为无权处分，实则会带来很多损害交易安全的因素，尤其是对于等价有偿的股权转让，不宜运用善意取得、无权处分等法律制度来进行规制。对于徒具商事行为形式的股权转让，则应运用民法思维解决。

（二）两种法律适用方法及评析

法院在认定夫妻共有股权转让合同与转让行为的效力时，经常适用无权处分或者恶意串通，损害第三人利益的法律规定，这在前述案例中有明显的体现。适用无权处分，其前提在于配偶一方享有股权转让的同意权，如果不需要配偶同意，则无权处分就没有适用的空间了。法院通常的做法是援引《民通意见》第89条的规定，进而结合受让人的主观状态去认定股权转让合同或股权转让行为的效力。

对于无权转让合同的效力，根据《合同法》的规定，无权处分的合同应当为效力待定合同，需要配偶的追认，才可以生效。但是从目前审判实践的趋势来看，无权处分的合同越来越被倾向于认定为有效合同。最高人民法院《关于审理买卖合同纠纷案件适用法律问题的解释》第3条规定："当事人一方以出卖人在缔约时对标的物没有所有权或者处分权为由主张合同无效的，人民法院不予支持"，更是扩大了有效合同的范围。一方转让夫妻共有股权合同的效力，主要是涉及责任的承担，即是承担缔约过失责任，还是违约责任。

本书倾向于认定此类合同有效，但是这并不意味着在履行上没有障碍，其主要意义在于确定合同当事人之间的责任。在合同有效的情况下，如果配偶一方不同意转让，由于无法履行，当事人应当承担违约责任。如果认为属于效力待定合同，在配偶一方不予追认的情况下，合同归于无效，当事人承担缔约过失责任。

适用无权处分的条款，在大多数的场合下并不合适，其结果会导致当事人的机会主义行为。股权转让协议签订之后，如果当事人反悔，就由自己的配偶出面主张股权转让合同或行为无效，这不利于正常市场交易的进行。而对于一些反常的市场交易，一方面无法证实双方恶意串通，另一方面又明显不合常理，此时适用无权处分的规定，反而能得到较好的社会效果。反常的情形一般包括：向亲友赠与或低价转让股权，或者一些不道德的转让。我国的无权处分是和善意取得相互联系在一起的，在一般情况下，应当推定受让方为善意。在具体案件中判断受让方是否善意，则需要法官进行判断。在某些场合，法院推定受让方不具有善意的，实际上就代表了法院对交易行为本身合法性的质疑。

法院适用恶意串通，损害第三人利益的规定的情形偶有所见，例如本文案例一中二审法院的认定、案例三中一审法院的认定。恶意串通，损害第三人利益的法律规定，不仅可以在运用民法思维的时候可以适用，在运用商法思维的时候，也不予排斥。问题在于认定恶意串通，损害第三人合法权益的事实难度较大，在无偿赠与或者在违背社会道德的一些场合，法院才会认定恶意串通，损害第三人利益。实际上这个条款适用的机会并不是很多。

（三）两类行为及评析

在民法理论中，股权转让合同属于债权行为，也称之为负担行为，股权变动属于准物权行为，也称之为处分行为。许多法院并没有注意对负担行为与处分行为进行区分。

在案例一的一审判决中，一审法院就认为："虽然原告诉请的是确认股权转让行为无效，但实际诉请的是要求确认本案股票赠与合同无效。"如果不对这两种行为进行区分，就会混淆合同和其他民事行为的界限。合同属于一种民事行为，合同的效力适用合同法的特别规定，而股权转让适用民法或公司法的规定，如果将两者混为一谈，那么在适用法律上就会出现错误。合同无效的条件更严格于一般民事行为无效的条件。股权转让合同无效并不一定会导致股权转让无效。例如，在股权善意取得的情况下，受让方仍然可以取得股权。

目前我国并没有完全吸收德国的物权行为与债权行为的分类。《民通意见》在1988年出台，当时理论界还没有展开对这两种行为的讨论，立法上更是阙如。因此，法院在适用该条款的时候，也不清楚该条款中的无效是股权转让合同无效还是股权转让无效。现实中这两种民事行为确实关系十分密切，因此很多人将股权转让合同的效力与股权转让的效力混为一谈，在谈论合同的效力的时候，一会适用合同法，一会适用善意取得制度，从而引起法律适用上的混乱。

（四）其他问题及评析

在处理夫妻共有股权转让时，个别法院引入了家事代理权的概念，但是股权转让并非普通的家事，不应当适用家事代理权的规定。在股权转让这种非家事代理中，需要对方有理由相信配偶拥有代理权。

对于被侵害的权益，也出现了两种类型：一种是作为夫妻共同财产的股权，另一种是收益权。从法律规定而言，收益权在实现之前，并非属于夫妻共有财产，收益才属于夫妻共同财产。无论股权是婚前个人财产还是夫妻共同财产，其收益均属于夫妻共同财产。法院通过保护收益权，实现了对配偶一方的扩张性保护。按照这种逻辑，如果股权属于夫妻共同财产，一方擅自转让，不仅侵犯了作为夫妻共同财产的股权，还侵犯了另一方的收益权。

二、办理案件的方法和启示

对于夫妻共有股权诉讼，需要根据自己的目标制定诉讼策略，争取引导法院按照自己的思路审理案件。如果想回避共有股权的问题，则应强调商事审判的特点，并向法院提交体现商法思维特点的法院判决书。

如果想让股权转让无效，则强调股权转让对配偶一方共有财产和收益权的损害。尤其是一方将股权转让给亲友的时候，更要强调这种转让背后的不合理以及恶意串通，要重点强调转让方与受让方不正常、不道德的社会关系。若一方与受让方存在不道德的社会关系，无论这种社会关系有没有影响股权转让，是否与股权转让之间存在因果关系，法院都会抱着非常谨慎的态度。对于涉及婚外情、第三者等股权转让和股权赠与的案件，法院倾向于以无权处分而认定行为无效。在有些法院不注意区分处分行为与负担行为的情况下，建议要求确认股权转让合同无效，同时请求确认股权转让无效，这样胜算更大一些。

第三节 土豆条款

一、土豆条款简介

在土豆网创始人、首席执行官王某与妻子杨某的婚姻存续期间，土豆网经历了快速发展及若干轮上市前融资的过程。2010年3月，王某与杨某经法院调解离婚，但是并未对财产分割作出处理。2010年11月9日，土豆网向美国证券交易委员会提交了首次上市申请，准备在纳斯达克上市。2010年11月10日，上海市徐汇区人民法院冻结了王某名下的三家公司的股权，直接导致土豆网上市受到严重影响。冻结申请是由王某的前妻杨某所提出的，在土豆网上市前夕，杨某提起离婚后财产分割诉讼，并申请法院查封了王某名下的股权。2011年6月，双方达成补偿协议，土豆网重启上市工作，但是已经错过了上市的最佳时机。土豆网上市首日即破发，导致后来连续股价大跌，并于2012年被竞争对手优酷网收购。

据《经济观察报》报道，"土豆条款"的说法最初源自一位PE（私募）业界人士的一条微博："听说最近不少PE试图在SA（股东协议）中增加条款，要求他们所投公司的CEO（首席执行官）结婚或者离婚必须经过董事会，尤其是优先股股东的同意后方可进行。"王某对此回应称："前有新浪结构，后有土豆条款，大伙儿一起努力，公司治理史上，留个名。"[1] 土豆网一案让投资者大为惶恐，在尽职调查的事项里甚至增加了对创业者家庭情况的调查。赶集网的杨某然也因为离婚问题严重影响了赶集网的上市。杨某然的前妻王某艳怀疑杨某然恶意转让股权，其离婚财产纠纷持续了3年多，成为公司上市的法律障碍。

公司的CEO结婚或离婚需要经过董事会或优先股股东同意，这类条款更多是一种戏说，因为这违反了《婚姻法》里婚姻自由的规定。在中国，这类条款属于违反法律规定的无效条款，在外国，也属于违反公共政策的无效条款。但是"土豆条款"的提出，却反映了夫妻关系对公司运营的现实影响。许多中国企业属于家族企业，在设立阶段，存在夫妻股东的情形，在发展期间，存在夫妻共同持股的现象。在企业发展的过程中，一方或许实际参与了公司的经营管理，或许是主要处理家庭的事务。一旦夫妻反目成仇，其纠纷将导致公司股权权属不清、结构不稳，不符合上市的条件并损及公司的业绩，夫妻之间的问题也就演变成了公司的问题。这对投资者而言，确实也是需要关注的风险。

在实际制定土豆条款时，一般是要求配偶放弃股权的权利要求，或者是无条件配合签字。这种简单化的处理也会带来问题：其一，要求配偶放弃对股权的权利要求，会带来明显不公平的后果，对女方权益的保护十分不利，虽然不一定无效，但是确实违反了法律的公平正义精神；其二，如果配偶反悔，仍然提起一个诉讼，投资者无法阻止诉讼的发生，这个股权纠纷，完全可能影响到公司上市的进程。如果公司章程里规定土豆条款，公司章程则对股东、高管、监事具有约束力，但若配偶一方并非以上人员，则对配偶一方不具有约束力。即使配偶一方属于以上人员，土豆条款的效力仍然可能出现问题。

现实的做法是夫妻对股权的归属问题进行婚内约定。夫妻可以约定婚姻关系存续期间所得的财产以及婚前财产共同所有、各自所有或部分共同所有、部分各自所有。如果夫妻约定，相当于将各自

---

[1] "土豆条款"，载 https://baike.baidu.com/item/%E5%9C%9F%E8%B1%86%E6%9D%A1%E6%AC%BE/2821026? fr=aladdin，2018年3月19日最后访问。

的权利进行了界定，一旦离婚，股权的权属是清晰的。

二、夫妻股权纠纷对上市的影响

《首次公开发行股票并上市管理办法》第12条、第13条规定了首次公开发现股票并上市的条件。该《办法》第12条规定："发行人最近3年内主营业务和董事、高级管理人员没有发生重大变化，实际控制人没有发生变更。"第13条规定："发行人的股权清晰，控股股东和受控股股东、实际控制人支配的股东持有的发行人股份不存在重大权属纠纷。"这两条规定在股权结构、高管、实际控制人等方面提出了硬性要求。夫妻股权纠纷涉及股权的分割，对以上方面都可能产生重大的影响，进而影响到企业上市。

企业上市是企业发展中的大事，对于企业融资、优化企业的财务结构、增强企业的名气和号召力、享受优惠政策、实现股权投资回报，都有不可估量的意义。但是企业上市具有严格的要求，在股权方面要求股权清晰，不存在重大权属纠纷，另外还要求公司的实际控制人在最近3年没有发生变更。如果夫妻离婚，一方面要进行股权分割，导致股权权属发生争议；另一方面，在股权分割之后，实际控制人的地位和身份可能会发生变化，直接影响企业的上市问题。在股东离婚时，必须要解决以上问题。

有些企业利用一致行动人协议来维持实际控制人的地位。例如，恒逸石化借壳ST光华上市时，恒逸石化的股东有恒逸集团、鼎晖一期（基金）和鼎晖元博，恒逸集团拥有恒逸石化92%的股权。邱某林持有恒逸集团52.3776%的股权，通过恒逸集团成为恒逸石化的实际控制人。[1]在上市前夕，邱某林与妻子朱某凤离婚，而离婚诉讼

---

[1]《上市公司收购管理办法（2014修订）》第84条规定："有下列情形之一的，为拥有上市公司控制权：（1）投资者为上市公司持股50%以上的控股股东；（2）投资者可以实际支配上市公司股份表决权超过30%；（3）投资者通过实际支配上市公司股份表决权能够决定公司董事会半数以上成员选任；（4）投资者依其可实际支配的上市公司股份表决权足以对公司股东大会的决议产生重大影响；（5）中国证监会认定的其他情形"。《上海证券交易所股票上市规则（2014修订）》第18.1条第（七）项规定："实际控制人：指虽不是公司的股东，但通过投资关系、协议或者其他安排，能够实际支配公司行为的人。"

涉及股权的分割问题。如果不解决股权的分割与归属问题，将影响企业重组。杭州市萧山区人民法院判决双方各自分得26.1888%的股权。股权结构发生变化之后，为了不影响实际控制人地位，邱某林通过签订《一致行动协议》，继续保持实际控制人地位。公司在2011年12月23日发布的公告中称："根据邱某林与万永实业、邱某娟、邱某南和邱某某（均为恒逸集团直接或间接的股东）于2010年3月22日就恒逸集团的决策事项签署的一份《一致行动协议》，万永实业、邱某娟（系万永实业的控股股东）、邱某南和邱某某同意就恒逸集团的决策事项与邱某林的意见保持一致……因此邱某林通过与其家族成员的前述一致行动安排维护了实际控制人地位。"[1]纳川股份的陈某江与其妻子张某樱离婚后，双方平均分割了股权，为了保住控制权，"陈某江和公司第四大股东、副董事长、总经理刘某旋签署一致行动人协议，持有公司现有股本总额28.362%的表决权，共同成为公司实际控制人"。[2]

如果这些大股东选择在公司上市之后离婚，就不会影响到公司上市了，但是上市之后离婚对资本市场的影响很大，会损害股民的利益。例如，硅宝科技创始人之一、第二大股东王某治与妻子杨某玫离婚，将其所持有的硅宝科技股份中的一半分割给杨某玫，导致硅宝科技股价大跌。蓝色光标的董事孙某然离婚，将持有的蓝色光标股份中的近一半股权分割给前妻胡某华，也导致蓝色光标股价连续逆市下跌。

---

〔1〕 "恒逸石化股份有限公司关于控股股东浙江恒逸集团有限公司股权变动的公告"，载 http://money.163.com/11/1224/01/7M0IUU7G00253B0H.html，2018年4月7日最后访问。

〔2〕 王宇静："泉州一上市公司董事长离婚 前妻分走一半股份价值5.3亿元"，载 http://www.qzwb.com/gb/content/2013-08/30/content_4658557.htm，2018年4月7日最后访问。

第四节　夫妻股权纠纷处理的方法与策略

一、协商为主

夫妻之间发生股权纠纷之后，笔者建议以协商解决为主，防止夫妻之间陷入离婚大战而让当事人疲惫不堪，也尽量减少夫妻股权纠纷对企业的不良影响。夫妻应当在诚信与公平的基础上协商解决股权问题，如果一方狮子大开口，提出对方净身出户等不合理的要求的，则公平协商失去了基础。

夫妻股权纠纷往往存在协商的空间，其原因在于：

首先，夫妻之间往往有一定的感情基础。毕竟夫妻一场，很多人不愿意撕破脸皮或者闹得沸沸扬扬、满城风雨，这对于家庭和子女的教育都会产生不良的影响。一方在对于婚姻破裂有过错的情况下，往往也愿意做出一定的让步。一别两宽，各生欢喜，才是最佳的选择。

其次，父母对子女无私的爱。在夫妻对于股权争执不下的情况下，一方出于对子女无私的爱，往往会同意将股权转让到子女的名下。在现实中，女方在争得财产后，转让给子女的比例较高。当然，也存在父亲将一部分股权转让给子女的情况，但是大多数情况下，男方会留给自己一部分股权，也许是因为男方经营企业客观上需要持有部分股权，或者是因为再婚的考虑。夫妻股权纠纷，由于子女需要照顾以及对子女的爱护，子女往往成为股权的受让者。这也为股权纠纷提供了一条协商解决的路径。

最后，股权纠纷的巨大成本，也促使双方协商解决。协商解决并不限于诉讼之外，即使诉讼中，法院也会积极进行调解。从我们对法院夫妻股权纠纷的判决分析来看，存在以下几个问题：①判决结果难以预料，具有较大的不确定性。很多案件经过一审、二审乃至再审，像翻烧饼一样翻来翻去，判决结果一改再改。对于一些有权势的家族，法院的判决也可能受到法外因素的干扰。②时间成本和机会成本巨大。我国法院多有第一次判决不离婚的传统，一次夫妻股权纠纷，少则几个月，多则几年。对于当事人和公司而言，都是巨大的讼累和损失。到头来，人老了，心累了，机会错过了，公司停滞了，更有甚者延误了公司上市的机会。如果把时间花在诉讼方面，会造成双输的结果，如果夫妻协商解决，也许是不幸中的大幸，双方都会减少很多损失。

二、重视取证

夫妻股权纠纷一旦进入诉讼程序，最重要的就是证据。但是当事人在这类纠纷中存在举证难的问题，主要是由以下原因造成的：

（1）当事人一方在控制公司的情况下，又在婚姻出现问题以后基于不同的动机，实施非法转移公司财产的行为。这种行为不仅损害了公司的利益，进而间接损害了配偶一方的利益。由于公司的财产不属于夫妻共同财产，另一方想证明其权益受到损害，难度非常大。

（2）夫妻之间很少形成书面的证据。他们的证据通常都是口头陈述，很容易在法庭中出现口说无凭的局面。

（3）一些证据私密性很强，甚至涉及第三人的隐私，加上一方刻意掩饰，当事人无法取得证据。例如，一方转移财产，一方将夫妻共同财产的财产登记在别人名下，一方将夫妻共同财产转移给自己的情人。

夫妻一方在提起股权纠纷诉讼之前，务必先收集好证据，否则将承担证据不足而败诉的结果。要获得证据来打官司，还必须要讲究方法和策略，这些策略既包括生活中的策略，也包括法律上的策略。

1. 注重录音

1995年3月6日最高人民法院《关于未经对方当事人同意私自录音取得的资料能否作为证据使用问题的批复》规定："证据的取得首先要合法，只有经过合法途径取得的证据才能作为定案的根据。未经对方当事人同意私自录制其谈话，系不合法行为，以这种手段取得的录音资料，不能作为证据使用。"这个规定曾深入人心，导致很多当事人至今仍认为私自录音不能作为证据。但是现实生活中，对方当事人同意录音的情况非常罕见，而且有些情况下，除了私自录音，当事人还真难通过其他方式取证，所以这个规定并不合适。2002年4月1日实施的最高人民法院《关于民事诉讼证据的若干规定》改变了这一局面，该《规定》第70条规定："一方当事人提出的下列证据，对方当事人提出异议但没有足以反驳的相反证据的，人民法院应当确认其证明力：……（三）有其他证据佐证并以合法手段取得的、无疑点的视听资料或者与视听资料核对无误的复制件……"录音在证据分类里属于视听资料的范围。最高人民法院《关于民事诉讼证据的若干规定》第68条规定"以侵害他人合法权益或者违反法律禁止性规定的方法取得的证据，不能作为认定案件事实的依据。"对于录音，如果是"偷录"，在实践中一般认为没有侵犯别人的隐私权、人格权、人身权，所以是合法的。如果是"窃录"，则属于侵犯他人合法权益的证据，不具有合法性。当然，录音证据应与其他证据相互结合、相互印证，或者将录音证据作为发现其他证据的线索，通过录音证据发现其他的重要证据。在现实生活中，有许多当事人主动运用录音来收集证据。在录音时，要注意消除对方的戒备心理，有事若无事。一旦进入诉讼程序，想再录音就困难了。

2. 取证的策略

如果夫妻均持有一个公司的股权，通常是丈夫经营公司，妻子处理家庭事务。如果夫妻离婚对股权进行分割，丈夫很可能会转移公司的财产，即使妻子拿到了股权，由于公司的财产和价值减少，也导致股权价值降低，极大地损害了妻子的利益。丈夫甚至可以再另外设立一个公司，将现有公司的业务转移到新公司里。在丈夫转移公司的财产，而妻子对公司的经营情况不了解的情况下，妻子可以利用其股东身份进行取证。例如，妻子可以提起一个知情权诉讼，行使股东的知情权，提起诉讼前后，可以申请法院依法保全公司的财务账册，以防止丈夫篡改公司的财务。在一些丈夫转移公司财产严重或紧急的状态下，妻子可以借机制造公司僵局，然后提起解散公司、清算公司的诉讼，在提起诉讼的时候，不仅要申请查封公司的财产，还要申请法院保全公司的财务账册。这样就可以获取证据了。当然，这些策略的实施，需要进行精心准备。诉讼如战场，在

第八章　夫妻股权

选择战场的时候，一定要选择对我方有利的战场。在上述情况下，如果提起夫妻共同财产分割的诉讼，这样的一个战场将对女方毫无益处，但如果选择以股东的身份为基础，构建知情权、解散公司的诉讼，则对女方有利得多。

在现实生活中，男方将股权转让给第三方，由于第三方与女方也认识，女方向第三方了解情况时，第三方可能告诉女方真实情况。如果这些话被女方录音，女方在分割财产的时候就会得到很大的主动权。更有甚者，女方利用"瞒天过海"之计，让受让丈夫股权的第三方说出真相。笔者在网络上看到这样一个故事：男女双方结婚二十多年，开了一家公司，经营很好。男方有外遇，向女方提出离婚，女方不同意离婚。男方2004年起诉离婚，但是法院未判离。2005年男方再次起诉离婚时，女方发现男方将企业的股份"抵债"给了男方的一个好友张某。经女方律师出谋划策，女方去找张某，请求张某劝和，张某也安慰了女方一番，女方只字未提股权的事情。三天后，女方带着女儿去找张某，女方见到张某后大哭说："张某啊，你与男方串通起来害我啊。今天上午我丈夫还说是你给他出了一个好主张，将股权以抵债的名义转给你。这样我就什么都分不到了。你怎么那么黑心啊。"张某以为男方已经告诉了女方真相，就急于开脱自己，说自己只是帮忙，并不想要股权，还拿出了双方约定的离婚之后张某再将股权返还给男方的协议。这一切都被女方录音了。[1]该案中女方充分利用了信息不对称和自己掌握信息的优势，诱导张某说出了真相。所以，夫妻股权发生争议后，一方为了取得证据，一定要运用谋略，这样才能发现真相，改变对自己不利的局面。

---

〔1〕参见孙心远："丈夫私下转移财产，妻子冷静聪明取证"，载http://www.jslaw021.com/news/html/73.html#datas，2018年6月15日最后访问。

第九章 CHAPTER9
股权意识

在中国历史传统中，股权并非主要的财富形式，主要的财富形式是土地、房屋、家畜、生产工具等与小农经济密切联系的财产。股权作为商业财富的一种重要形式，并没有在中国传统文化里留下什么沉淀。笔者曾经很疑惑，为什么阴阳思想那么浓厚的中国，只发展出了有形的物质财富，而没有发展出相对应的无形财富，如股权、知识产权等？后来还是在马克思那里找到了答案：究其原因是生产力使然，生产方式使然。中国历史上缺少发达的商品经济，自然不会产生股权这样的财富。至于中国有没有无形财富？有。与小农经济相适应的社会关系、面子等，都是无形的财富。由于缺少股权的商业实践，因此传统上也缺少股权意识。但是，这种局面已经不适合这个商业发达的时代，我们都需要提高股权意识。因此，本书将股权意识分为：股权文化意识、股权财富意识、股权权力意识、股权激励意识、股权融"资"意识。由于在增资扩股一章中，实际上已经讨论过股权融"资"意识，所以本章中就不再赘述。

第一节 股权文化意识

1996年德国电信开始民营化，首次出现了股权文化（Eguing culture）的提法。但是当时并没有给出股权文化的确切定义，只是指出德国政府进行电信业民营化目的之一就是想结束德国经济一向依赖贷款、公民无持股的历史——即培养"股权文化"。[1]

股权文化是一个含义广泛的词语，具有较大的不确定性，因此很少进入法学家的研究视野。参考企业文化的定义，本书将股权文化定义为人们在长期的社会生活中对股权所形成的价值观念、行为取向、理想目标、文化传统的综合。

股权文化与企业文化的关系十分密切，但是在研究企业文化的文献中，也往往缺少对股权文化的关注。只有在研究股权收购时，会涉及企业文化的冲突问题。

股权文化与各国历史传统有千丝万缕的联系，较多地体现了不同国家的历史文化传统。例如，1862年时任美国总统林肯批准了第一个建设太平洋铁路的法案，此后由联合太平洋铁路公司和中央太平洋铁路公司共同承建横贯美洲大陆的太平洋铁路。当时美国已经开始进行南北战争，没有资金来建设如此大规模的铁路。铁路公司主要靠发行股票的方式筹集资金。而在同时代的中国，洋务运动也使清朝政府认识到铁路的重要性，清朝政府制定了借款筑路的政策，向比利时、英国、美国、俄罗斯等国家借款。中国传统上并没有利用民间资本修建铁路的传统，即使时至今日，铁路建设资金中的民间资本还是少数。2016年7月，时任发改委基础产业司司长费志荣表示："目前铁路投资保持在8000亿以上。主要资金来源包括中央预算内投资、铁路建设基金、铁路建设债券以及专项建设基金，还有银行的融资、地方政府的出资等，资金来源是多渠道的。此外，也包括一部分的社会投资。"[2]这也许是由资本市场的发育程度所决定的。这种资本市场的发育程度决定了人们的行为和观念。在国外，上市公司的投资者主要是机构投资者，然而在中国，无数的小散户在股市中追涨杀跌。

股权文化是基础性的，决定了一个民族看待股权问题的深度和广度，决定了该民族经营股权的眼界和格局，也深刻地影响了财富

---

[1] 崔晓莉："我国上市公司股权文化的建设"，载《企业文化》2003年第7期。

[2] "发改委：铁路建设资金来源是多渠道的"，载http://www.chinadevelopment.com.cn/2016/07/1063025.shtml，2018年4月14日最后访问。

的形式。本书中的其他各种股权意识，都是深层的股权文化在各方面的外在表现，而其他股权意识的发展，也在推动着股权文化的发展。

第二节 股权财富意识

股东对公司享有的财产性权益，即股东基于其股东资格而享有经济利益。人们应对股权的财富性质树立以下意识：

一、无形财富

股东的财富是股权，而非公司或公司的财产。股东向公司出资之后，作为股东出资的财产的所有权转移给公司。根据《公司法》的规定，股东可以以货币以及实物、知识产权、土地使用权等可以用货币估价并可以依法转让的非货币财产出资。股东不得以劳务、信用、自然人姓名、商誉、特许经营权或者设定担保的财产等出资。法律要求作为出资的财产具备"可以用货币估价"并"可以依法转让"这两个条件。要求可以用货币估价，是因为公司要确定注册资本、记载财务账簿和确定股权比例，如果不能估价，就会影响到注册资本的数额、会计记账及股权比例。要求可以依法转让，是因为出资物的所有权必须向公司转移，成为公司的财产。现实中存在股东约定以股东社会关系出资。股东的社会关系具有很强的人身性质，能不能转移成为公司的社会关系，还是存疑的。如果股东离开，很可能会带走这些社会关系。有些公司成立了统一的客户关系管理部门，试图将股东、员工的社会关系转化成公司的社会关系，其效果也是难以预测。另外，社会关系虽然是一种财富，但是其价值无法评估，所以不能作为出资。

笔者在工作过程中发现普遍地存在两个问题：一个问题是股东误认为公司的财产就是股东的财产。虽然《公司法》已经颁布了25年，但是部分股东仍然不能清晰地区分股东的财产与公司的财产。在许多大股东的意识里，公司是我的，公司的财产也是我的。在中小股东的意识里，往往认为公司是自己和其他股东的。在公司法发展的早期阶段，确实存在公司股东对公司拥有所有权的观念，但是这种观念已经被摈弃。公司是法人，法人的英语为 legal person 或者 artificial person，而我们人类属于自然人，对应的英语为 natural person。可见，我们和公司一样，都属于 person，都有自己的独立人格，都拥有财产权。所以，在股东出资之后，原来属于股东的财产就转变成为公司的财产，股东得到的回报是股权。股权属于无形财产，没有物质实体。当股东认为公司的一辆汽车、一幢办公楼房是属于自己的财产时，一定是错误的。另一个问题是股东没有将股权作为财富来使用。股东会使用有形的财产，但是很少使用自己的股权。许多实业家对于股权的财富性质并没有真切的感知，甚至整个社会对股权的财富性质都缺少深刻的认知。例如在中国，企业在进行贷款的时候，多提供实物担保和人的保证，尤其以房地产抵押居多。很少有借款人提供股权质押的方式为企业进行融资，也不知道要到工商部门去办理股权质押手续。除了一些专业的机构之外，很少有股东将自己的股权使用起来。

二、无股不富

如果一个企业做得好，就会有投资人前来投资。企业在利用资本市场发展自己的时候，公司的原始股东所持股权的估值也会大幅地增加。尤其是公司上市之后，资本市场更会展示神奇的造富能力。2014 年海天味业上市的时候，这个生产酱油的企业，按照第一天的收盘价计算，有 27 位自然人股东所持股份的市值超过 1 亿元，董事长庞某所持股份的市值更是达到惊人的 136 亿元。中国平安上市后，2012 年员工减持，批量生产出近 2 万名百万富翁，有些员工的收益甚至达到千万，这是资本市场上最大的一次造富行动。小米上市首日虽然跌破发行价，但是以首日收盘价计算，雷军拥有的小米股份股票的市值约 140.82 亿美元。

股权是财富的催化器，如果未来希望股权被收购或企业上市，公司的日常工作就要注意与未来的目标相契合。例如，在南京市江宁区有一家高科技企业，将多余的厂房出租给其他企业，入驻的企业包括法资、德资、美资等知名企业。有一次租赁谈判的时候，某知名德资企业拿出了一份40多页的租赁合同。作为一家著名的企业，该德资企业在谈判时的立场非常强硬。与此同时，另外一家非著名的内资企业也希望租赁该公司的厂房，而且该企业的立场比较缓和。与德资企业的商业谈判数度陷入僵局，公司主管人员一直很矛盾：该厂房是租赁给德资企业，还是租赁给内资企业。后来专门开了一次会议决议此事。在决议此事时考虑的最重要的两点是公司的定位和未来的前景。公司定位于为企业提供高标准、国际化的租赁服务。公司未来可能进行资本运作，必须要有亮点，如果公司的交易对象都是知名的外资企业，那么就可以提高公司股权的价值，在股权上的收益就会大幅增加。后来综合考虑，公司还是选择了将房屋租赁给那家著名的德资企业。

三、股权传家

在我国的传统财富传承中，传承的往往是土地、房子、古董、才艺等，这都是和农业文明相适应的财富形态。就我国的继承制度而言，普遍的情况是儿子平分父辈的财产。这样的一种继承虽然公平，但是其弊端也非常明显。上一代所创造的财富，分割之后，份额越来越小，影响了财富的规模效应，致使中国的经济一直在小农经济的层面上徘徊。例如，一家人有90亩土地，90两黄金，有3个儿子。每个儿子分30亩土地，30两黄金。如果每个儿子有3个孙子，则每个孙子可以分10亩土地，10两黄金。如此分割下去，财富逐渐分散。90亩土地90两黄金或许可以创造实业，但是10亩土地10两黄金恐怕只能维持生计了。因此，中国人历史上一直都在为生计而奔波，而又丧失了发展工商业的机会。笔者经常感慨中国乡土间的各种习俗，这些习俗将农民辛苦积累的资金，消耗于各种不必要的活动之中，没有办法形成商业积累。老一辈辛辛苦苦积累形成一个小作坊，也因为继承制度被破坏，因此，在新中国成立之前，中国社会一直在极其缓慢地发展乃至内卷化。在中国社会中存在的"不患寡而患不均"的平均主义观念以及"多子多福"的生育观念，使父辈的财产在传承中被不断分割。1978年开始计划生育政策，家庭子女的数量明显减少，甚至许多家庭只有一个子女。这在很大程度上改变了原来的继承模式以及财产分散的结果。但是随着二胎政策的放开，这个问题将重新凸显出来。

在中世纪的西欧贵族中，实行财产长子继承制，其主要目的是使贵族的土地不致分散。日本农村在二战以前也实行长子继承制度，长子继承家业，其余的儿子进入城市，这加速了工商业的发展。中国最含情脉脉的平均继承制度，却阻碍了中国经济的发展。中国的公司法是舶来品，清朝和民国仿照国外的公司法进行了立法，但一直没有发展出公司法意义上股权制度。虽然晋商从另一个途径创造了"身股"制度，但是"身股"体现了浓厚的人身色彩，与人身有密切的关系，仍然没有摆脱小农经济的范畴，根本不可能具有大范围内筹集资金的功能。

股权制度与公司制的发展为中国人提供了一个选项，对于一些家族企业，无论是小作坊，还是初具规模的企业，抑或是上市公司，都可以在保留企业完整的情况下，在继承时由继承财产转换成继承股权。这样既保护了财产的规模效应，又可以在子女之间平均分配财产。

第三节 股权权力意识

一、控制权意识

股东对公司享有参与管理的权利，可以通过股东（大）会行使表决权，参与公司的管理。一些股东由于股权份额比较大，从而拥有了控制公司的权力。从这个意义上来讲，股权既是一种财富，又是一种权力，包含了对公司的管理性、控制性的权力。公司的大股东，可能会享有公司的控制权。在公司的股权价格中，往往也包含控制权溢价。例如，一家公司，49%的股权价格是49万元，但是51%的股权的价格却可能超过51万元。股权并不像白菜一样，买得越多，价格越便宜，而应当是买得越多，价格越贵，因为此中包含了控制权溢价。公司的大股东，可以利用对公司的控制权，掌握对公司事务的决定权。当然，对于公司控制权的实现，并不仅限于股权，也可以通过协议来获得对公司的控制权，但是通过股权获得公司的控制权是最安全、最普遍的方式。

股东不仅可以控制自己投资的公司，还可以利用控股关系控制一系列公司，这已经不是稀罕的事情。举一个最简单的例子：甲乙丙丁四个公司。甲公司的注册资本是100万元，某股东拥有甲公司51%的股权，控制了甲公司。甲公司出资100万元，A公司出资50万元，共同设立乙公司，甲公司享有2/3的股权，控制了乙公司。乙公司与B公司分别出资150万元、100万元，设立丙公司，乙公司又控制了丙公司。丙公司出资250万元，C公司出资200万元，设立丁公司。丙公司控制丁公司。以此类推。现实生活中，杠杆控制的技术和方法更多。从这个最简单的例子也可以看出，51万元的资金，可以间接控制450万元的企业。

在公司内部，大股东不仅可以控制公司的股东（大）会，决定股东（大）会的决议是否可以通过，还可以进而控制公司的董事会，不仅在财务、人事方面起到控制作用，还可以控制公司的战略决策。作为控制人，大股东完全可以做到"深藏功与名"，低调地隐藏在幕后。针对以上现象，笔者曾经写下一副对联：实掌企业闯天下，虚握股权定乾坤。横批：基业长青（或运筹帷幄）。

很多企业家非常重视对公司的控制权。例如，1993年上海申华实业股份有限公司董事长瞿建国对报界谈话，欢迎有实力的投资者来做申华公司的大股东。当时万科向申华参股有三点理由：①双方的房地产业务整合；②万科通过申华进入上海房地产市场；③申华有投资价值。但是这是一次充满诡异和变数的股权收购。谈判之始，瞿建国声称自己得了肺癌，要移民加拿大，并注册了一个慈善基金，将股票套现的资金捐赠给公益活动。瞿还表示要将自己名下的股票过户给万科。后来万科在二级市场收购了申华5%的普通股。1993年11月14日，万科的郁亮等人进入申华董事会，并派进了工作小组。但是工作小组除了能接触广告宣传册之外，不能接触其他资料。后来瞿建国称肺癌的诊断系误诊，也不提移民加拿大，也不提股票过户。瞿建国无意放弃控制权，万科也不甘心陪衬担任二股东。后来万科售出申华的股份，郁亮等人也辞去了申华董事会的职务。这

二、股权结构意识

股东的权力多数情况下取决于公司的股权结构。一般情况下公司股东（大）会投票的表决权比例和股权比例相同，因此不同的股权结构，对公司的治理、股东的权力也会产生不同的影响。

（一）股权比例的节点

对于大部分公司而言，需要一个核心股东制定公司的战略，培育公司的企业文化，主导公司的发展方向。这些股东在推行自己主张的时候，经过股东（大）会决议的机制，将股东的意志转化为公司的意志。在股东（大）会表决时，采取"资本多数决"的原则。如果没有特别约定，股东按照股权比例行使表决权。在具体安排股权结构的时候，要注意一些关键的股权比例"节点"。

《公司法》第43条规定："股东会的议事方式和表决程序，除本法有规定的外，由公司章程规定。股东会会议作出修改公司章程、增加或者减少注册资本的决议，以及公司合并、分立、解散或者变更公司形式的决议，必须经代表三分之二以上表决权的股东通过。"第103条规定："股东出席股东大会会议，所持每一股份有一表决权。但是，公司持有的本公司股份没有表决权。股东大会作出决议，必须经出席会议的股东所持表决权过半数通过。但是，股东大会作出修改公司章程、增加或者减少注册资本的决议，以及公司合并、分立、解散或者变更公司形式的决议，必须经出席会议的股东所持表决权的三分之二以上通过。"公司法授权有限公司的章程对股东会的议事方式和表决程序作出规定，常见的模式是公司章程规定股东会决议需经代表1/2以上表决权的股东通过。

根据以上规定，在有限公司里，几个关键的股权比例节点是66.67%、50%、33.34%。如果股东掌握66.67%的股权，公司的各项决议，都可以在股东会通过，股东对公司处于绝对控股的状态。

---

[1] 参见王石、缪川：《道路与梦想——我与万科20年》，中信出版社2006年版，第90~93页。

如果股东掌握50%以上的股权，一般事项可以确保通过，称之为相对控股。如果股东掌握的股权比例超过33.34%，则可以对重要事项享有一票否决权。笔者认识一个做房地产中介的小伙子，他带领两个人成立了一家地产中介公司。股权结构是他占34%，其余两人各占33%。这样的股权结构，意味着他对公司的重大事项具有一票否决权，只要他联合一位股东，即可通过一般事项和重大事项。而其他两个股东，均无法否决重大事项，两个联合起来，也无法通过重大事项。股份公司由于股东众多，股权分散，因此对于控制公司所需要的股份数量，需要根据实际情况确定。经验表明，对于上市公司，超过15%的股份，可以达到相对控股的效果，超过25%的数量，可以达到绝对控股的效果。

（二）股权结构的优化

现实生活中，有一些企业不断优化自己的股权结构，例如海底捞。1994年张勇、施永宏、舒萍（后成为张太太）、李海燕（后成为施太太），每人出资1万元，成立了海底捞，各占25%的股权。后来2007年，张勇从施永宏夫妻处购买了18%的股份，张勇夫妇共计掌握了海底捞68%的股权。张勇和施永宏从14岁开始就是好哥们，在股权结构变化时，施永宏表现出高度的大度、豁达，为海底捞的腾飞创造了一段神话。[1]笔者对这一段内容的真实性存疑，因为1994年的时候，4万元是无法设立一个公司的，达不到当时法律要求的最低注册资本数额。另外经过天眼查的查询，第一家以海底捞命名的公司成立于2002年。但是无论如何，股东平均享有股权的结构存在很大的问题，一旦股东之间产生纠纷，公司将陷入僵局。后来的股权结构则突出了张勇的主导地位。张勇的领袖气质强，而施永宏则是一位像邻家大哥一样的和善好人。

一般而言，坏的股权结构有以下几种：①"平均型"股权结构。②"关键少数型"股权结构。在这种类型的股权结构中，小股东因成为被拉拢的对象而起到关键的作用。例如，某公司的股权结构为

---

[1] 西姆股权激励研究院："股权结构不合理的化解之道，且看海底捞"，载http://www.sohu.com/a/161894513_555623，2018年4月15日最后访问。

40%、34%、17%、9%，那位持股17%的股东就会成为大股东的拉拢对象，该股东可以利用自己的关键少数票，来影响公司的决策。③"踩线型"股权结构。例如某股东享有67%的股权或34%的股权，这种股权结构就堵上了以后增资扩股、稀释股权的大门，因为一旦引入其他股东，必然会影响到现有股东的控制权，使增资扩股、股权激励、股权私募投资等活动都将遇到较大的阻力。

一个好的股权结构，应当具有核心股东明确、股东之间优势互补、资源整合度高等特点。海底捞实现了股权的良性改造，但是并非所有的公司都能优化股权结构。真功夫带来的教训是多方面的，其中之一是股权结构不合理。真功夫的商业模式是成功的，但是其股权结构问题很多。2007年10月之前，蔡某标和潘某海的股权均为50%，这是一个平均型的股权结构。2007年10月，今日资本和中山联动两家私募进入真功夫投资，两家投资机构各占3%的股权，形成了47%、47%、3%、3%的股权结构。但私募的进入并没有改善真功夫的股权结构，两家私募甚至成为关键的少数，如果想在股东会会议上通过决议，无论是蔡某标还是潘某海，都需要获得私募的支持。后来私募也想逐渐收购潘某海的股权，让蔡某标成为核心股东，但是为时已晚。两个股东的股权相等，但是他们的贡献却未必相等，长此以往，很可能爆发矛盾。蔡某标开始辞退与潘某海关系密切的中层和高层人员，导致潘某海的强势反弹，二人在银行借款、知情权方面，都产生了极大的矛盾。

如果股权的结构比较集中，那么必然会有一些大股东掌握公司的控制权。身为小股东者，就应当知道自己的话语权并不强，很多时候自己的意见会被忽略，这是资本多数决的必然现象。因此，大股东与小股东要尽量自觉处理好两者的关系，避免大股东对小股东的压迫。对于明显没有控股股东的情况，公司又难以形成强有力的战略的，战略方向很可能因为各个股东的牵制而变得迷糊，最后导致公司无所作为。

第四节 股权激励意识

一、股权激励实例

从1993年起，万科就尝试对员工进行股权激励计划。计划从1993年到2001年，每三年开展一次股权激励，后来该计划实行一期之后被证监会叫停。2006年，万科再次实行股权激励计划。2011年，万科推出新的股权激励计划，得到了股东们的一致支持。这次激励对象有838名，占员工总数的3.88%。在运用股权激励方面，华为是一个相当成功的例子，华为员工持股比例高达98.56%。华为在1990年就开始了员工持股计划，因为当时融资困难，华为不得不进行内部融资，这也奠定了华为股权文化的基础。

笔者在南京晓庄学院商学院讲授《客户关系管理》课程时，曾经对比过海底捞的企业文化与星巴克的企业文化。这两个企业都是提供餐饮服务的企业。海底捞的董事长张勇以推行"客户满意"而见长，而星巴克推行大众文化中的精英文化，为都市白领提供了一个"第三空间"。海底捞张勇的逻辑思路是通过激励员工，促进员工的满意，再通过员工的服务来实现客户的满意。

海底捞的股权相对集中，并没有开展股权激励计划。对于海底捞而言，给予员工较多的福利待遇，对海底捞构成现实的财务压力，海底捞需要掏出真金白银来提高职工的福利。这种激励存在以下问题：一是偏向于短期激励，二是导致海底捞的价格偏高。如果海底捞采取股权激励的方式，对员工进行股权激励，奖励员工以优惠的价格购买海底捞的股权，不仅可以缓解海底捞的财务压力，还可以筹集一部分资金，甚至可以在价格上更加实惠一点。海底捞在定位上并非是走高端路线，而是平民化的消费，在经营方面并非是以高价格、精品菜肴为卖点，所以较高的价格并不符合其经营特点。海底捞的卖点是满意的服务，如果客户厌倦了海底捞的优质服务，产生了审美疲劳，可能会因为价格问题离开海底捞。

当然，笔者并不是真的建议海底捞实行股权激励，企业问题的解决也并非一股就灵。本章的内容强调股权文化和股权意识，是为了给企业和企业家增加一个选项。无论是现金奖励、住房福利、荣誉鼓励，还是股权激励，都是企业的选项，针对不同的企业，哪个选项更好，则需要仔细甄别。但是，笔者在这里要提醒有这样的一个选项存在，而不要对该选项一无所知，毫无意识。

与海底捞同属于餐饮行业的星巴克，在1991年就推出了知名的咖啡豆股票期权计划。该计划为员工提供股权认购的方案，员工行权后成为公司的股东，从而将员工与公司的业绩联系在一起。最初董事会因为担心影响公司股东的控制权和利益，拒绝了这项提议，后来舒尔茨说服了董事会批准该计划。这项员工激励计划取得了巨大的成功，激发了员工工作热情，员工开始为公司节省开支、扩大销售、创造价值，跳槽率也远低于快餐行业的一般水平。[1]星巴克的股权激励计划，建立了企业与员工的利益共同体，对员工起到了激励作用，同时因为员工收入的增加，也增加了员工满意度，为企业的发展奠定了良好的基础。股权激励体现了股权文化中的分享文化和整合文化，既让员工分享企业发展的成果，又整合了企业的资源和员工的人力资源。

二、股权激励的原则和方法

一般而言，股权激励有以下原则：①股权激励应有偿进行。一方面让激励对象有来之不易的感觉，懂得珍惜股权，另一方面也可以帮助企业融资。无偿赠与股权，也许员工并不领情。②股权激励应当侧重于核心人员。不要撒胡椒面，平均激励就相当于没有激励。

采取股权激励，其方法多种多样，有的企业赠送或以优惠的价格转让股权给员工，或者进行增资，由员工进行认购；有的企业发行虚拟股权；还有企业设立持股平台，持股平台通常存在于有限合伙企业，员工通过持股平台间接持有公司股权。

股权的运用之妙，存乎一心。其前提在于心有股权意识，且这

---

[1] 参见叶洪："星巴克：经营靠人而不是营销技巧"，载 http://ceo.icxo.com/htmlnews/2007/11/13/1213548_3.htm，2018年3月14日最后访问。

些意识浸入思想的骨髓。对于股权问题，不能限于嘴巴上的夸夸其谈，而要在内心里真正领悟股权的道理。股权，share，既是对各种权益的分享，又是对各种资源的整合，是一个对立统一的神奇存在。

第十章 CHAPTER 10
股权服务

第一节 股权服务的性质

股权服务是一项综合性的服务，涉及法律、税务、企业文化等方面。股权法律服务是股权服务内容的重要部分，而且股权法律服务还将在整体上审查股权服务的合法性，具有总结性的特点。股权法律服务与其他股权服务相互渗透，相互结合，不可分离。本章主要从律师的角度介绍股权服务。为了做好股权服务，律师有必要对整个股权服务的性质进行了解。本书将股权服务的性质概括为如下几点：

一、价值创造的相互性

律师提供股权服务，本质上属于自己工作范围内的事项。律师作为法律工作者，已经被推向市场，律师股权服务就必须考虑市场，考虑市场的供给与需求，并进行营销。一个不懂得营销的律师，即使满腹经纶、法律精湛，也会过着拮据的生活。因此，律师在提供股权法律服务时，需要进行一定的营销。而从营销的角度来看待股权服务，它就是一个相互创造价值的过程。

律师股权服务的基础是客户价值理论。该理论包含两个方面：一是客户终身价值，指企业与客户在整个交易关系维持的生命周期里，减除吸引客户、销售以及服务成本和其他成本，从客户那里获得的所有收益之和。二是顾客让渡价值，指企业创造并转移的，顾客感受得到的实际价值。客户让渡价值表现为顾客购买总价值与顾客购买总成本之间的差额。以上理论应用于律师股权服务，客户终身价值是客户为律师创造的价值，顾客让渡价值是律师为客户创造的价值。只有双方都为对方创造价值，才是良好的客户关系。任何一方长期没有收益，都无法将客户关系维持下去。

  律师为客户创造价值，是律师营销的基础。律师股权服务为客户创造的价值，可以体现于多个方面。一般情况下，律师可以为客户提供以下价值：稳定良好清晰的股权架构、可控的客户风险、尽职调查、诉讼维权等。理论是灰色的，而在现实生活中，律师提供的这些服务的价值可能在未来表现得非常巨大。例如，阿里巴巴在成立之初，它的30位合伙人中就有3位是资深律师，堪称阿里的三大法律护卫。其中之一者蔡崇信，曾是瑞典银瑞达集团副总裁，拥有耶鲁大学经济学学士及法学博士学位。这位国际精英放弃了70万美元的年薪及光鲜稳定的国际投行工作，加盟刚刚成立前途未卜的阿里巴巴。蔡崇信的到来，让阿里巴巴从一出生就具有正规化、国际化的基因，并将"十八罗汉"的团队利益捆绑在一起。在湖畔花园，蔡崇信对着白板向第一批员工讲股权、讲收益，并拟出18份完全符合国际惯例的英文合同，让马云等"十八罗汉"签字画押。那些规范的合同文本和充满活力的股权结构，为阿里巴巴的发展提供了完美的基础。

  中国发展到现在这个时代，已经不再是早期无序竞争的局面。法律在企业的经营与运行过程中起到越来越重要的作用，这是大势所趋。如果缺少规范的股权服务，就可能在企业的发展过程中埋下巨大的隐患，导致企业的巨大损失。

  律师应当在价值的层面进行竞争，而非在价格的层面进行竞争。建议律师不要打价格战，一方面低廉的收费会导致不正当竞争，另一方面，一旦工作不顺利，律师会发现后期工作可能要贴钱做。低价竞争一方面破坏了市场，一方面又扼杀了律师发展的机会，甚至因为律师费过低而出现敷衍工作的情形。只要律师费高，不专业的律师也会变得专业，没有人脉的律师也能找到人脉。所以低价竞争很可能面临双输的后果。有些人在亏钱的时候几百万、几千万都不眨眼睛，但是面对几万元律师费的时候就会斤斤计较。典型的有钱买牛，没钱买绳。律师进行价格战，对于客户来说，只是意味着可以省下来多少钱的问题，省下来的钱毕竟非常的有限。如果律师在价值层面上竞争，精心做方案，则可以为客户创造更多的价值，而创造价值是无限的。律师为客户创造的价值主要有两种，一种是服务价值，一种是形象价值，两者都有较大的提升空间。

客户要和律师经常交流，认真合作，律师股权服务本身就是社会分工发展的客观要求。如果企业家凡事亲力亲为，恐怕这辈子也成为不了李嘉诚了。当然客户自己打官司的成本更低时，也可以自己操作。笔者认识这样一位经理，无论是股权纠纷还是民间借贷纠纷，无论是撰写法律文书、开庭，还是申请强制执行，他都是自己亲自跑法院，而且效果还不错。但是，这样的事情只能作为特例，不能作为普遍现象。他也坦言，参加这些诉讼耗费了他巨大的精力。

二、高风险性

（一）股权服务的属性问题

从商业属性上来说，股权服务具有三种属性：搜索性属性、体验性属性以及信誉性属性。搜索性属性是指产品或服务在顾客购买之前就可以确定的属性。体验性属性是指在顾客购买之后或在消费过程中才能感觉到的属性。信誉性属性是指顾客购买之后或消费之后仍然无法评估的属性。[1]股权服务，如同绝大部分法律服务一样，其属性以体验性属性与信誉性属性为主。对于非诉股权法律服务，其体验性属性更多一点。对于诉讼类的股权法律服务，由于诉讼结果受到法律因素的决定性影响，以及其他因素的影响，因此这部分服务的信誉性属性更强。

对于股权服务这种专业性强的服务，客户确实难以评估服务的效果。所以绝大部分客户以结果为导向来衡量律师的工作质量。至于律师本身有没有尽心尽力、尽职尽责，则不会作为评价的主要标准。其实，这样对律师而言不甚公平，但是律师也应当能够预见这

---

[1] 曹基梅主编：《客户关系管理》，湖南师范大学出版社2016年版，第141页。

种情况。

对于股权诉讼服务的效果,不仅客户囿于专业知识无法判断,更因为法院的介入,导致律师自己都难以衡量股权服务的效果。某地一个股权转让纠纷,被告对一审法院认定股权转让款的付款时间及相应的违约金不服,提起上诉。不服的原因是股权转让款的支付附有条件,在付款条件成就之前,受让方并没有支付股权转让款的义务,一审法院在付款时间和相应的违约金方面似乎处理不当。由于问题并不严重,二审改判的可能性不大。虽然如此,被告的代理律师还是认真撰写了上诉状,提出了几点上诉请求和理由。令人惊喜的是,二审法院经过几个月的衡量,改判了一审判决。对于最终的结果,被告方虽然不完全满意,但是至少可以接受。二审法院能够改判,代理律师也非常高兴。但是当律师和客户见面谈到改判的事情的时候,客户说这个案件是他向法院领导反映过的。就案件的二审结果来说,股权服务的效果是比较好的,但是这样一个良好的效果,到底是因为律师认真的工作,还是因为客户向领导反映了案件,抑或是因为遇到了一个较真的二审承办法官,已经是一个永远的谜了,也许以上因素都起到了作用。对于提供股权法律服务的律师,他有时自己也无法评判服务的效果。由此可见,股权法律服务本身充满了巨大的风险。

股权法律服务无法实行"三包",很多产品,可以实行"三包",质量有问题,可以退货、换货、修理。但是对于绝大部分股权法律服务,开弓没有回头箭,通常只有一次机会。一旦服务的质量出现了问题,很可能造成无法挽回的损失。

所以,律师在提供股权法律服务的时候,要和客户相互理解,相互支持。因为客户购买法律服务,也冒着巨大的风险。同时客户也应当清楚,律师在本质上是专业人士,绝大部分律师是一介平民,不代表权势和社会关系。如果你需要依靠律师的社会关系或者所聘律师以社会关系为卖点,那么你本质上是在聘请一个社会关系,而不是在聘请一个律师。

(二)结果的可预测性问题

我国公司法提供了规范性的规定,指导人们如何作为,但是公司法缺乏效果性规则，对于违反公司法的法律后果，经常缺乏相应规定。如果发生了违反公司法的行为，该如何处理，这对法院来说也是一件有难度的事情。同案不同判的现象在公司股权纠纷中很难避免，如果你认真阅读本书，会发现同案不同判的现象为数不少，甚至有些案件经历一审、二审、再审，裁判思路不断变化，判决结果颠来覆去。虽然现在有很多专家、律师在归纳总结公司法上的裁判规则，但是这些裁判规则不仅相互冲突，而且缺少普遍性，也不是对法律的有权解释，因而对判决结果的预测意义很小。公司法的法律效果规则不明，实际上给了法官相当大的授权，这构成了法官权力的空间。至于法官在众多观点与学说中如何选择，则有很强的不确定性，这也导致判决的可预测性降低。判决受到各种因素的影响，既包括法律因素，也包括社会因素，还可能包括一些不合法的因素。

目前，法官群体的法律素质已经很高，但是仍难解决判决结果可预测性低的问题。笔者认为我国法官队伍的发展经历了以下几个阶段：①马锡五式的法官。这类法官是早期的一些法官，他们重视客观事实，重视结果的正当性，思想政治觉悟高，为人正派，讲道理，重视生活经验，重视调查研究。他们将普遍的工作方法与特殊的法律工作相结合，取得了很大的成绩，受到了广大人民群众的肯定。他们的弱点在于对法律理论不够精通。在这个群体中，有相当一部分人是退伍军人，经过系统的培训和个人的努力，很多人成了优秀的法官。法律专业知识的学习并不是不可逾越的困难，优良的政治素质和正派的作风是对法官最本质的要求。对于贺卫方教授认为退伍军人不应当进法院的观点，笔者曾经一度认同，但是现在回想起来，那时认同这个观点，只是因为这个观点有利于自己的就业和在法院的发展，后来随着阅历的变化和年龄的增长，逐渐认识到政治素质和为人正派才是法官最珍贵的品质。如果法官很公正，即使法律专业水平不够高，也可以在整体上衡量结果的正当性，不会作出过于偏颇的判决结果。道德可以弥补法律专业知识的不足，而法律专业知识，却无法弥补道德上的缺陷。因此，法院不必设置太高的专业门槛。各行业的正派人员，都可以有机会进入法院工作。

②专业化的初级阶段。这部分法官的法律基础知识较好,基本具有中专、大专或本科的法律文凭。他们对于基本的法律关系掌握较好,但是对于复杂的法律关系,把握能力尚不足。③现阶段。现在法官大部分是本科及研究生,尤其是年轻的法官,很多都拥有硕士学位。现阶段的法官,重视证据,重视程序正义,对法律关系的理解更为深刻。但是也存在一些问题:一是案多人少,个案分配时间有限,法官来不及对案件进行细致的分析,满足于对法律事实的查证,缺少对客观事实的追求。即使有些法律事实明显不合常理,也没有时间去调查客观事实,往往拘泥于证据表象。二是在法律效果规则不明确时,法官自己也会陷入迷茫的状态。没有掌握在两种或两种以上的观点之中如何进行选择的方法,陷入了"自圆其说""自说自话"的逻辑陷阱。三是面临商业实践的挑战。法官在整体上缺少商业实践知识。有些国家从执业9年以上的律师中遴选法官,还是很有道理的。多数法官对于商业中股权的运作缺少理解,缺少对企业家创新精神的理解,因此影响了他们处理股权纠纷。四是对与股权有关的行政法不熟悉。工商登记、股权监管等行政法的规定,很多法官并不熟悉。五是个别年轻的法官,毕业之后就进入法院工作,容易沾染上官僚习气,造成水平不高、脾气不好、不负责任的品格,对于个人的成长以及业务水平的提高都是不利的。六是法官在社会地位不高、收入不高、房价高企、经济压力大的情况下,有可能被不法分子诱惑进行权力寻租。股权案件越来越复杂,股权创新越来越多,而法律规则不能及时提供,客观上造成了巨大的寻租空间。

现阶段存在的问题,会造成法官对于股权纠纷的法律性质把握不准确、认识不深刻等后果,从而导致股权纠纷判决结果的不确定性。笔者自己展望,未来阶段的法官,不仅熟悉法律关系,而且了解商业实践。不仅熟悉大陆法系的理论,还熟悉英美法系的权利配置思想,这其实就是科斯的法律经济学的思想。这样法官就可以解决在两种观点之间如何进行抉择的问题,弄清楚哪一种观点更能产生高效的资源配置。现在很多书籍热衷于编写"司法观点集",对各种司法观点进行简单的罗列,而不进行深刻的分析,这样做的消极后果就是误导法官认为可以按照任何一种观点进行判决,任何一种观点都是有道理的。这不仅会混淆是非，导致权利配置效率低下，还会导致法院判决可预测性低下，不当地扩大法官的权力空间。面对同案不同判的现象，更是误导当事人去相信权力和关系，而不是去相信法律，损害了法律确定性的价值。

在处理股权纠纷的时候，最重要的是保持一颗公正的心，避免权力寻租。其次是加强学习，一方面学习商业实践，向群众学习，另一方面学习英美法系的公司法理论，多读一些公司法的经典著作。学识三年可得，公正的人品却是一辈子的事情。笔者认为在处理股权纠纷时，英美法系的权利配置理论比大陆法系的法律关系学说更具有启发性。

在非诉领域，股权服务同样面临着结果可预测性低的问题。因为对于最终的结果，股权服务很难起到决定性的作用。股权服务更侧重于风险的防范，它有利于避免坏的结果，但是能不能取得理想的结果，这恐怕也不是股权服务能决定的。

三、综合性

股权服务，笔者认为存在三个趋势：多领域专家协作化、战略大局化、反复磋商化。这三个方面做好，才能在整体上做好股权服务。

1. 多领域专家协作化

股权服务涉及税收、财务、法律、管理、企业文化等综合性问题。例如，有些方案在法律上没有问题，但是在税务上，可能会产生难以承受的税务负担。股权收购的时候，需要财务人员调查目标公司的财务情况，甚至需要考虑企业文化的冲突问题。如果母公司与子公司的企业文化存在冲突，很可能埋下并购失败的风险。因此对于大型的企业并购，需要多领域的专家协作。单凭一个领域的知识是无法做好复杂的股权服务的，需要多个领域的专家协作制定股权服务方案。律师在参与这类活动的时候，要注意自己承担的是风险管理、风险控制的责任，而不是规避掉所有的风险，因为规避掉风险的同时，也会规避掉商业机会。

2. 战略大局化

股权服务要与客户的企业文化、企业战略以及各种子战略相互结合，至少应当保证不发生冲突。从企业发展的战略角度以及从更宏观的角度来考虑股权服务，要着眼于客户20年后、30年后的发展。律师要理解客户真正的需要是什么，从企业发展的整体战略出发，审视股权服务方案的合理性。

3. 反复磋商化

反复磋商是前两个趋势的必然要求，反复磋商是优化股权服务方案的必然途径。好的股权服务具有：简洁、深刻的特点。这样的服务方案并非一次可以完成，需要律师经常和客户及其他合作伙伴反复探讨，反复协商，不断进行方案优化，才能制定出良好的方案。反复的过程就是认识不断深化的过程，就是提纲挈领的过程。律师直到可以简洁地描述方案，又能制作出规范的法律文本时，才可以说达到了良好的服务程度。

第二节　股权服务的营销方法

在进行股权服务的时候，应结合股权服务的性质，然后确定股权服务的营销方法。主要有以下方法：

一、关系营销法

股权服务的过程一般比较漫长，从股权非诉业务来看，股权非诉业务包括股权转让、股权结构设计与改造、尽职调查、股权并购、股权激励方案、股权融资方案等。在这一系列的股权服务过程中，律师和客户长期接触。律师只有深刻地理解客户的需要，才能提供较好的法律方案，为客户创造更多的价值。在诉讼业务中，股权纠纷往往是系列纠纷，通常从知情权开始，打若干个官司。这种长期接触的过程，为律师进行关系营销提供了基础。

关系营销是市场营销学上的一个概念，并非我们日常生活中庸俗的关系运作。关系营销是把营销活动看成一个企业与消费者、供应商、分销商、竞争者、政府机构及其他相关者互动，并建立起长

第十章 股权服务

期、信任和互惠的关系的过程。[1]如果把关系营销当作拉关系、送回扣，不仅曲解了关系营销的定义，也违反了律师执业道德和执业纪律。关系营销具有下列特点：双向沟通、协同合作、互利共赢、满足情感需求、信息及时反馈。[2]律师在进行关系营销的时候，不仅要为对方创造客户让渡价值，而且要尽量理解客户的需要，并使股权服务人格化。律师要在长期的服务过程中，实现客户与律师的相互信赖关系，最终形成伙伴关系。这种良性的关系将增加客户的转化成本，如果客户改变律师，寻找其他律师服务，将面临以下成本：寻找其他律师的成本、接触谈判的成本、相互信任的成本。如果你是一位优良的律师并且和客户已经建立了相互信任的关系，客户再寻找其他律师的可能性就比较小了。有些简单的股权案件，许多律师都有从事该业务的能力，为什么客户会选择你？很重要的一个原因就在于关系营销。

关系营销有利于促进律师与客户之间的诚信。客户与律师的关系本身是委托代理关系，以人身信任关系作为基础。诉讼是法律皇冠上的明珠，也是法律之战。如果客户是君主，律师则是出征的将士，信任应当如斯。当然这只是美好的画面。君主派遣将士出征的时候，也怕将士造反，在派出粮草官的同时，也会派出监军。将士出征在外，也会提防朝廷不相信自己。美好的画面下总是隐藏着无法消除的不信任。律师与客户之间存在严重的信任问题。律师作为一个群体，绝大部分是高开高走，宣传自己的强项，甚至明示或暗示自己拥有某些社会关系。而客户，口惠而实不至的现象也很多。律师与客户这种本该相互信任的关系，实际上却充满了严重的不信任。虽然每一个客户不一定遇到过大忽悠律师，但是每个律师都肯定遇到过不讲信用的客户，甚至有过深刻的教训。所以律师与客户之间往往充满了相互防范的心理，尤其是客户不愿意支付律师费的时候，律师很难愿意全力以赴地开展工作。律师费就相当于粮草，大军出征，没有粮草怎么能行？律师往里面贴钱、贴时间的法律服

---

[1] 钟雪丽等主编：《客户关系管理》，四川大学出版社2018年版，第24页。
[2] 曹基梅主编：《客户关系管理》，湖南师范大学出版社2016年版，第21~22页。

务是不具有可持续性的。在股权纠纷中，各种法律关系可能盘根错节，实际办理的难度很大。这就需要律师和客户之间建立长期的客户关系，消除不信任，建立信赖感。

股权纠纷经常演变为系列纠纷，律师在提供服务的时候必须要了解三个方面的内容：①股东之间的长期关系；②股东的真正需要；③公司的运营历史。只有在这三个方面全面掌握的情况下，律师才能综合分析，确定较好的方案。而且这种方案的确定并非一步到位，需要不断地深入了解上述三个方面的情况，逐步优化，选择方案。所以根据笔者的个人经验，股权纠纷要反复地协商、探讨，才能制定出优良的方案。这也是股权律师要进行关系营销的原因。

关系营销有利于保障律师费。笔者的客户绝大部分是企业家，可能会因为暂时的经济困难、服务效果不理想等原因，拖延或拒付律师费。这在一次性的交易中特别明显。如果进行关系营销，将会减少拖欠律师费、拒付律师费的情况。诉讼如战，对方已经全力以赴了，企业家还在律师费上打小九九，格局可见一斑。律师费再高，都是小钱，取得股权纠纷的胜利，才是最重要的事情。律师和律师费都会被遗忘，而胜诉的判决却长久延续，福泽子孙。

二、定位理论

定位理论是杰克·特劳特所提出的，里斯和特劳特认为："定位是你对未来的潜在顾客的心智所下的功夫，也就是把产品定位在你未来潜在顾客的心中。"对于一般的律师，定位理论的实施还是具有很大的难度。因为根据定位理论，需要在客户的心智之中确立与众不同的位置。这对于很多律师而言，并不具有这种实力，但是这并不妨碍大家借鉴定位理论。进行与众不同的定位，通常有以下四个实施步骤：研究竞争对手、寻找差异点、提供信任状、宣传和实施。

许多律师走专业化道路，这也是对定位理论的简单实践。但是因为各种各样的原因，很难坚持下来。律师在专业化道路上往往存在下列问题：①名不副实的专业化。许多律师对外宣扬专业化，但是在与客户接触的时候，往往表现出对法律的各个领域都很精通的样子，然后还会举出成功的案例。中国的部分大型律师事务所，也采取同样的模式,无论遇到什么案件,在接触客户的时候,会拉出一系列成功的案例让客户来看。面对这种营销模式,客户也经常处于半信半疑之中。名义上是专业化,实际上什么案件都做。②忽视市场的专业化。这种律师确实也在走专业化之路,但是却忽视了对外宣传,导致客户不知道律师,或者宣传的力度不够,没有达到让客户认为自身很专业的效果。另外,这种专业化对市场的需求估计不足,即使完成了专业积累,也少有机会为客户提供服务。③忽视个人能力的专业化。专业化之路对律师个人的要求比较高,但是很多律师由于各种限制,没有办法在短期内成为某个领域的专业人士,虽然其勤奋的精神值得鼓励,但是很可能在专业化的道路上失利。

目前,绝大部分律师没有严格按照四个步骤实施定位理论。其短板往往在于第三步骤,即提供信任状。许多律师钻研于某个领域,也达到了很高的程度,但是缺少业绩和专业水平的证据。笔者也曾遭遇过:有人曾问我擅长哪个领域,我回答说:公司法。但是当时也感觉自己拿不出确凿的证明来证明自己擅长公司法,所以就撰写了本书。

三、客户细分

律师对客户也要进行选择。律师对客户进行细分,有助于服务好自己的服务对象与市场。

客户细分需要以律师自己的特长为基础,需要在相关领域具有服务的优势。律师也不是对每一个客户都可以提供服务的,也要选择好的客户。根据经验,客户可以分为专业需求型客户与关系需求型客户。一般而言,案件的专业难度越小,客户越希望寻找有关系的律师,案件的专业性越强,客户对于专业性的需求越高。例如,简单的民间借贷案件,这类案件每个律师都可以做,甚至客户都可以自己亲自上阵。对于这类案件,客户在咨询完法律问题后,往往会询问律师的社会关系。这是一个比较尴尬的问题,对于大多数律师而言,如果诚恳得说自己在法院没有关系,则失去了接手这个案件的机会。如果吹嘘自己有人脉关系,则又陷入为客户找人脉关系的泥淖。对于立志做专业的律师,干脆就不要将这批客户作为自己的服务对象，可以将其推荐给有人脉的律师朋友。律师一定要清楚和坚守自己的核心竞争力，一旦超出了自己的核心竞争力，不仅导致效率低下，而且影响到服务的质量和自己的名声。在接触的客户中，年长的客户多数对律师费比较在意，辛辛苦苦赚来的钱，在支出的时候也比较谨慎，所以整体感觉是会砍价，而且对律师的社会关系要求比较高。年轻的客户规则意识比较强，部分客户受过良好的国外教育，对律师费不是那么计较，一般是按照规定交费，对于律师的人际关系方面的要求也不高，而且对律师比较有礼貌。

第三节　股权服务的工作方法

一、做好保密

在股权非诉业务中，通常都有保密条款。大部分人也都有保密意识，将各种文本、材料妥善保管，避免遗失泄露商业秘密，对于参与工作的其他人员，也会做好保密的教育与监督工作。在宣扬自己业绩的时候，律师也比较注意为客户保守商业秘密。

在诉讼过程中，律师同样要注意保守秘密，尤其是要注意对法官的保密。绝大多数法官都遵纪守法，但是也难免存在害群之马。有些法官不敢明目张胆的偏袒对方，但是在小的细节方面，在自以为"不违反原则"的情况下帮助对方，例如会帮助对方打探消息。对法官法庭之外的询问，要增强保密意识，认真捍卫客户的利益。对于法官询问的非必要性的问题，律师应当三思之后，谨慎地回答。一般情况下，一个作风正派的法官，也不会询问律师一些非必要的或不合常理的问题。无论法官是一个严于律己的正直法官，还是一个可能有不公正行为的人，律师最佳的策略是管住嘴，保守客户的商业秘密和己方的诉讼策略。

二、充分准备

股权服务的工作重心应当前移。律师必须要事先做好充分的准备工作。一方面要在战略层面做好准备，即要明确己方的立足点。

明白靠什么来打赢官司，维护权利。如果这个立足点不牢固，甚至发生坍塌，则会出现败诉的后果。其次要在战术层面做好准备，准备好具体的材料，每一个环节都需要有扎实的证据来印证。要像坦克一样碾压过去，让法官没有判律师方当事人败诉的理由。

法官从工作强度上来说，确实是一个繁忙辛劳的职业。法官每年办理几百个案件的情况并不鲜见。少数法官在开庭之前，连材料也来不及仔细翻阅。紧张的工作塑造了法官普遍的办案风格：简洁。遇到有争议的问题的时候，法官没有时间，也没有精力去仔细分析案情。例如：只要当事人签字了，如果不是法律明确规定的免责事由，法院就会判令承担某些责任。从商事审判的角度而言，法院是在惩罚随意签字、不按照规定操作的当事人，但是这样的惩罚，有时过于严苛。同时，有法院考虑到既成事实，对于某些违法行为不予纠正或惩罚。对于索赔案件，除非有非常扎实的法律依据和事实依据，否则稍微含糊一点点，就可能面临败诉或部分败诉的风险。损失不仅要证明其存在，还需要证明损失的数额以及对方的行为与损失之间存在因果关系。如果当事人不能证明自身的损失的具体数额，法院就会认为其损失的证据不足，不予支持。其实这里存在一个问题：损失的数额难以确定，已经解决了损失有无的问题，下一步需要解决的是损失数量的问题。但是法院往往将损失的具体数额难以确定等同于损失证据不足。虽然这里有偷换概念之嫌，但是站在法院的立场也很容易理解：损失的具体数额不能确定，法院也不好判决赔偿。

所以律师的任务是把菜做好，端到法院给法官品尝。如果律师做了一顿夹生饭，期待法院维护正义，主动帮助律师查明事实补充证据，那么就风险非常大了。对于股权纠纷，作为律师，在与法官打交道的过程中需要把每一个环节的证据都准备充足，不要耍小聪明，不要贪图侥幸。准备要充分、要慢，起诉、查封要快。

三、注重调解

美国历史上著名的总统亚伯拉罕·林肯曾说："劝阻诉讼吧。尽可能地说服你的邻居达成和解。向他们指出，那些名义上的胜诉者实际上往往是真正的输家：损失了诉讼费、浪费了时间。律师作为和平的缔造者，将拥有更大的机会做个（调停的）好人。"

股权纠纷进入诉讼程序之后，各方都会动用各种资源来争取诉讼的胜利。谁没有几个富亲戚？有时诉讼对手动用的资源，很可能超出想象。尤其是当该竞争对手有大企业背景的时候，切不可小觑对方的影响力。一旦对方施加不当影响导致一方败诉，那么败诉方后面就会比较困难了。所以即使进入诉讼程序，如果有协商的可能，还是尽量协商解决。只要双方肯坐下来好好说话，一般来说都有协商的空间。此外，律师要见好就收，千万别逞能，不要以在诉讼中击败对方满足自己的虚荣心为目标。

笔者的观点是，股权纠纷一旦发生，进入诉讼领域，不仅和对方当事人构成对抗性的关系，而且法院也成为不确定的因素。即使律师采取良好的诉讼策略在诉讼中取得主动权和胜利，但是这也只是局部的，不可让事业在整体上陷入被动。官司缠身，无论是原告还是被告，都不是一件好事情。对商业性强的股权纠纷而言，调解确实是解决纠纷的好方法。

在本书即将完成之际，恰好又有客户询问："如果法院不依法判案怎么办？如果对方有关系怎么办？你在法院有没有什么关系？"诚然，中国那么大，确实存在个别的不依法判案的现象，也存在人情、关系、权力干涉司法的情形。面对这样的传统现象，最高人民法院副院长沈德咏大法官在离职告别书中感言："悠久的历史既是财富，也是包袱……我们这一代人，甚至未来两、三代人，注定只能是筑基者和铺路人，在推进法治建设和司法改革上，务必要坚持从实际出发，脚踏实地，务求实效，稳中求进是最明智的选择。"[1]中国的司法正在逐渐而又稳步地改善，因此也不可能在一夜之间洗涤传统文化中的消极因素。有些律师和当事人非常看重上层路线，看重社会关系，甚至想依靠权力获得非法利益。商人和权力走得太近，胡雪岩的结局已经昭示了答案。律师如果依靠权力赚大钱、快钱，

---

〔1〕 沈德咏："离职告别书"，载 https://www.sohu.com/a/237406819_687863，2018年6月25日最后访问。

无异于在鳄鱼池边跳舞。只有律师不依赖权力,而是依靠自身专业的服务和敏锐的市场嗅觉,从长期来看,才能提供优质稳健的法律服务。

在此,笔者将周其仁先生的一段话,作为本章的结束语:"搞到好地块赛的是'搞定'权力部门和人物的'本事';在不好的地块上盖出优质楼宇,赛的是发现市场、创意、执行和管理的本事。都是竞争行为,都要劳动筋骨和费尽心机。也服从'用进废退'的演化准则,但是选走上三路还是下三路,只有加入了时间变量,才看得到结果完全不同。"[1]

---

[1] 周其仁:"时代之器",载王石、缪川:《道路与梦想——我与万科20年》,中信出版社2006年版,第XVI页,见推荐序三。

REFERENCES
参考文献

一、中文文献

（一）中文著作类（按作者姓氏拼音排序）

1. 北京仲裁委员会、北京国际仲裁中心：《股权转让案例精读》，商务印书馆2017年版。
2. 白慧林：《股权转让热点问题：规则与实践的考量》，法律出版社2014年版。
3. 薄守省：《美国公司法判例译评》，对外经济贸易大学出版社2007年版。
4. 曹兴权：《公司法的现代化：方法与制度》，法律出版社2007年版。
5. 陈皓：《合伙人时代——开启股权合伙创业新模式》，广东经济出版社2017年版。
6. 陈立斌：《股权转让纠纷》（第3版），法律出版社2015年版。
7. 陈彦晶：《有限责任公司股权转让限制制度研究》，法律出版社2017年版。
8. 陈扬、周亮：《股东法宝：股东权益保护与公司争议解决指南》，法律出版社2017年版。
9. 杜万华主编：《公司案件审判指导》（增订版），法律出版社2017年版。
10. 杜万华主编：《民商事审判指导与参考》，人民法院出版社2015年版。
11. 范健、王建文：《商法基础理论研究》，高等教育出版社2005年版。
12. 方永飞：《开放的力量——股权创新才是企业的终极共创》，广东经济出版社2016年版。
13. 费方域：《企业的产权分析》，格致出版社·上海三联书店·上海人民出版社2009年版。
14. 冯果：《现代公司资本制度比较研究》，武汉大学出版社2000年版。
15. 冯京苏：《企业1000年——企业形态的历史演变》，知识产权出版社2010年版。

16. 冯玉军：《中国法经济学应用研究》，法律出版社 2006 年版。
17. 傅穹：《重思公司资本制原理》，法律出版社 2004 年版。
18. 甘培忠、刘兰芳：《新类型公司诉讼疑难问题研究》，北京大学出版社 2008 年版。
19. 葛伟军：《英国公司法原理与判例》，中国法制出版社 2007 年版。
20. 国家法官学院案例开发研究中心：《中国法院 2017 年度案例：公司纠纷》，中国法制出版社 2017 年版。
21. 胡果威：《美国公司法》，法律出版社 1999 年版。
22. 黄辉：《现代公司法比较研究——国际经验及对中国的启示》，清华大学出版社 2011 年版。
23. 江平：《法人制度论》，中国政法大学出版社 1994 年版。
24. 孔祥俊：《公司法要论》，人民法院出版社 1997 年版。
25. 刘敏：《股权案件裁判要点与观点》，法律出版社 2016 年版。
26. 刘俊海：《新公司法的制度创新：立法争点与解释难点》，法律出版社 2006 年版。
27. 刘连煜：《公司法理论与判决研究》，法律出版社 2002 年版。
28. 刘连煜：《公司治理与公司社会责任》，中国政法大学出版社 2001 年版。
29. 罗培新：《公司法的合同解释》，北京大学出版社 2004 年版。
30. 卢现祥、朱巧玲：《新制度经济学》，北京大学出版社 2007 年版。
31. 毛亚敏：《公司法比较研究》，中国法制出版社 2001 年版。
32. 苗壮：《美国公司法：制度与判例》，法律出版社 2007 年版。
33. 任尔昕、石旭雯：《商法理论探索与制度创新》，法律出版社 2005 年版。
34. 人民法院出版社法信编辑部：《股权转让纠纷司法观点与办案规范》，人民法院出版社 2017 年版。
35. 上海宋海佳律师事务所：《合伙人》，知识产权出版社 2017 年版。
36. 沈四宝：《西方国家公司法概论》，法律出版社 2006 年版。
37. 工保树：《商事法论集》（第 12 卷），法律出版社 2007 年版。
38. 王林清、顾东伟：《新公司法实施以来热点问题适用研究》，人民法院出版社 2009 年版。
39. 王石、缪川：《道路与梦想——我与万科 20 年》，中信出版社 2006 年版。
40. 吴建斌：《国际商法新论》（第 3 版），南京大学出版社 2008 年版。
41. 吴建斌：《公司冲突权利配置实证研究》法律出版社 2014 年版。
42. 吴庆宝：《公司纠纷裁判标准规范》，人民法院出版社 2009 年版。
43. 吴越：《公司法先例初探》，法律出版社 2008 年版。

44. 谢玲丽等：《案解股权转让：规则适用及实务应对》，法律出版社 2017 年版。
45. 叶万春：《服务营销学》，高等教育出版社 2015 年版。
46. 虞政平：《股东有限责任：现代公司法律之基石》，法律出版社 2001 年版。
47. 虞政平：《美国公司法规精选编译》，商务印书馆 2004 年版。
48. 臧其超：《股权激励——让员工像老板一样工作》，广东经济出版社 2014 年版。
49. 张宇燕、高程：《美洲金银和西方世界的兴起》，中信出版社 2004 年版。
50. 赵万一：《公司治理法律问题研究》，法律出版社 2004 年版。
51. 赵旭东等：《公司资本制度改革研究》，法律出版社 2004 年版。
52. 赵旭东：《企业与公司法纵论》，法律出版社 2003 年版。
53. 朱慈蕴：《公司法人格否认法理研究》，法律出版社 1998 年版。
54. 朱慈蕴：《公司法人格否认制度理论与实践》，人民法院出版社 2009 年版。
55. 最高人民法院编选组：《买卖合同司法解释适用手册》，人民法院出版社 2012 年版。
56. 最高人民法院案例指导与参考丛书编选组：《最高人民法院公司案例指导与参考》，人民法院出版社 2018 年版。

（二）外文译著类（按国别和作者姓氏中文拼音排序）

1. ［德］柯武刚、史漫飞：《制度经济学：社会秩序与公共政策》，韩朝华译，商务印书馆 2001 年版。
2. ［德］托马斯·莱塞尔、吕迪格·法伊尔：《德国资合公司法》，高旭军、单晓光、刘晓海、方晓敏译，法律出版社 2005 年版。
3. ［法］费尔南·布罗代尔：《15 至 18 世纪的物质文明、经济和资本主义》（第 2 卷），顾良译、施康强校，生活·读书·新知三联书店 1993 年版。
4. ［韩］李哲松：《韩国公司法》，吴日焕译，中国政法大学出版社 2000 年版。
5. ［加］布莱恩·R. 柴芬斯：《公司法：理论、结构和运作》，林华伟译，法律出版社 2001 年版。
6. ［美］阿道夫·A. 伯利、加德纳·C. 米恩斯：《现代公司与私有财产》，甘华鸣等译，商务印书馆 2005 年版。
7. ［美］查尔斯·伯德：《公司帝国》，闫正茂译，中信出版社 2004 年版。
8. ［美］弗兰克·伊斯特布鲁克、丹尼尔·费希尔：《公司法的经济结构》，张建伟译，北京大学出版社 2005 年版。
9. ［美］哈罗德·J. 伯尔曼：《法律与革命——西方法律传统的形成》，贺卫方等译，中国大百科全书出版社 1993 年版。
10. ［美］杰弗里·N. 戈登、马克·J. 罗伊：《公司治理：趋同与存续》，赵玲、刘凯译，北京大学出版社 2006 年版。
11. ［美］杰克·特劳特：《与众不同——极度竞争时代的生存之道》，火华强译，机械工业出版社 2011 年版。
12. ［美］莱纳·克拉克曼：《公司法剖析：比较与功能的视角》，刘俊海、徐海燕等译，北京大学出版社 2007 年版。
13. ［美］莱纳·克拉克曼、［英］保罗·戴维斯、［美］亨利·汉斯曼、［瑞］杰拉德·赫蒂格、［德］克劳斯·霍普特、［日］神田秀树、［美］爱德华·洛克：《公司法剖析：比较与功能的视角》，刘俊海、徐海燕等译，北京大学出版社 2007 年版。
14. ［美］理查德·A. 波斯纳、威廉·M. 兰德斯：《侵权法的经济结构》，王强、杨媛译，北京大学出版社 2005 年版。
15. ［美］理查德·A. 波斯纳：《法律的经济分析》，蒋兆康译，中国大百科全书出版社 1997 年版。
16. ［美］罗伯特·W. 汉密尔顿：《美国公司法》（第 5 版），齐东祥等译，法律出版社 2008 年版。
17. ［美］罗伯特·克拉克：《公司法则》，胡平等译，工商出版社 1999 年版。
18. ［美］罗纳德·科斯：《论生产的社会结构》，盛洪、陈郁译，上海三联书店 1994 年版。
19. ［美］内森·罗森堡、L. E. 小伯泽尔：《西方现代社会的经济变迁》，曾刚译，中信出版社 2009 年版。
20. ［美］Y. 巴泽尔：《产权的经济分析》，费方域、段毅才译，格致出版社、上海三联书店、上海人民出版社 2006 年版。
21. ［美］詹姆斯·W. 汤普逊：《中世纪晚期欧洲经济社会史》，徐家玲等译，商务印书馆 1996 年版。
22. ［美］约翰·亨利·梅利曼：《大陆法系》，顾培东、禄正平译，法律出版社 2004 年版。
23. ［英］保罗·戴维斯：《英国公司法精要》，樊云慧译，法律出版社 2007 年版。
24. ［英］罗纳德·拉尔夫·摩尔费里：《现代公司法之历史渊源》，虞政平译，法律出版社 2007 年版。
25. ［英］亚当·斯密：《国富论》（下卷），郭大力等译，商务印书馆 1974 年版。

（三）中文学术论文类（按作者姓氏拼音排序）
1. 陈德强："公证人眼中的股权代持问题"，载《中国公证》2017 年第 4 期。

2. 陈实:"交易费用与公司资本制度的意义",载《北京大学学报(哲学社会科学版)》2008年第6期。
3. 黄辉:"中国公司法人格否认制度实证研究",载《法学研究》2012年第1期。
4. 江平:"现代企业的核心是资本企业",载《中国法学》1997年第6期。
5. 李具恒:"科斯经济学方法论探微——基于《社会成本问题》一文的分析",载《科学·经济·社会》2005年第3期。
6. 刘燕:"对我国企业注册资本制度的思考",载《中外法学》1997年第3期。
7. 彭冰:"'对赌协议'第一案分析",载《北京仲裁》2013年第81辑。
8. 钱弘道:"法律的经济分析方法评判",载《法制与社会发展》2005年第3期。
9. 沈洁英:"股权代持法律风险防控及公证介入方式",载《中国公证》2016年第7期。
10. 吴红列:"从普通法传统看科斯方法论的特点及其现实意义",载《浙江社会科学》2010年第5期。
11. 吴建斌:"关于我国公司冲突权利配置效率观的反思与重构",载《南京大学学报(哲学·人文科学·社会科学)》2011年第2期。
12. 吴建斌:"合意原则何以对决多数决——公司合同理论本土化迷思解析",载《法学》2011年第2期。
13. 夏雅丽:"有限责任制度的再思考",载《经济管理》2007年第6期。
14. 颜占寅:"浅析增资扩股及其注意事项",载《产权导刊》2010年第7期。
15. 姚欢庆:"《合同法》第167条规范宗旨之错位及补救",载《浙江社会科学》2007年第2期。
16. 赵旭东:"从资本信用到资产信用",载《中国法学》2003年第5期。

(四)学位论文(按作者姓氏拼音排序)
1. 陈朝毅:"'对赌协议'法律效力问题分析及制度构建",中国政法大学2016年博士学位论文。
2. 李怡聪:"投资者与目标公司之间的对赌协议效力研究",南京大学2016年硕士学位论文。
3. 罗君丽:"罗纳德·科斯的经济学方法论:起源与发展",浙江大学2017年博士学位论文。
4. 张晨希:"无效法律行为转换制度研究",烟台大学2017年硕士学位论文。
5. 朱川:"有限责任公司股东资格确认问题研究",复旦大学2012年博士学位论文。